€ 12,-

D1573444

ALEXANDER VON HUMBOLDT · BILDNISSE UND KÜNSTLER
EINE DOKUMENTIERTE IKONOGRAPHIE

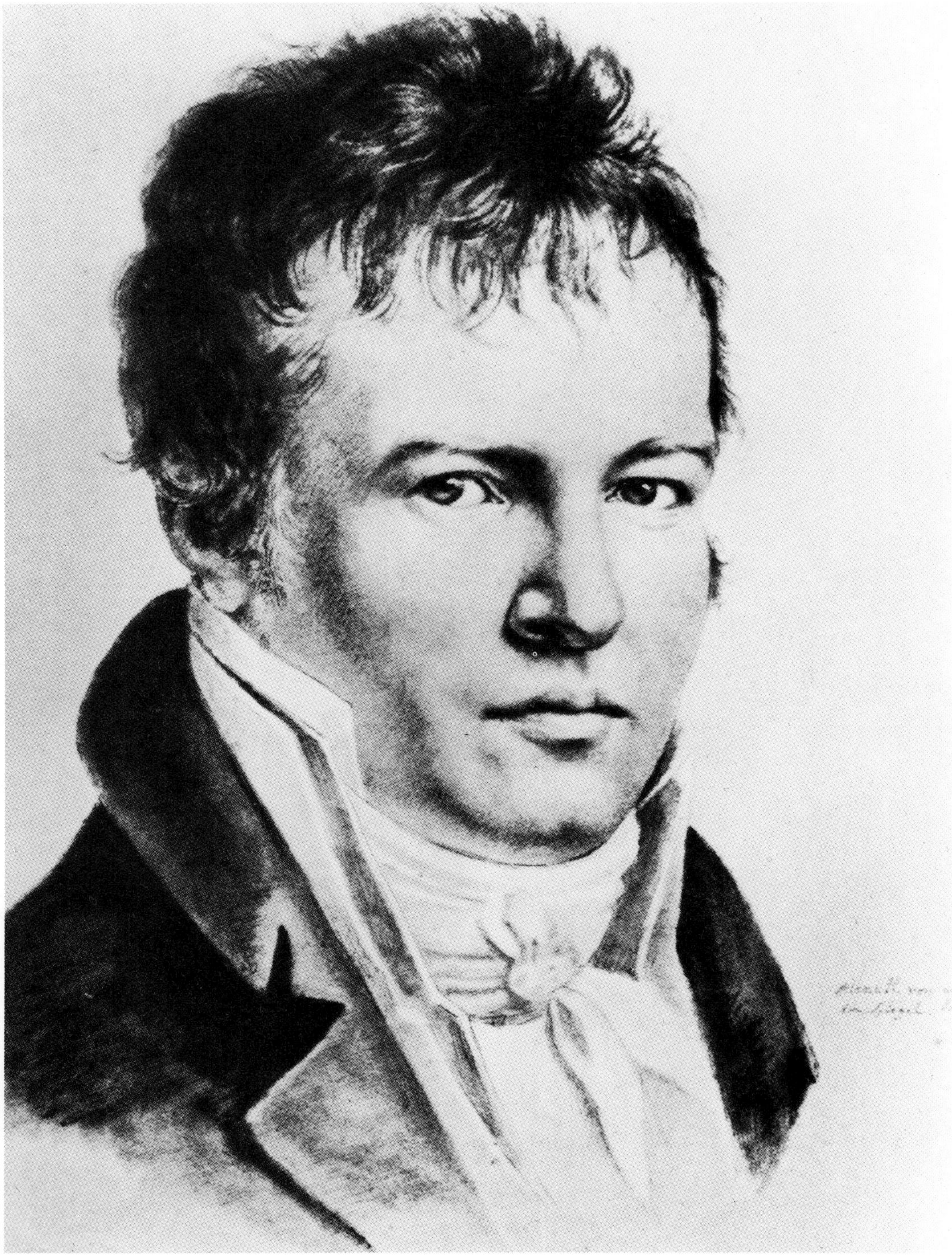

HALINA NELKEN

ALEXANDER VON HUMBOLDT

BILDNISSE UND KÜNSTLER
EINE DOKUMENTIERTE IKONOGRAPHIE

DIETRICH REIMER VERLAG · BERLIN

Gedruckt mit Unterstützung der Alexander von Humboldt-Stiftung, Bonn

CIP-Kurztitelaufnahme der Deutschen Bibliothek

Nelken, Halina
Alexander von Humboldt: Bildnisse und Künstler;
eine dokumentierte Ikonographie
Halina Nelken. —
Berlin: Reimer 1980.
Engl. Ausg. unter demselben Titel.
ISBN 3-496-00110-0 Brosch. 3-496-00141-0 Gebunden

© 1980 by
Dietrich Reimer Verlag Berlin
Inhaber Dr. Friedrich Kaufmann
Unter den Eichen 57, 1000 Berlin 45

Grafik · Design und Herstellung
Druckerei Hellmich KG, Berlin

Dem Andenken meiner Eltern
Regina und Emanuel Nelken

Inhaltsverzeichnis: Seite

Aphoristischer Aspekt. Zur Einführung. 9–11
Von Prof. Dr. Hanno Beck

Danksagung 13

Chronologische Tafel 15–19

Alexander von Humboldt 21–43
Bildnisse und Künstler
Von Prof. Dr. Halina Nelken

Ikonographie 44–170

Künstlerregister 171–172

Personenregister 173–174

Bibliographie 175–179

APHORISTISCHER ASPEKT. ZUR EINFÜHRUNG
Von Prof. Dr. Hanno Beck, Bonn

In dieser Einführung will ich dem Leser die Problematik des Lebens und Werkes Alexander v. Humboldts nach dem letzten Stand der Forschung skizzieren, die Autorin vorstellen und kurz ihre Aufgabe erläutern.

Unser Wissen von Alexander v. Humboldt ist verknüpft mit Bildern, mit Denkmälern, Münzprägungen und frühen Photographien. Frühe Porträts, Humboldt am Orinoco, ein gelungenes Selbstbildnis, Humboldt im Kreis berühmter Zeitgenossen und schon zu Lebzeiten als Blickfänger früher Industrie-Reklame: eine ikonographische Fülle, die auf wissenschaftliche Erschließung wartete.

Alexander v. Humboldt (geb. am 14.9.1769 in Berlin – gest. am 6.5.1859 in Berlin) hatte zunächst Soldat werden wollen und seine Wünsche bis zum 17. bis 18. Lebensjahr nur auf die Heimat beschränkt. Seine frühe Tropensehnsucht hatte sich an einem Drachenbaum, an Abbildungen und schließlich an den Erzählungen Georg Forsters entzündet. Wissenschaftliche Theorien und Pläne eines dreistufigen Forschungsprogrammes schlossen sich unter dem Leitmotiv seiner „Physikalischen Geographie" zusammen und drängten ihn auf die Bahn des Forschungsreisenden, der für seine Zeit den reisegeschichtlichen Dreiklang aus Vorbereitung, Ausführung und Auswertung beispielhaft erfüllte. Seine amerikanische Expedition hat er sechs Jahre vorbereitet, von 1799 bis 1804 ausgeführt und von 1805 bis 1834 ausgewertet. Eine Ostindienreise sollte ihm anschließend den Vergleich von Anden und Himalaya ermöglichen. Sie ist sehr wahrscheinlich an politischen Vorbehalten des britisch-indischen Kolonialregimes gescheitert. Dennoch konnte er 1829 Rußland und Sibirien bis zur chinesischen Grenze bei Bachty und die wolgadeutschen Kolonien bereisen.

Sein erstaunlicher Weltruhm beruhte auf der amerikanischen Reise, die ihn zum maßgebenden Forschungsreisenden *und* Geographen seiner Zeit werden ließ, und auf wissenschaftlichen *und* humanitären Konsequenzen, die er aus seiner politischen Erfahrung und seinen Reisebeobachtungen gezogen hatte. Es hieße die Wahrheit verdunkeln, würde sein demokratischer Wille, sein Beharren auf den menschenrechtlichen Forderungen der Französischen Revolution und seine stete menschliche Hilfe je übersehen. Darin erblickte er die Hauptsache. Seine Physikalische Geographie war infolgedessen als sein tiefstes wissenschaftliches Ziel nichts anderes als ein Vehikel zur Humanität und zur Befreiung geknechteter Menschen.

Er verwandelte die monotone politische Geographie A. Fr. Büschings in seinem „Essai Politique" zur modernen problemerfüllten Landeskunde Mexikos, begründete die Pflanzengeographie und zog seine gesamten amerikanischen Ergebnisse und Meßwerte zum anschaulichen künstlerisch geformten Idealprofil seines „Naturgemäldes der Tropen" zusammen. In diesen Werken und in seinen Atlanten hat er die Fruchtbarkeit der Physikalischen Geographie erwiesen, die sein wichtigstes wissenschaftliches Ziel darstellte, das er in jugendlicher Genialität leider nicht mehr verwirklichen, in seinem „Kosmos" im hohen Lebensalter zur „Physischen Weltbeschreibung", dem Buch eines weisen Betrachters, verwandeln konnte.

Indem Humboldt eine vorhandene tropische Überfülle in einem wissenschaftlich wohl begründeten und doch künstlerisch geformten Bild konzentrierte, machte er deutlich, wie sehr ihn die Naturanschauung Goethes „gehoben" hatte. Wie dem großen Geographen Carl Ritter (1779–1859) im Gespräch mit Pestalozzi, so wurde Humboldt im Umgang mit Goethe die Bedeutung der Anschauung als Notwendigkeit der Geographie seiner Epoche klar. Wie der Dichter im vergleichbaren Feld die Aufgabe sah, Wissenschaft „so im Anschauen wie im Begriff zu gewinnen" (Goethe an den Kanzler von Müller, 24.5.1828) oder „von entfernten Dingen, anschauende Begriffe" zu geben (Goethe 1780), so hat

Humboldt auch im geistigen Gefolge Lavaters die Physiognomik zur Problemorientierung der Pflanzengeographie benutzt, wobei es gar nicht mehr auf Linnés künstliches System, sondern selbst unabhängig von der Pflanzenart auf die standortbedingten 17 „Grundgestalten" der Vegetation ankam.

Humboldts Zeichentalent war früh geschult worden. Sein gesamtes Werk war bei zweifelloser Exaktheit künstlerisch geformt bis in seine Begriffswelt hinein (Landschaft, Relief, Naturgemälde). Hier wurzelt auch seine Idee der Darstellung der Physiognomie der Tropen, für deren Ausführung er Friedrich Wilhelm IV. als Mäzen und Maler von Johann Moritz Rugendas bis zu Ferdinand Bellermann, Eduard Hildebrandt und Carlos Nebel gewann.

Von hier aus öffnete sich ein freies Feld für die Arbeit Frau Prof. Nelkens. Denn nicht nur, daß Humboldt als der im Ausland bekannteste Deutsche seiner Zeit ein Verhältnis zur Kunst hatte, er kannte auch die Künstler seiner Zeit wie kein anderer der damaligen bekannten Gelehrten. Welche Schätze hier gehoben werden konnten, macht die Arbeit Frau Nelkens deutlich.

Frau Prof. Dr. Halina Nelken wurde in Krakau (Polen) geboren. Der Zweite Weltkrieg unterbrach den Schulbesuch. Nach Zwangsarbeit in einem Lager der Luftwaffe kam sie nach Auschwitz und nach Ravensbrück, ihr Vater und ihre sonstigen Verwandten sind in Gaskammern vernichtet worden.

Nach dem Krieg kehrte sie nach Polen zurück, und nach dem Abitur studierte sie Kunstgeschichte und Philosophie an der Jagiellonischen Universität in Krakau. Dort erschienen ihre ersten Publikationen. 1959 emigrierte sie nach den USA.

Als Kunsthistorikerin wirkte sie am Nationalmuseum in Krakau, an der Akademie der Bildenden Künste in Wien und in den USA an der Harvard-Universität als Assistentin von Prof. Dr. Jakob Rosenberg im Fogg Art Museum. Mit Prof. Dr. George Huntston Williams forschte sie über Probleme der Kunst der Reformation und Gegenreformation in Polen. Als Professorin der Kunstgeschichte lehrte sie an der Universität. Ihre Publikationen reichen von der Theorie der Kunsthistorie und Malerei, besonders des 17. und 19. Jahrhunderts, bis zur Kulturgeschichte. In Vorträgen und Kongreßbeiträgen in Österreich, der Schweiz, in Polen und in der Bundesrepublik Deutschland legte sie ebenso neue Forschungsergebnisse dar wie in ihren Büchern und Aufsätzen.

Schon 1970 und in erweiterter Form 1976 hat Frau Prof. Nelken international beachtete Ausstellungen „Humboldtiana at Harvard" durchgeführt und für die letzte Exposition einen bleibend wichtigen Katalog verfaßt. Schon in diesen Jahren hat der Diplomat, Humboldt-Forscher und jetzige Kultur-Attaché der Botschaft der Bundesrepublik Deutschland in London, Peter Schoenwaldt, Frau Nelken auf die Notwendigkeit einer Bearbeitung der Ikonographie A. v. Humboldts hingewiesen und bald darauf die Verbindung zum Verfasser dieser „Einführung" und zur „Alexander von Humboldt-Stiftung" in Bonn hergestellt.

Frau Nelken wurde ein Sonderforschungsstipendium der genannten Stiftung bewilligt, das ihr den Abschluß ihrer Vorstudien zur Ikonographie A. v. Humboldts erlaubte. Offiziell von der Stiftung um die Zusammenarbeit mit ihr gebeten, habe ich ihr meine Forschungsbibliothek und meine eigene, allerdings mehr zufällig zusammengekommene Sammlung von Humboldt-Bildern zur Verfügung gestellt und oft mit ihr über dieses Werk diskutiert und über alle Probleme, die sich ergaben. Auch andere haben ihr gern geholfen: Zur Sache besonders Prof. Dr. Wolfgang-Hagen Hein, der seine A. v. Humboldt-Porträt-Sammlung, die umfangreichste, die existiert, großzügig öffnete und auch seine Meinung über eine Ikonographie anregend und folgenreich darstellte. Geholfen haben Mitglieder der Humboldt-Gesellschaft, besonders müssen genannt werden Frau Prof. Dr. Margarete Kühn (Berlin), eine bewährte Humboldt-Kennerin, Herr Dr. Heinz Balmer (Univ. Zürich), Helena Bilinska (Cambridge, Mass., USA), Prof. Dr. Günther Hamann (Univ. Wien), Dr. Eva Marcu (New York), Reinhard und Ingrid Müller (Bonn), Philipp Stephen Schrankel (Bonn), Dr. Eleonore Stein (Köln). – Ebenso wird folgenden Institutionen gedankt: American Philosophical Society (Philadelphia, PA, USA), Berlin-Museum Berlin (West), Musées de Besançon (Frankreich), Bibliothèque Nationale (Paris), British Museum (London), Colegio de Ingeniería y de Minería (Mexiko), College of Physicians of Philadelphia (Philadelphia, PA,

USA), The Corcoran Gallery of Art (Washington D.C., USA), Fogg Art Museum (Harvard University, Cambridge, USA), Freies Deutsches Hochstift, Frankfurter Goethe-Museum (Frankfurt a. M.), The Royal Geographical Society (London), Germanisches Nationalmuseum (Nürnberg), Goethe-Museum, Anton und Katharina Kippenberg-Stiftung (Düsseldorf), Staatliche Graphische Sammlungen München, Graphische Sammlungen der Zentralbibliothek (Zürich), Gray Herbarium Library (Harvard University, Cambridge, USA), Ibero-Amerikanisches Institut Preußischer Kulturbesitz Berlin (West), Institut de France (Paris), Thomas Jefferson Mermorial (Monticello, Va., USA), Märkisches Museum Berlin (Ost), The Metropolitan Museum of Art (New York), Museum of Fine Arts (Boston, USA), Nationalgalerie Berlin (Ost), National Portrait Gallery (London), Österreichische Nationalbibliothek (Wien), Römische Bäder (Potsdam, DDR), Schiller-Nationalmuseum (Marbach a. N.), Schloß Charlottenhof (Potsdam, DDR), Schloß Charlottenburg Berlin (West), Schloß Tegel Berlin (West), Staatliche Museen Preußischer Kulturbesitz Berlin (West), Deutsche Staatsbibliothek Berlin (Ost), Staatsbibliothek Preußischer Kulturbesitz, Handschriftenabteilung (Sammlung Darmstaedter) Berlin (West), The Wellcome Institute for History of Medicine (London), Widener Library (Harvard Univ., Cambridge, USA).

Frau Nelken hat in den USA, in Frankreich, England, der Schweiz, in Österreich, in Berlin (Ost) und Berlin (West) und vor allem in der Bundesrepublik Deutschland keine Mühe gescheut, neue Quellen zu erschließen. Dabei hat sie Entgegenkommen, aber auch einige hartnäckig verschlossene Türen gefunden. Manche ließen sich noch öffnen, und selbst in einigen Fällen, wo ihr jede Hilfe versagt wurde, war es ihr möglich, ältere, teilweise recht gute Abbildungen von Humboldt-Porträts aufzuspüren. So wurde keine Chance zur Abrundung dieses Werkes ausgelassen. Sollten trotzdem noch einige unbekannte Porträts u. a. vorhanden sein, so wird herzlich um Mitteilung an die Autorin oder den Verfasser dieser „Einführung" gebeten.

Ikonographien als wissenschaftlich begründete Bearbeitungen der Bilder großer Persönlichkeiten sind selten. Bücher, die diesen anspruchsvollen Namen nicht scheuen, erweisen sich oft als reine Inventare oder Bilder-Kataloge. Diesem statistischen und optischen Positivismus wollte Frau Nelken entgehen. Sie strebte nach Vollständigkeit des wirklich Wertvollen, nicht aber nach unkritischer Vollzähligkeit. Es erwies sich sehr bald, daß die Darstellungen A. v. Humboldts, die noch zu Lebzeiten des großen Geographen und Naturforschers erschienen sind, insgesamt der größere künstlerische Rang zukam. Gewiß wurde von Anfang an der große kulturgeschichtliche Reiz gesehen, der in einer Überschau der Humboldt-Darstellungen von 1859 bis heute bestehen könnte – trotz des oft reinen Kitsches und des ungenügend Vollendeten, da die Entartung immer noch von der Art zeugt. Und selbstverständlich gab es auch hier einiges Beachtliche, das berücksichtigt werden konnte, wie das vorliegende Werk belegt. Der Reiz, in einer Überfülle der zeitlichen Grenze des Humboldtschen Lebens zu folgen, war groß, nachdem die erwähnte Limitierung erst einmal als sinnvoll erkannt worden war.

Es hat im Laufe der Zeit einige vergebliche Versuche gegeben, die auf dem Weg zu einer Ikonographie A. v. Humboldts steckengeblieben sind. Das Ergebnis Frau Nelkens überrascht selbst noch die wenigen Sachkenner. Dabei ging es der bekannten Kunsthistorikerin nicht um bloße Bestandsaufnahme, wie schon gesagt werden mußte, sondern vor allem auch um die Interpretation und die zeitgenössische Atmosphäre der Bildnisse selbst. Die Darstellungen Alexander v. Humboldts sind chronologisch geordnet nach der Datierung der Originalwerke oder nach Quellen. Die dokumentierte Ikonographie wurde gleichzeitig in deutscher und englischer Version geschrieben. Bei Übersetzungen wurde versucht, zeitgenössische Sprache und Stil weitgehend zu erhalten. An einzelnen Darstellungen sind die Kenner bisher wie Blinde vorübergegangen. Erst Frau Prof. Nelken hat die verborgensten Winkel ihres Themas erforscht und hat infolgedessen regelrechte Entdeckungen erzielt – interessanterweise auch in nie gewürdigten und gesehenen Sektionen sehr bekannter Gemälde selbst noch der Abbildungen des berühmten Humboldtschen Reisewerkes. Sie hat das in ihrem Text nicht betont, so daß es hier wohl doch festgestellt werden mußte, wenn dem Leser nicht etwas entgehen soll.

Nur eine Humboldt-Kennerin und eine Kunsthistorikerin wie Frau Prof. Dr. Halina Nelken konnte diesen echten Fortschritt für die Alexander v. Humboldt-Forschung erreichen.

Außer den in der Einführung schon erwähnten, möchte ich hier der Kollegen und Freunde in Amerika und Europa gedenken, die meine Arbeit besonders unterstützt haben.

Ich bin dankbar Miss Agnes Mongan, Miss Ruth S. Magurn und Konrad Oberhuber im Fogg Art Museum, Harvard University, mit denen ich manche Aspekte der Ikonographie diskutierte und die mich bei meinen Forschungen immer ermutigten.

Dr. Heinrich Pfeiffer, der Generalsekretär der Alexander von Humboldt-Stiftung, hat meine Forschungen wohlwollend unterstützt. Prof. Dr. Hanno Beck (Universität Bonn) hat mit unermüdlicher Hilfsbereitschaft meine Arbeit verfolgt. Lebhaftes Interesse zeigte Prof. Dr. Justus Müller-Hofstede (Kunsthistorisches Insitut der Universität Bonn).

Für freundliches Entgegenkommen danke ich den Kollegen von den Staatlichen Museen zu Berlin (Ost), Dr. Werner Schade (Kupferstichkabinett) und Frau Dr. Jahnda (Archiv) sowie Dr. Horst Kunze (Staatsbibliothek, Berlin (Ost)) und Frau Hub ebendort.

Mein inniger Dank gilt meinen neuen Freunden Ingrid und Reinhard Müller, die mit Einfühlung und Verständnis mich bei der Abfassung des deutschen Textes beraten haben; unsere arbeitsamen wie lustigen „Abende mit AvH" gehören zu den nettesten Erinnerungen an Bonn.

Drei junge Leute waren immer zu Hilfe bereit, und so danke ich meinem Sohn Leszek und seinen Freunden, Andrea Asken und Peter Quan, alle in Cambridge, Massachusetts.

Meinen besonderen Dank spreche ich der Alexander von Humboldt-Stiftung aus, mit deren Sonderforschungsstipendium dieses Werk erarbeitet wurde. Wesentliche Kosten bei der Beschaffung der Bilder hat die Stiftung getragen.

Allen anderen, die mir in liebenswürdiger Weise behilflich waren, möchte ich noch einmal herzlichst danken.

Bonn-Bad Godesberg, 3. Oktober 1979   Halina Nelken

CHRONOLOGISCHE TAFEL
ZU A. VON HUMBOLDTS LEBEN

1769	— 14. Sept.: A. von Humboldt in Berlin, Jägerstr. 22, geboren, im gleichen Jahr wie Napoleon, Wellington, Ney, Cuvier
1774–92	— Ludwig XVI., König von Frankreich
1776	— Der Kongreß von Philadelphia erklärt die Unabhängigkeit der Vereinigten Staaten von Nordamerika
1779	— Humboldts Vater stirbt in Berlin
1786	— Tod Friedrichs II. von Preußen
1787–90	— Humboldts Studium in Frankfurt an der Oder, in Berlin und Göttingen
1790	— Humboldts erste Veröffentlichung in Buchform: „Mineralogische Beobachtungen über einige Basalte am Rhein", Braunschweig — 25. März bis 11. Juni: G. Forster, Humboldt und van Geuns: Reise zum Niederrhein: von Mainz rheinabwärts nach Holland, England und Frankreich
1790–91	— August 1790 bis April 1791: Humboldt studiert an der Hamburger Handelsakademie
1791–92	— Humboldt studiert an der Freiberger Bergakademie — Assessor im preuß. Bergdepartement
1793	— 20. Juni: A. v. Humboldt als Mitglied in die Leopoldinisch-Karolinische Akademie der Naturforscher aufgenommen
1794	— April: Bergrat — 14.–19. Dezember: Besuch bei Goethe in Jena
1795	— Mai: Oberbergrat — Juli bis Anfang November: Reise nach Oberitalien und der Schweiz
1796	— Humboldts Mutter Marie Elisabeth, verwitwete von Holwede geb. Colomb stirbt in Berlin; Humboldt verläßt den Dienst

1797	— 1. März bis Mai: A. von Humboldt in Jena, Verkehr mit Goethe, Schiller und Wilhelm von Humboldt — Die Brüder Humboldt in Dresden und Wien
1797—1840	— Friedrich Wilhelm III., König von Preußen
1798	— 24. April: Humboldt reist von Salzburg ab nach Paris — 20. Oktober: Humboldt und Aimé Bonpland verlassen Paris — Mitte Dezember: Humboldt und Bonpland verlassen Marseille, um nach Spanien zu reisen
1798—99	— Napoleons Zug nach Ägypten
1799	— 5. Juni: Beginn der großen Reise Humboldts und Bonplands nach Süd-, Mittel- und Nordamerika — 9. November: Napoleon wird Erster Konsul und übernimmt die Regierung in Frankreich
1799—1804	— Die amerikanische Reise Humboldts und Bonplands: Vorbild aller folgenden Reisen. Forschungen im Gebiet der heutigen Staaten Venezuela, Kuba, Kolumbien, Ecuador, Peru, Mexiko, Kuba und der USA
1804	— 29. April: Abreise von Havanna nach den USA — 19. Mai: Ankunft in Philadelphia. Aufenthalt in den USA bis 30. Juni — 9. Juli bis 3. August: Seereise von Philadelphia bis Bordeaux — 3. August: Humboldt und Bonpland landen in Bordeaux — 2. Dezember: Napoleon krönt sich zum Kaiser der Franzosen
1805	— 19. Februar: o. Mitglied der Preuß. Akademie der Wissenschaften zu Berlin — 11. März: Humboldt und Gay-Lussac sowie Leop. von Buch (ab 5. Juli) reisen nach Rom zu Wilhelm von Humboldt — 1. Mai bis 16. Juli: Aufenthalt in Rom, dann Abreise nach Neapel — 16. November, Humboldt nach neun Jahren wieder in Berlin
1805—34	— Voyage aux régions équinoxiales du Nouveau Continent, fait en 1799, 1800, 1801, 1802, 1803 et 1804 par Alexandre de Humboldt et Aimé Bonpland, rédigé par Alexandre de Humboldt, 35 Bände; „das umfangreichste und gehaltvollste Reisewerk, das ein Privatmann veröffentlichte"
1806	— 14. Oktober: Jena und Auerstedt — 25. Oktober: Napoleon in Berlin
1807	— „Ideen zu einer Geographie der Pflanzen, nebst einem Naturgemälde der Tropenländer, auf Beobachtungen und Messungen gegründet...", Tübingen. Goethe entwarf die zunächst fehlende Tafel „nach seiner Art die Pflanzenwelt in einer Landschaft als Gestalt fassend".
1808	— „Ansichten der Natur", Stuttgart und Tübingen — Januar bis Herbst: Humboldt und Prinz Wilhelm von Preußen zu Friedensverhandlungen in Paris
1808—27	— Humboldt „kleine Abwesenheiten abgerechnet" in Paris
1810	— Humboldt schlägt die von Hardenberg angeregte Berufung zum preuß. Kultusminister aus

1809–14	— „Versuch über den politischen Zustand des Königreichs Neu-Spanien...", Tübingen
1811	— Humboldt besucht seinen Bruder in Wien
1813	— März: Preußens Erhebung
1814	— 31. März: Einzug der Verbündeten in Paris — 30. Mai: Erster Friede zu Paris — Juni: die Brüder Humboldt als Begleiter Friedrich Wilhelms III. von Preußen in London
1814–15	— September bis Juni: Wiener Kongreß
1814–24	— Ludwig XVIII., Bruder Ludwigs XVI., König von Frankreich
1815	— 7. Juli: Wellington und Blücher in Paris — 2. November: der Zweite Pariser Friede — 26. November: Heilige Allianz — Humboldt schlägt den ihm beim Friedensschluß angetragenen Pariser Gesandtschaftsposten aus
1817	— Humboldt stattet seinem Bruder, dem preuß. Gesandten in London, einen kurzen Besuch ab; sein Begleiter ist François Arago
1818	— September: A. von Humboldt mit A. Valenciennes in England — Oktober bis November: Humboldt auf dem Kongreß zu Aachen, geht Anfang November wieder nach Paris zurück
1821–29	— Griechischer Befreiungskrieg
1822	— 13. September: Humboldt geht zum Kongreß nach Verona auf Einladung Friedrich Wilhelms III. Besuch Venedigs und Roms. Dreimal Vesuv bestiegen, im Dezember über Rom nach Verona
1823	— Anfang Januar: Humboldt nach 15jähriger Abwesenheit wieder in Berlin. Im Februar: Rückkehr nach Paris
1824–30	— Karl X., König von Frankreich
1825–55	— Zar Nikolaus I. von Rußland
1826–27	— „Essai politique sur l'île de Cuba". 2 Bde. Paris
1827	— 14. April: Humboldt verläßt Paris — 17. April: Ankunft in London — 3. Juli: Vortrag „Ueber die Haupt-Ursachen der Temperatur-Verschiedenheit auf dem Erdkörper", gelesen in der öffentlichen Versammlung der Akademie der Wissenschaften zu Berlin — Friedrich Wilhelm III. ernennt Humboldt zum Präsidenten einer Kommission zur Prüfung der Unterstützungsgesuche von Gelehrten und Künstlern
1827–28	— Humboldts Vorlesungen über Physikalische Geographie in der Universität und der Singakademie; „Kosmosvorlesungen"

1829	— 12. April bis 28. Dezember: Humboldts russische und sibirische Reise bis zur chinesischen Grenze. Teilnehmer: Gustav Rose, Christian Gottfried Ehrenberg
1830	— Mai: Humboldt in Warschau zur Eröffnung des konstitutionellen Reichstages als Begleiter des preuß. Kronprinzen — Juni: Beginn der Eroberung Algeriens. Zweites französisches Kolonialreich — 27. bis 29. Juli: Pariser Juli-Revolution. König Karl X. (1824—30) dankt ab — 28. September: Humboldt reist von Berlin nach Paris. 1. diplomatische Sendung zur Pflege der Beziehungen zur Juli-Monarchie. Am 17. Januar 1831 Rückreise nach Berlin
1830—31	— Polnischer Aufstand gegen Rußland
1830—48	— Louis Philippe I. (von Orléans), König der Franzosen („Bürgerkönig")
1831—32	— 2. diplomatische Sendung nach Paris. Februar 1831 bis April 1832
1830	— seit März: Arbeit am „Kosmos"
1835	— 8. April: Tod des Bruders Wilhelm (geb. 1767 zu Potsdam) — August bis Dezember: 3. diplomatische Sendung nach Paris
1838	— Verfassungsbruch in Hannover. „Göttinger Sieben"
1838—39	— 13. August 1838 bis 3. Januar 1839. 4. diplomatische Sendung nach Paris
1840—61	— Friedrich Wilhelm IV., König von Preußen
1841	— Mai bis November: 1. diplomatische Sendung nach Paris unter der Regierung Friedrich Wilhelms IV.
1842	— 15. Januar: Humboldt reist als Begleiter Friedrich Wilhelms IV. zur Taufe des Prinzen von Wales nach England; Rückkehr am 11. 2. 1842 — 31. Mai: Friedrich Wilhelm IV. stiftet die Friedensklasse des Ordens „Pour le mérite" für Kunst und Wissenschaft. Humboldt Kanzler des Ordens.
1842—43	— September 1842 bis 19. Februar 1843: 2. diplomatische Sendung nach Paris unter Friedrich Wilhelm IV.
1844	— Humboldt: „Asie Centrale. Recherches sur les chaînes de montagnes et la climatologie comparée". 3 Bde. m. 5 Karten. Paris; Deutsch: 2 Bde. Berlin
1845	— Januar bis Mai: 3. diplomatische Sendung nach Paris unter Friedrich Wilhelm IV. (28. Dezember 1844: Abreise von Berlin. 4. Januar 1845: Ankunft in Paris. 19. Mai 1845: Abreise von Paris) — Juni: viertägiger Besuch Friedrich Wilhelms IV. und Humboldts in Kopenhagen
1845—62	— Humboldt: „Kosmos. Entwurf einer physischen Weltbeschreibung". 5 Bde. Stuttgart und Tübingen
1847—48	— Anfang Oktober 1847 bis Januar 1848: 4. und letzte diplomatische Sendung Humboldts nach Paris unter Friedrich Wilhelm IV.

1848	— 22. Februar: Februarrevolution in Paris
	— 13. März: Aufstand in Wien
	— 18. März: Straßenkampf in Berlin. Preußische Nationalversammlung in Berlin, dann in Brandenburg
	— 10. Dezember: Prinz Louis Napoleon, Brudersohn Napoleons I., Präsident der Französischen Republik
	— Dezember: Auflösung der preußischen Nationalversammlung in Brandenburg und Verkündigung einer Verfassung
1848—49	— Deutsche Nationalversammlung in der Paulskirche zu Frankfurt am Main
1849	— April: Friedrich Wilhelm IV. lehnt die deutsche Kaiserwahl ab
1851	— 2. Dezember: Staatsstreich Louis Napoleons, der auf 10 Jahre Präsident wird
1852—70	— Napoleon III., Kaiser der Franzosen
1853	— Humboldt gibt 350 von den 1500 Sonetten seines Bruders Wilhelm heraus
1854—56	— Krimkrieg
1857	— 24. März: Auf Betreiben Humboldts wird in Preußen ein Gesetz gegen die Sklaverei veröffentlicht: jeder Sklave, der Preußen betritt, ist frei
	— Oktober: Prinz Wilhelm von Preußen, der spätere Kaiser Wilhelm I., Stellvertreter seines geisteskranken Bruders Friedrich Wilhelm IV.
1858	— Herbst: Humboldt geht als Urwähler zur Wahlurne
1859	— 6. Mai: A. von Humboldt gestorben. Beigesetzt am 11. Mai in der Grabstätte der Familie Humboldt im Park zu Tegel.

ALEXANDER VON HUMBOLDT
BILDNISSE UND KÜNSTLER

Karl von Steuben
Öl auf Leinwand, 74 x 60 cm
Privatbesitz

Zahlreiche Künstler haben Alexander von Humboldt oder die Idee, die ihn zu beseelen schien, dargestellt. Es gibt mehr Bildnisse, als man in diesem Buch geschildert findet. Manche sind nur aus schriftlichen Quellen bekannt, wie etwa L'Allemands großes Porträt, kleine Statuetten von Heinrich Hopfgarten nach Friedrich Drake oder eine Büste von Klemens Boryczewski.

Künstler haben zu allen Zeiten berühmte Persönlichkeiten gewürdigt. Alexander von Humboldts Weltruhm rief während eines langen „viel bewegten Lebens" eine regelrechte eigene Porträt-Galerie hervor, vom zärtlichen Charme des Rokoko-Pastells bis zur frühen Photographie. Er wurde in vielen Bereichen der Kunst dargestellt, in verschiedenen Techniken wie Ölmalerei, Zeichnung, Relief, Monumentalskulptur, Graphik, ja sogar Physiognotrace und Stickerei. Für diese Darstellungen verwendeten die Künstler Elfenbein und Bronze, Silber und Gold, Seide und selbst Ölmalerei auf Marmor. Die Bildnisse wurden von internationalen Künstlern geschaffen, so daß man in Humboldts Ikonographie den Stil von verschiedenen Schulen der Porträtmalerei während fast eines Jahrhunderts studieren kann. In einigen Darstellungen wirkt Humboldt romantisch, in anderen wie ein würdiger Staatsmann, wie ein Pariser Elégant oder, wie er selbst einmal an François Gérard schrieb:

Pour vous égayer, je vous envoie ma gravure. J'ai l'air d'un épicier qui va en bonne fortune.[1]

---

1 *Lettres adressées au Baron François Gérard...* Paris 1888, 3ᵉ éd.

Viele schriftliche Quellen belegen die Treue der Porträts. Entsprechende Beobachtungen werden von zahlreichen Besuchern überliefert, die Humboldt sofort erkannten, obgleich sie vorher etwa nur ein Bild gesehen hatten. Manchmal waren sie überrascht, daß er nur mittelgroß war, doch betonten sie, seine glänzenden Augen und sein ausdrucksvolles Gesicht überträfen die besten Bildnisse, die man zunächst für schmeichelhaft gehalten hatte:

. . . vor dem lebensvollen Gefühl seiner persönlichen Nähe verblaßten nun die Farben und Umrisse, welche die Erinnerung seinem Bilde geliehen und in erster Frische erschien er mir . . . Obgleich ich von Humboldt's kleiner Statur schon vorher gehört, hatte ich mir doch, wie unwillkürlich, seine Gestalt Jupiterartig höher gedacht; dagegen übertraf die großartige Genialität seiner Züge meine Erwartungen.[2]

Die meisten Humboldt-Porträts waren nicht von ihm selbst in Auftrag gegebene und bezahlte Werke. Er hat sich nur malen lassen, wenn er Künstlern damit helfen konnte. Humboldts Porträts entstanden als Ausdruck von enger persönlicher Bindung, von Bewunderung und Respekt seitens seiner Freunde. Es war überhaupt eine Epoche der Freundschaft, deren Wert zu kaum einer Zeit so erhöht wurde wie im 19. Jahrhundert. Die tiefe geistige und seelische Zuneigung war begleitet von idealistischen Gefühlen, die sich in der umfangreichen Korrespondenz niederschlagen und heute übertrieben erscheinen mögen. Sie waren jedoch echt, sie dauerten meist ein Leben lang und reichten über Länder und Kontinente.

Alexander von Humboldt war eine warmherzige, offene, nach außen gerichtete Persönlichkeit, die Menschen überall anzog. Seine engsten Freunde lebten allerdings in Paris, wo er die besten Jahre seines Lebens verbrachte.

---

2 Althaus, Friedrich, *Briefwechsel und Gespräche Alexander von Humboldt's mit einem jungen Freunde,* Berlin 1869
   Huxley, L., *Life and Letters of Sir Joseph Dalton Hooker O. M.,* 2 vols., London 1918
   Słownik Artystow Polskich, Warszawa 1971, I.

PARIS

Nach Paris kam Alexander von Humboldt zum ersten Mal im Jahre 1790 zusammen mit Georg Forster, der 1772 mit James Cook gereist war und 1777 seine *Reise um die Welt* veröffentlicht hatte. Das revolutionäre Ideengut des Weltreisenden Forster hatte einen besonders starken Einfluß auf den jungen Humboldt, der den berauschenden ersten Jahrestag der französischen Revolution, deren Idealen er sein ganzes Leben hindurch treu blieb, erlebte.

Als Alexander im Frühjahr 1798 zum zweiten Mal nach Paris kam, waren seine Veröffentlichungen den französischen Wissenschaftlern schon bekannt. Sie berieten ihn bei der Vorbereitung seiner Expedition, während er sich an ihren Forschungen beteiligte. Wilhelm von Humboldt lebte mit seiner Familie gleichfalls in Paris und, obwohl er um diese Zeit noch weniger bekannt war als Alexander, führte er ein großes Haus, wo sich Intellektuelle und Künstler wie St. Croix, Corai, Chardon de la Rochette, Madame de Staël, Benjamin Constant und Jacques Louis David trafen.[1]

Am 12. Oktober, nur eine Woche bevor er Paris verließ, hielt Alexander von Humboldt eine Vorlesung im *Institut de France* (damals noch *Institut National*). Während seiner Amerikareise hielt er den Kontakt mit seinen Kollegen in Europa aufrecht; seine Briefe wurden auf den Sitzungen des *Institut* verlesen und in Frankreich und Deutschland veröffentlicht. Am 6. Februar 1804 wurde Humboldt noch während seines Aufenthaltes in Mexiko zum korrespondierenden Mitglied des *Institut de France* gewählt. So war es ganz natürlich, daß er sich nach seiner langen Reise sofort nach Paris begab, wo er am 27. August 1804 eintraf.

Er hielt einige Vorlesungen im *Institut de France* zu bestimmten Aspekten seiner Forschungen. Ein Teil seiner Sammlungen und Zeichnungen wurde im *Jardin des Plantes* ausgestellt, für den er als Geschenk von Charles Willson Peale aus Philadelphia einen kleinen präparierten Alligator mitbrachte.

Humboldts Leistungen bei der Erforschung des noch unbekannten südamerikanischen Subkontinents erregten großes Aufsehen und Interesse bei den führenden Wissenschaftlern wie auch in der breiten Öffentlichkeit. Er wurde von den Gelehrten hoch geachtet und war der gesuchteste Gast in den Salons. Zu seinen Pariser Freunden und Mitarbeitern zählten nicht nur große Wissenschaftler, wie Jean B. J. Delambre, George de Cuvier, Joseph Louis Gay-Lussac oder Dominique François Arago, sondern auch Künstler. Es existierte eine Radierung, *Salon du Baron Gérard,* auf der Stendhal, A. de Vigny, Humboldt, Talleyrand, Gérard, Cuvier, Mérimée und Rossini dargestellt waren.[2] Die enge Freundschaft mit François Gérard dauerte bis zu dessen Lebensende.

Wilhelm von Humboldt war damals preußischer Gesandter beim Vatikan; seine Frau Caroline hielt sich zu der Zeit in Paris auf und erzählte in ihren Briefen an Wilhelm, wie begeistert ihr berühmter Schwager empfangen wurde:

(Paris), 28. August 1804
Alexander ist endlich gestern angekommen, und seitdem geht es uns wie ein Mühlrad im Kopf herum. Er sieht sehr wohl aus, gar nicht so cuivré, wie er geschrieben hatte, und ist viel fetter geworden. Er ist so unbeschreiblich noch derselbe in Manieren, Mienen, Gestikulationen und Tournüren, so daß ich meine, er wäre vorgestern erst von uns gereist.

(Paris), 3. September 1804
Alexander lebt die acht Tage, so er nun hier ist, unendlich beschäftigt und fetiert. Wenn er nicht ausgebeten ist, so ißt er bei mir. Auf seine Reisegefährten habe ich mich nicht eingelassen, sie zum Essen zu haben, aber Alexander nimmt vorlieb.

(Paris), 12. September 1804
Alexander kommt alle Morgen zwischen fünf und sechs Uhr hierher, meistens bleibt er und frühstückt gegen neun Uhr mit mir ... Für Alexander, halte ich dafür, ist es ein reelles Glück gewesen, mich hier in Paris gefunden zu haben, er hätte sich sonst so tief hier eingelassen, daß er nie wieder herausgekonnt hätte ... Die Kaiserin hat ihm ein sehr schönes Kupferwerk ihrer Pflanzen in Malmaison zugeschickt, und er hat ihr schriftlich dafür gedankt.

Den 16. September
Alexander fährt fort, den größten Effekt hier zu machen. Er ißt selten bei mir seit den ersten Tagen seines Hierseins, weil alle ihn haben wollen. Manchmal aßen wir freilich auch zusammen aus; so letztens zweimal bei der Delambre und einmal bei Souzas (Portugiesischer Gesandter in Paris. Mme de Souza, geb. Gräfin Flahaut, war Schriftstellerin), künftigen Mittwoch bei Lucchesinis (Preußischer Gesandter in Paris). Wegen Berlin muß ich den Alexander beständig zügeln, ich spiele mit ihm eine ordentliche Hofmeisterrolle. Seine Sammlungen sind ungeheuer; alles zu bearbeiten, vergleichen, alle Ideen auszuspinnen, die ihm gekommen sind, braucht er wenigstens fünf bis sechs Jahre. Wenn es nur in Rom mehr Hilfsmittel, Bibliotheken u. dgl. gäbe, würde die Lokalität des Orts, die Stille und Größe sehr wohltätig auf ihn wirken, allein so wird es doch nicht gehn. Wir werden ihn nur einige Monate haben, und Alexander ist es nicht gut, ganz ungezügelt sich selbst überlassen zu bleiben ...

Alexander schreibt Dir heute nicht, weil er nicht Zeit hat. Er liest heute zum erstenmal den Anfang einer Reisebeschreibung im Institut vor, welche eigentlich nur ein Prospektus seiner Reise ist. Von zwölf bis drei Uhr hat Alexander beinahe täglich viele Menschen bei sich, um seine Sammlungen, Zeichnungen usw. zu besehen.

Ich habe mich beinahe entschlossen, bis zwei Tage nach der Krönung, d. h. bis zum 12. November, zu bleiben. Alexander bittet mich dringend darum und macht mir Hoffnung, daß er dann vielleicht mit mir gehn kann, und alle Leute finden es ganz ridikül, eine so merkwürdige Sache wie die Krönung nicht sehen zu wollen.[3]

Humboldts gesellschaftlicher Erfolg und die Bewunderung, die ihm die Pariser entgegenbrachten, waren in der Tat beunruhigend für Caroline. Vergebens versuchte sie, diesen ungewöhnlich unabhängigen Geist zu zügeln und sparte nicht mit kritischen Äußerungen über ihn:

Paris, 14. Oktober 1804
Er gibt sehr viel Geld für seine Garderobe aus. Kleider bis jetzt, nicht etwa Wäsche, für 1200 Francs, und heute kauft er einen gestickten Samtrock, der wenigstens 800 Francs kosten muß.
Zur Krönung ist es beinah nicht zu evitieren. Noch hat er den Kaiser nicht gesehen, aber ich glaube, er wird es bald.

Auf der Rückseite desselben Blattes schreibt Alexander an seinen Bruder:

Liebster Bill!
Endlich ist des Königs Antwort gekommen, freundlicher ist nun noch wohl nie einem Vasallen geschrieben worden. Alle Furcht also, daß meine französischen Verbindungen den vaterländischen schaden könnten, ist eitel gewesen. Ich werde dem König sogleich freundlichst antworten. — Ich arbeite hier sehr viel und glücklich. Der Ruhm ist größer als je. Es ist eine Art von Enthusiasmus, auch geht den Leuten fürchterlich das Mühlrad im Kopfe umher, denn oft in einer Sitzung habe ich astronomische, chemische, botanische und astrologische Dinge im größten Detail vorgebracht. Alle Mitglieder des Instituts haben meine Manuskript-Zeichnungen und Sammlungen durchgesehen, und es ist eine Stimme darüber gewesen, daß jeder Teil so gründlich behandelt worden ist, als wenn ich mich mit diesem allein abgegeben hätte. Gerade Berthollet und Laplace, die sonst meine Gegner waren, sind jetzt die Enthusiastischsten. Berthollet rief neulich aus: „Cet homme réunit toute une Académie en lui". Das Bureau des longitudes berechnet meine astronomischen Beobachtungen und findet sie sehr, sehr genau. Im Cadastre von Prony werden meine fünfhundert barometrischen Messungen berechnet. Massard sticht schon meine mexikanischen Altertümer, Silber fängt diese Woche an die Pflanzen zu stechen. Kurz, es ist alles schon im Gange. Das National-Institut ist vollgepfropft, so oft ich lese. Du siehst also, daß das pommersche Geschlecht durch Dich und mich verherrlicht ist. Denn auch Deiner wird hier noch sehr, sehr allgemein gedacht, besonders von Govat, den ich oft bei Laplace sehe. Dem Hofe soll ich künftige Woche vorgestellt werden. Für Bonpland glaube ich eine gute Pension zu erhalten.

Ich lebe sehr, sehr innigst mit der Li. Ob ich gleich sehr in der großen Gesellschaft zerstreut bin, so sehen wir uns doch täglich. Sie steht noch an, ob sie sich wird der Kaiserin müssen vorstellen lassen, um die Krönung mit anzusehen. Ich bin gezwungen gewesen, mir für 70 Louisdor samtene gestickte Kleider machen zu lassen, um in aller Pracht zu erscheinen. Man muß nach solcher Reise nicht scheinen auf den Hund gekommen zu sein.[3]

Am 28. Oktober 1804 wurde Humboldt auf einer Audienz Napoleon vorgestellt. Beide waren 35 Jahre alt, wenn nicht gerade hochgewachsen, so doch hochberühmt. Ihr Zusammentreffen blieb bedeutungslos.

Alles, was Napoleon ihm gesagt haben soll, war: „Beschäftigen Sie sich mit Pflanzen? Das täte meine Frau auch." Diese Bemerkung wurde in den meisten Biographien als eine Beleidigung erwähnt, vielleicht doch ohne Grund. Denn Josephine, eine Kreolin von der Insel Martinique, hatte ein ernstes Interesse an Botanik. Schon 1799 wurde Malmaison unter großem finanziellem Aufwand in einen botanischen Garten umgewandelt. Die Gärtnereien in Hammersmith (London), Schönbrunn (Wien), Schöneberg (Berlin) sowie der *Jardin des Plantes* in Paris lieferten lebende Pflanzen. Dazu kamen auch Pflanzen, welche die französischen Schiffe *Naturaliste* und *Géographe* aus Australien mitgebracht hatten, sowie aus der Sammlung der Ägyptischen Expedition und Alexander von Humboldts amerikanischer Reise. Josephine übte auch einen überragenden Einfluß auf die botanische Forschung aus, unter anderem durch die Finanzierung von Publikationen wie *Jardin de la Malmaison,* Paris 1803–1805, von E. P. Ventenant, oder P.-J. Redouté *Les liliacées,* Paris 1802–1815.[4]

Vermutlich hatte die Abneigung Napoleons eher politische Gründe. Es ist merkwürdig, daß Humboldt, ein Kosmopolit im besten Sinne des Wortes, von Napoleon ebenso wie von seiner Schwägerin mißverstanden wurde. Für Caroline war Alexander ein schamloser Frankophiler, der durch sein Leben und seine Arbeit in Paris seine vaterländischen deutschen Pflichten vernachlässigte. Für den Kaiser war Humboldt der Bruder eines preußischen Diplomaten und vielleicht gar ein feindlicher Spion.

Tatsächlich wurde Humboldt einige Jahre später von der Geheimpolizei überwacht, und wenn der berühmte Chemiker Jean Antoine Chaptal, zur damaligen Zeit Staatsminister, nicht eingegriffen hätte, wäre Humboldt aus Frankreich ausgewiesen worden:

Eines Tages befahl Napoleon dem Polizeiminister Savary, zu veranlassen, daß Humboldt innerhalb vierundzwanzig Stunden aus Paris abreist. Als Humboldt die Aufforderung erhielt, kam er sofort zu mir und bat mich, mit dem Kaiser zu sprechen. Ich begab mich am Abend zu Napoleon in die Tuilerien. Gemäß seiner Gewohnheit nahm mich der Kaiser zur Seite, um mit mir zu plaudern.
„Was gibt es Neues in den Wissenschaften?", sagte er zu mir.
„– Nichts", antwortete ich, „und wenn M. de Humboldt seine südamerikanischen Reisen nicht drucken ließe, befänden wir uns in einem vollständigen Stillstand."
„Diese Werke sind also sehr bedeutend, sehr bedeutend?", erwiderte er.
„– Sie dürften noch mehr sein als das", fügte ich hinzu. „M. de Humboldt beherrscht alle Wissenschaften, und wenn er reist, ist es die ganze Akademie der Wissenschaften, die unterwegs ist. Man muß darüber staunen, wie er es in drei Jahren fertiggebracht hat, das Material zu sammeln, das er jetzt in Paris aufarbeitet. Auch hat er unser Land zu seiner Wahlheimat gemacht. Er veröffentlicht in unserer Sprache, er beschäftigt unsere Gravierer, unsere Zeichner, unsere Drucker."
„Widmet er sich nicht auch der Politik?"
„– Seinen Ruf kennen alle Ausländer und suchen seinen Umgang, aber ich habe es noch nicht erlebt, daß er sich über etwas anderes als die Wissenschaften unterhalten hätte."
„Sie glauben also, daß er für Frankreich nötig ist?"
„– Wenn er uns verließe, würde das eine allgemeine Trauer sein."
Napoleon rief Savary und trug ihm auf, den Befehl nicht ausführen zu lassen, den er ihm am Morgen zugeschickt hatte.[5]

Über die Krönung Napoleons in Notre Dame hatte Caroline ihrem Gatten getreulich berichtet.

Das spektakulärste Ereignis der napoleonischen Ära wurde von Jaques Louis David festgehalten. Er nahm die Anregung seines Schülers Gérard auf, statt Napoleons Selbstkrönung die Krönung Josephines durch Napoleon zu malen. In seinem Gemälde *Le Sacre* stellte David auch bekannte Persönlichkeiten und Freunde dar, die bei dem Ereignis nicht anwesend waren, wie z. B. Laetizia Bonaparte, Napoleons Mutter. Es gibt jedoch einen Beweis für die Anwesenheit Alexander von Humboldts sowohl bei der Krönung, wie auch auf ihrer bildlichen Darstellung durch David.

Auf dem im Louvre befindlichen Gemälde Davids steht auf der linken Seite hinter Joseph und Louis Bonaparte, die in kostbaren Gewändern und Federhüten dargestellt sind, ein nicht identifizierter barhäuptiger Mann. Er scheint kleiner zu sein als die anderen, sein Blick ist gespannt auf die Zeremonie gerichtet. Eine braune Haarsträhne in der hochgewölbten Stirn und das helle Gesicht heben sich gegen die olivhäutigen Korsen im Vordergrund ebenso ab, wie seine kräftige Nase und die schwere Kinnlade gegen deren scharfe Gesichtszüge, große schwarze Augen, starke Augenbrauen und lange, spitze Nasen. Aus der dunkler gehaltenen Umgebung zeichnet sich der hellere kleine Kopf ab, der Alexander von Humboldt sehr ähnlich ist.

Einige Humboldt-Porträts haben eine gewisse Ähnlichkeit mit diesem nicht identifizierten Mann in *Le Sacre*. Besonders überzeugend sind Vergleiche mit Porträts, die ihn im Dreiviertelprofil zeigen, wie z. B. ein Stich von Krausse (1796) oder ein Gipsmedaillon von Friedrich Tieck. Dem rosigen Gesicht im *Le Sacre* kommt auch das Humboldt-Porträt sehr nahe, das Charles Willson Peale im Mai 1804 in Philadelphia malte, wie auch dessen Silhouette von Humboldt, die die gleichen, nicht besonders aristo-

Jacques Louis David
Le Sacre, Louvre, Paris

Jacques Louis David
Ausschnitt
aus „Le Sacre",
Louvre, Paris

kratischen Züge aufweist wie die in Davids Gemälde. Das einzige Argument, das gegen die Identifizierung dieses Kopfes als ein Alexander von Humboldt-Porträt sprechen könnte, ist dessen Placierung zwischen den Marschällen und Höflingen. Die Künstler und Wissenschaftler befinden sich nämlich in diesem Bild auf den Emporen, wo David auch sich selbst beim Skizzieren darstellte.

Der Endfassung des Werkes gingen zahlreiche gemalte und gezeichnete Studien voraus. In einem Skizzenbuch Davids im *Musée des Beaux Arts* in Besançon befindet sich unter den Studien zu *Le Sacre* das Porträt eines unbekannten jungen Mannes, das in der Tat Alexander von Humboldt überraschend ähnlich ist, und dies nicht nur im Vergleich mit den Jugendporträts von Daniel Caffe, sondern auch zu der im Jahre 1843 entstandenen Zeichnung von Joseph Stieler. Beide Künstler stellten ihr Modell in einem leichten Dreiviertelprofil dar, mit auffallend klarem Blick, buschigen Brauen und einer kleinen, in die hohe Stirn fallenden Haarsträhne. Die kräftige Nase, die empfindsamen vollen Lippen, das stark ausgeprägte Kinn mit Grübchen und die eng anliegenden Ohren sind nahezu identisch. Caffes Zeichnung hat den gleichen strahlenden, wenn auch noch jugendlich sanften Ausdruck. David porträtierte einen romantisch-schwermütigen jungen Mann, während Stieler den damals 74-jährigen Humboldt als reifen Mann darstellte. Auch dieses Bild bestätigt wieder alle Quellen, nach denen Humboldt immer wesentlich jünger wirkte, als es seinem tatsächlichen Alter entsprach. Eine Ähnlichkeit zu Davids Skizze läßt sich auch in vielen anderen Humboldt-Porträts feststellen. Gérard, Krüger, Diez und Lehmann malten ihn mit genauso leicht geneigtem Kopf, sein Gesicht wird allmählich reifer und älter, bleibt jedoch in seinem Ausdruck von Weisheit und Güte unverändert.

Zwischen den Skizzen von David, Gérard und Stieler besteht auch eine stilistische Verwandtschaft in der eleganten Manier des Porträtierens, die daher rührt, daß Gérard ein Schüler Davids war und Stieler in den Jahren 1807–08 in Gérards Atelier studierte.

Nach Beendigung der Arbeiten am *Le Sacre* im Jahre 1808 begann David sofort eine Replik zu malen. Er nahm das Gemälde mit nach Brüssel, wo er nach dem Fall von Napoleon lebte. Alexander von Humboldt versuchte, König Friedrich Wilhelm III. zu veranlassen, David nach Preußen einzuladen und so dem großen Künstler – gleichzeitig aber auch der Akademie in Berlin – zu helfen.

Alfred Krausse　　　　　　　　　　Friedrich Christian Tieck　　　　　　　　　　Daniel Caffe

David erhielt über den preußischen Gesandten in Paris eine offizielle Einladung, zusammen mit einem Paß und Humboldts Brief. David antwortete Hardenberg 1816:

Ich habe soeben in Brüssel die Briefe von Seiner Exzellenz Graf Goltz sowie von Baron Humboldt erhalten, in denen mir die mich betreffenden Entscheidungen Seiner Majestät des Königs von Preußen kundgetan werden; diese Schreiben erlauben mir auch, Eurer Hoheit in dieser Angelegenheit zu schreiben.

Wenn ich in diesem Augenblick nur auf das mich so tief durchdringende Gefühl hören könnte, so würde ich ohne den geringsten Aufschub den mir von Graf Goltz zugestellten Paß dazu verwenden, Eurer Hoheit den Ausdruck meiner Dankbarkeit darzubieten . . . leider bin ich jedoch hier in Pflichten verstrickt, von denen mich nichts entbinden kann und für deren Vernachlässigung Eure Hoheit mich tadeln würden.

Der Gesundheitszustand meiner Frau, der mich zutiefst und leider vielleicht nur zu sehr begründet beunruhigt, erfordert meine ständige und liebevollste Pflege und erlaubt es mir somit zum gegenwärtigen Zeitpunkt nicht, daß ich mich von Brüssel entferne . . . Ich weiß wie jedermann in Europa, daß das Gerechtigkeitsempfinden Seiner Majestät dero Güte nicht nachsteht. Ich wage zu hoffen, daß Seine Majestät geruhen wird anzuerkennen, daß bei aller Hochschätzung seines Wohlwollens, mit dem er mich beehrt, es mir unmöglich ist, sofort aufzubrechen und mich in Berlin zu Seiner Majestät Verfügung zu halten . . .
Ich hoffe, Eure Hoheit werden keine Einwendungen dagegen haben, daß ich Seine Exzellenz Graf Goltz gebeten habe, den Paß noch behalten zu dürfen, um ihn zum mir frühest möglichen Zeitpunkt zu verwenden.[6]

David ging nie nach Berlin. Er blieb in Brüssel und vollendete die Replik von *Le Sacre*. Er signierte stolz: *Commencé à Paris en 1808, terminé à Bruxelles en 1822 dans son exil: L. David.*

Jacques Louis David   Joseph Stieler   Rudolf Hoffmann
                                                                    nach der Photographie 1857

Diese Replik befindet sich heute in Versailles. Der gleiche unbekannte Mann erscheint hier wesentlich älter, mit veränderter Kopfhaltung und Humboldt unähnlicher.

Noch im Jahre 1852 entsann sich Humboldt seiner als „ein sehr edler Mensch aus der ersten Revolution, Jaques Louis David".[7]

---

1 Gregorovius, Ferdinand, *Die Brüder von Humboldt*, in *Briefe Alexander's von Humboldt an seinen Bruder Wilhelm*, Stuttgart 1880
2 Séché, Alphonse, *Stendhal*, Paris 1909
3 Sydow, Anna von, *Wilhelm und Caroline von Humboldt in ihren Briefen,* Berlin 1907, II.
4 Baer, Winfried u. Lack, Walter H., *Pflanzen auf Porzellan*, Katalog, Berlin Schloß Charlottenburg, 1979
5 Podach, E. F., *Alexander von Humboldt in Paris*, Urkunden und Begebnisse, in *Alexander von Humboldt*, ed. Joachim H. Schultze, Berlin 1959
6 Wildenstein, Daniel et Guy, *Documents complémentaires au catalogue de l'œuvre de Louis David*, nr. 1772, 1775, 1776, ü.HN/RM.
7 Althaus, Friedrich, *Briefwechsel und Gespräche Alexander von Humboldt's mit einem jungen Freunde,* Aus den Jahren 1848 bis 1856, Berlin 1869
Beck, Hanno, *Alexander von Humboldt,* Wiesbaden 1961, II
Delécluze, M. E. J., *Louis David, son école et son temps. Souvenirs,* Paris 1855
Hautecœur, Louis, *Louis David,* Paris 1954
Dowd, David Lloyd, *Louis David, Pageant-Master of the Republic*, University of Nebraska, Lincoln 1948
Derré, J. R., *Metternich auxiliaire de David,* Soc. Hist. Art. Français, Bull. 1970
Florissone, Michel et Huyges, René, *David,* Cat. Orangerie des Tuileries 1948, Juin – Septembre

Anm.: Die Namen der Übersetzer wurden wie folgt abgekürzt: AA – Andrea Asken; HB – Hanno Beck; HBi – Helena Bilińska; EM – Eva Marcu; HN – Halina Nelken; RM – Reinhard Müller

Während David ins Exil ging, blieb Gérard in Paris, wo er weiter glänzende Erfolge hatte, nicht ohne Hilfe seines Freundes Alexander von Humboldt. Sie waren fast gleichaltrig und mußten einander schon seit 1798 gekannt haben, als Gérard mit seinem Bild *Psyché et l'Amour* im *Salon* so großen Erfolg errang. Als Maler von offiziellen Bildnissen Napoleons konnte Gérard seinen Ruhm festigen. In seinem großen Atelier arbeiteten Künstler wie Mademoiselle Godefroid, Baron Desnoyers, Karl von Steuben, Gurin, Thibault sowie auch mehrere Kupferstecher.

Alexander von Humboldt hatte bei Daniel Chodowiecki in Berlin studiert und sein Zeichentalent sollte sich bei seiner Amerikareise bestens bewähren, zu einer Zeit, als es noch keine Photographie gab. Diese Skizzen wurden als Illustrationen in seinem monumentalen, französisch geschriebenen Reisewerk benutzt, das in 35 Bänden in Paris erschien.

Nur in Paris mit seinen wissenschaftlichen Institutionen und Bibliotheken konnte Humboldt diese intellektuell stimulierende Atmosphäre finden; und nur hier waren die großen Wissenschaftler, die mit ihm seine Sammlungen bearbeiteten, und die Künstler, die seine Zeichnungen für die geplante Publikation vorbereiten sollten. Humboldts Kenntnis der graphischen Techniken sowie seine persönliche Anteilnahme an der Bearbeitung seiner Skizzen garantierten die ästhetische Wirkung der Illustrationen seiner Reisewerke, die von mehreren Künstlern meistens in Paris ausgeführt wurden. Er hatte gleich nach seiner Rückkehr aus Amerika die Arbeit angefangen, wie er es in dem oben zitierten Brief an seinen Bruder "Bill" erwähnte, und er unterbrach die künstlerische Tätigkeit nicht, als er sich der Familie in Rom anschloß. In Wilhelms Haus kamen einige, meistens deutsche Künstler zusammen, die Alexander sofort beschäftigte, wie er Aimé Bonpland berichtete:

Rom, 10. Juni 1805
Ich habe hier viel gezeichnet; einige Maler fertigen Bilder nach meinen kleinen Skizzen. Sie haben schon Rio Vinagre (Koch), die natürliche Brücke Icononzo le Cayambe (Gmelin) gezeichnet. Ich habe auch bei Dergia einen Schatz von mexikanischen Manuskripten gefunden, von denen ich manche publizieren will. Einige hatte ich schon stechen lassen.[1]

An demselben Tag schrieb Humboldt auch an John Vaughan von der *American Philosophical Society* in Philadelphia:

Ich habe viel in Paris gearbeitet; ich habe neun Vorlesungen im Institut gehalten, die gedruckt werden . . . Bonpland erhielt von dem Kaiser 3000 Francs Pension . . . Turpin arbeitet tüchtig für mich, sonst würde er verhungern, wie viele talentierte Menschen . . . Ich plane eine Reise nach Neapel, dann nach Berlin . . . Der König hat mich berufen an die Akademie, die ist wie ein zerrüttetes Hospital . . .[1]

Pierre-Jean François Turpin (1775–1840) ging als Soldat nach San Domingo, wo er mit dem Naturforscher Pierre Antoine Poiteau (1777–1852) die Sammlung *Flora von Haiti* für eine geplante amerikanische Publikation bearbeitete. Wegen der innenpolitischen Wirren kehrten die beiden jedoch bald nach Europa zurück. Turpin war sogar an Bord desselben französischen Schiffes *La Favorite*, auf dem sich Alexander von Humboldt befand. Er wurde sein Hauptauftraggeber, denn für die Botanik in dem Reisewerk hatte Turpin 900 Tafeln mit bewundernswerten Aquarellen bearbeitet.[2]

Humboldt ging im November 1805 nach Berlin und konnte nicht mehr weg; nach der Vernichtung der preußischen Armee bei Jena und Auerstedt wurde Berlin am 25. Oktober 1806 durch die Franzosen besetzt. Er schrieb einen langen Brief an Gérard, der erste aus der Reihe der publizierten lebenslangen Korrespondenz der beiden Freunde:

Nach meiner Rückkehr aus Italien, und besonders nach der Abreise von meinem besten Freund Gay-Lussac, lebe ich hier in einer moralischen Wüste . . . Publikationen meiner Werke kann man nicht vollenden bis ich selbst wieder in Paris sein werde und Sie wieder um Ihre Hilfe bitte . . . Grüßen Sie . . . Redouté und unseren Freund Thibault, dessen herrliche Zeichnung ich stechen lasse. Die Porzellanmanufaktur ist noch nicht fertig mit einer Sache, die sich auf meine Reise bezieht und die ich ihm schenken möchte.[3]

Redouté arbeitete mit an Humboldts botanischen Werken, während Thibault nach seiner Skizze die prächtigste Illustration in *Vues des Cordillères* anfertigte. Humboldt äußerte seine Dankbarkeit in dem Text:

Ein vortrefflicher Architekt, der das Wissen um die Monumente der Antike mit großem Empfinden für die Schönheit der Natur vereinigt, Mr. Thibault, hatte die farbige Zeichnung angefertigt, deren Stich die vorzüglichste Verzierung dieses Werkes ist . . . Damit das Auge der Steigerung der großen Entfernungen folgen kann, hatte Mr. Thibault die Szene mit großem Geschmack durch figürliche Gruppen belebt. Es ist eine dankbare Aufgabe, der Gefälligkeiten selbstloser Feundschaft zu gedenken.[4]

Das in dem Brief an Gérard erwähnte Geschenk Humboldts für Thibault könnte in Zusammenhang mit dem kostbaren Tafelservice stehen, das für die Kaiserin Josephine angefertigt werden sollte. Der Auftrag für die Königliche Porzellanmanufaktur in Berlin erging wahrscheinlich über den Generalintendanten Napoleons, Graf P. A. B. Daru, der selbst an Botanik interessiert war und sich um die Pflanzen für Malmaison aus dem Botanischen Garten in Schöneberg bemühte. Das kostbare Service wurde mit exotischen Pflanzen nach E. P. Ventenant und P. J. Redouté bemalt. Möglicherweise war Alexander von Humboldt an der Beschaffung des Vorlagenmaterials beteiligt, da er 1804 in Paris von Kaiserin Josephine ein sehr schönes Kupferwerk ihrer Pflanzen erhalten hatte.[2]

Noch in Berlin wurde Humboldt gebeten, bei der französischen Besatzung zu intervenieren. Im Jahr 1808 kam er zusammen mit Prinz Wilhelm zu Friedensverhandlungen nach Paris, er erhielt dann die Erlaubnis, bis zur Vollendung seiner Publikationen in Frankreich zu bleiben. Es wurden mehr als zwanzig Jahre, die Humboldt – abgesehen von „kleinen Abwesenheiten" – in Paris verbrachte.

Seine Situation war nicht leicht; Napoleon mißtraute Humboldt, der ein offizieller Kammerherr des preußischen Königs war, während andererseits preußische Patrioten es ihm verübelten, daß er in Frankreich blieb. Und doch war Humboldt entschlossen, nicht nach Berlin zurückzukehren. Noch aus Amerika schrieb er an Wilhelm, „macht nur, daß ich niemals nötig habe, die Türme Berlins wiederzusehen".[5] Jetzt in Paris forschte er mit Cuvier, Arago und Gay-Lussac, beaufsichtigte seine Publikationen, malte in Gérards Atelier und genoß die *Salons*:

Die Cuvierschen Sonnabende . . . Wenn man nicht vor Mitternacht entschlüpft war, so war es kaum möglich, als dann sich zu entfernen. Cuvier stellte sich selbst an die Thüre, und nöthigte Jeden, der das Zimmer verlassen wollte, an dem kleinen Souper Theil zu nehmen, das hier im Unterschiede von den meisten französischen Häusern aufgetragen wurde. Wenn vorher das Gespräch, weil es sich über so viele Gegenstände verbreitete, weniger Gediegenheit und Schärfe besaß, so wurde es hier an dem kleinen Tische und unter den wenigen Personen, so witzig, vertraulich und angenehm, daß man in der Regel sich noch des anderen Tages mit Freuden daran erinnerte.

Der Maler Gérard war eine nicht minder interessante, wenn auch ganz verschiedene Persönlichkeit. Abgesehen von seiner Kunst, in der er nicht allein einer der vortrefflichsten Ausüber, sondern, was selten bei diesen sich vorfindet, einer der schärfsten und geistvollsten Kritiker war, gab es keinen Gegenstand der Wissenschaft, des Lebens, oder der Politik, über den er nicht, mit aller Sagacität eines Italieners, lebendig und sarcastisch hätte mitsprechen können. Sein Salon, der das Unterscheidende an sich trug, daß er auch im Sommer nicht einging, füllte sich in der Regel erst nach Mitternacht. Hier trafen Gelehrte, Künstler, Schauspieler, Staatsmänner, Dandys, Fremde und Privatleute zusammen . . .[6]

. . . Gérard galt etwas in der Gesellschaft. Sein Salon zählte zu den elegantesten, meistbesuchten und bekanntesten, die man sich denken konnte. Nur damit man sich eine Vorstellung davon machen kann, möchte ich hier wiedergeben, was die Königin Caroline von Neapel mit leuchtenden Augen in Erinnerung an jene wunderbaren Jahre erzählte:

„Morgen gehe ich zu Gérard. Ich werde dann wieder die kleine Treppe hinaufgehen (Gérard wohnte im ersten Stock oder richtiger im Hochparterre), auf der sich einst die großen Persönlichkeiten ihrer Zeit drängten; ja, die berühmtesten und bedeutendsten Männer, alle Schönheiten dieser Jahre gingen diese kleine Treppe hinauf . . ., die zu jenen kleinen, aber so eleganten und behaglichen Räumen führte."

Salon du Baron Gérard: Stendhal, A. de Vigny, Humboldt, Talleyrand, Gérard, Cuvier, Mérimée, Rossini.

Die sozusagen unerschütterliche Säule des Gérard'schen Salons war Herr v. Humboldt. Er lehnte meist an einer Türfüllung, von wo er sich den ganzen Abend nicht wegbewegte, und plauderte ohne Unterlaß und ohne die geringsten Gesten. Er hatte ein fabelhaftes Gedächtnis. Niemals habe ich ihn vor mir weggehen sehen, ganz gleich, wie spät in der Nacht es sein mochte. Und dennoch fand ich ihn am anderen Morgen zwischen 7 und 8 Uhr schon wieder frisch rasiert, tadellos gekleidet und so gesprächig wie am Abend zuvor, nur war es jetzt eine Revue der neuesten Nachrichten vom Hofe und aus der Stadt. Gérard lag noch im Bett, rauchte seine Pfeife und streute die eine oder andere Bemerkung ein, nur um die Kommentierfreudigkeit seines Freundes zu steigern, weil dies äußerst lustig und unterhaltsam war.

Mehr als 20 Jahre danach hatte ich die Gelegenheit, Herrn v. Humboldt in Berlin wiederzusehen, doch von seiner einstigen Ausstrahlung war nichts mehr zu spüren.

"Glauben Sie, daß ich hier noch jemand bin?", sagte er verbittert. "Man beachtet mich hier nur, weil ich an dem Schlüssel auf meinem Anzug als königlicher Kammerherr zu erkennen bin, was nur soviel heißt, daß mir diese Stellung gerade soviel Wichtigkeit verleiht, daß ich den Samt abstauben darf, wo Seine Majestät seine Lorgnette ablegt..."

Er sprach dann lange und sehr lebendig über unsere alten Freunde. Ja, sicher vermißte er Paris! Und wie um sich selbst zu trösten, sagte er schließlich: "Alles, was ich geschrieben habe, ja, alle meine Werke sind in Französisch geschrieben."

"Sie denken also in Französisch?", fragte ich ihn, worauf er zustimmend mit dem Kopf nickte.[7]

Nach Napoleons Sturz kam Wilhelm von Humboldt, der preußische Kultusminister, nach Paris und schrieb einige bissige Bemerkungen an Caroline:

Paris, 26. April 1814
Von Künstlerateliers war ich bis jetzt nur bei Gérard, mehr aus Höflichkeit für Alexander als aus eigener Lust. Alexander macht, wie Du denken kannst, sehr viel aus ihm und aus der ganzen französischen Kunst. Den Belisar hat er nicht mehr bei sich, auch gibt es von ihm ein ungeheures Gemälde der Schlacht von Austerlitz, was nicht bei ihm ist. Ich sah in seiner unendlich großen Werkstatt nur zwei historische Gemälde: Homer, wie er auf einer wüsten Insel allein mit einem jungen Mädchen ist, die Muscheln sucht, und Amor und Psyche. Das erste Bild ist nach einer Sage über Homer gemacht und eine Art Gegenstück vom Belisar. Schon daraus und aus dem Sujet siehst Du, wie das ganze Bild wieder auf einer Art von Verstandespointe beruht, die Jugend im Gegensatz mit dem Alter, die Unbefangenheit mit dem Unglück. Das Gesicht des jungen Mädchens hat etwas Grelles und gar nicht Antikes, der eine Fuß, den sie hinter dem andren hält, macht eine gezwungene Stellung und scheint mir sogar verzeichnet, und der arme Homer hat ganz graues Fleisch. Aber was hilft's, das wird doch alles bewundert. Amor und Psyche sind zwei ganz langbeinige, aber trotz ihrer Nacktheit sehr anständige Personen, sie sehen aus, als frören sie, und weder von schönem Fleisch noch schönen Formen kann die Rede sein.

Außer diesen beiden Bildern hat er eine Menge Porträts, die mir zum Teil viel besser gefallen. Vorzüglich ist eins von Mademoiselle Mars, der Schauspielerin, das mit vieler Liebe zum Gegenstand gemalt und wirklich recht hübsch ist. In einer besonderen Stube sind jetzt alle zahlreichen Porträts der kaiserlichen Familie relegiert. Von Napoleon selbst sind zwei merkwürdige Bilder da, eins von der Zeit, wie er eben Kaiser geworden war, und eins aus der letzten Zeit. Es ist wirklich unter beiden Köpfen ein merkwürdiger Unterschied, und der letzte zeigt ordentlich eine ganz entartete degradierte Natur an. Zu Isabey hat Napoleon wirklich, als er zum letztenmal Paris verließ, mit Lachen gesagt: "Pauvre Isabey, que ferez-vous de tous mes portraits, et de ceux de ma famille, personne ne les achètera plus."

Der König, (Friedrich Wilhelm III.), läßt sich bei Gérard malen, für 10000 Frank in Lebensgröße und ganzer Gestalt, wie er auf dem Platz Ludwigs XV. die Truppen in Paris einziehen sieht. Alexander, dessen Werk auch dieses ist, wollte mich absolut bereden, Theodor bei Steuben für 600 Frank malen zu lassen, und jetzt legt er seine Schlingen nach mir. Aber ich ziehe mich leise heraus.[5]

Um diese Zeit, am 2. April 1814 wurde Alexander von Humboldt zu dem König beschieden, damit er ihm bei seiner genauen Kenntnis aller Pariser Verhältnisse und Örtlichkeiten als Begleiter diente. Friedrich Wilhelm III. ließ Humboldt hohe staatliche Verwendung anbieten, den Gesandtenposten in Paris. Doch im Gegensatz zu seinem Bruder hatte Alexander von jeher jedes offizielle Amt ausgeschlagen; sein Amt als königlicher Kammerherr war nur nomineller Art und beeinträchtigte seine Unabhängigkeit in keiner Weise. Seine einflußreiche Stellung benutzte Humboldt jedoch, um die Porträtaufträge für seine französischen Freunde und besonders für Gérard zu bekommen, wie z. B. den von Zar Alexander I., des Duke of Wellington und von Friedrich Wilhelm III.

Die Brüder Humboldt begleiteten ihren König 1814 nach London. Von *Downing Street* schrieb Wilhelm fast täglich an Caroline:

11. Junius 1814
Gleich gestern habe ich ganz allein drei Stunden in Elgins Museum zugebracht. So hat niemand geraubt! Man glaubte, ganz Athen zu sehen...

Was nicht im Original da ist, ist in Gips, und viel andere Dinge, als die in den Tempeln waren. Eine nur etwa zwei Fuß hohe Venus in Gips, von der Elgin in Schottland das Original hat, von einer unbegreiflichen Schönheit.

14. Junius 1814
Die neuere Kunst hier steht weit unter der französischen. Es ist jetzt gerade eine Ausstellung, aber von fast 900 Gemälden und Skulptursachen, die dort sind, fand ich, schlechterdings nicht eins, das mir gefallen hätte. Alexander hat bei den Malern selbst noch mehr gesehen, ist aber ganz meiner Meinung.

Roger (nach François Gérard, 1814)
L'Amérique, Frontispice pour le grand ouvrage
de Humboldt et Bonpland
Stahlstich, 21,5 x 15 cm
Bibliothèque Nationale, Paris

Bei Alexander fällt mir ein, daß das eine neue Seite an ihm ist, die Dich sehr überraschen wird, daß er sich sehr viel mit Kunst abgibt, alles beurteilt und selbst zeichnet und malt. Nur hat er unglückliche Vorurteile für alles Französische in der Kunst, namentlich für Gérard.[5]

Aus Wien kündigte Wilhelm seiner Frau an:

*Wien, 9. September 1814
Alexander mußt Du Dich gefaßt machen, sogar selbst sehr französisch zu finden. Das ist nun einmal nicht anders.*[5]

Wilhelm wirkte mit beim Wiener Kongreß, auf dem beschlossen wurde, daß die von Napoleon auf seinen Feldzügen erbeuteten Kunstwerke zurückgegeben werden sollten. Dann aber intervenierte Alexander erfolgreich für die Pariser Museen, den Louvre und den *Jardin des Plantes*, was ihm bittere Anklagen seiner Landsleute, aber den Dank seiner französischen Kollegen und Freunde eintrug.

Gérard war Humboldt sehr ergeben. Er hatte nicht nur einige seiner Bildnisse gemalt, er hatte auch das Titelbild für Humboldts Werk entworfen, das Roger nachher gestochen hat. Die Unterschrift der Titelseite, ein Pliniuszitat aus der *Historia Naturalis,* lautet *Humanitas, Literae, Fruges,* die für Alexander von Humboldt die wichtigsten Prinzipien der Menschheit bedeuteten.

Mit Begeisterung bedankte er sich bei dem Künstler und nannte seine Zeichnung „ein Monument Ihrer Freundschaft und ein Monument meiner und meiner Familie Dankbarkeit".[3]

Gérards Entwurf hat die Unterschrift *L'Amérique relevée de sa ruine par le commerce et par l'industrie*. Es ist eine Kompilation von altgriechischer und mexikanischer Mythologie: die Göttin der Weisheit, Pallas Athene, mit dem Ölzweig des Friedens und Hermes, der göttliche Patron von Kaufleuten und Dieben, sowie der Prinz der Azteken sind zwischen mexikanischen Ruinen mit einer umgestürzten Statue der aztekischen Priesterin dargestellt. Palmen, Pyramiden und Chimborazo sind im Hintergrund zu sehen. Außer den Figuren geben alle anderen Elemente Humboldts eigene Skizzen wieder, die in 69 Kupferstichen in *Vues des Cordillères* abgebildet sind. Meistenteils sind diese Illustrationen die Werke französischer Künstler, wie Bouquet, Le Chanoise, Cloquet, J. D. Duquesney, Massard, Marchais, Poiteau, Thibault oder Turpin. Dieses herrliche Werk in Groß-Folio schenkte Humboldt Gérard mit dem begleitenden Brief:

Hier ist er, mein vortrefflicher Freund, der zweite Band meines Werkes über die altertümliche amerikanische Zivilisation im Verhältnis zu der mexikanischen Mythologie und derer von Groß-Indien (Ost-Indien). Es ist der bescheidene Beweis meiner Bewunderung und Zuneigung.[3]

Die kleinen Briefchen an Gérard gewähren eine einzigartige Einsicht in Angelegenheiten, über die Humboldt bestens informiert war:

Paris 1816
Cauchy hat während einer geheimen Sitzung gestern vorgeschlagen, daß die Instituts-Bibliothek sich aller Bücher entledigen sollte, die die göttliche wie königliche Majestät beleidigen; er nannte Voltaire, Rousseau und wurde besonders wütend gegen La Guerre des Dieux . . .[3]

Humboldt ging zu jeder Sitzung des *Institut*. Er hat zusammen mit Gay-Lussac in einem kleinen Zimmer in der *Ecole Polytechnique* gewohnt, dann jahrelang mit C. S. Kunth, und wohin er auch umzog, blieb er doch stets in der Nähe des *Institut*. Während seinen letzten Besuchen wohnte er in dem „Kämmerlein des Instituts, einer gegen die Feinde befestigten Position".[8] Eine andere Festung war auch das Observatorium, wo Humboldt mit dem Direktor, François D. Arago, seinem liebsten Freund, Forschungsarbeiten betrieb. Wenn er in seine Arbeit vertieft war, hat Humboldt die verlockendsten Einladungen, wie die der Madame Récamier, abgesagt:

Es tut mir leid, Madame . . . unsicher wie lange ich noch in Paris bleiben darf, und mit der Arbeit überhäuft, bin ich gezwungen sehr zurückgezogen zu leben.[9]

Humboldt hatte jedoch immer Zeit für talentierte junge Leute. Einer von ihnen war ein in Göttingen ausgebildeter Amerikaner, der spätere Professor der Literatur in Harvard, George Ticknor, der Humboldt 1817 bei Madame de Staël kennengelernt hatte:

26. April 1817
Meine interessantesten Bekanntschaften in Paris sind bisher Schlegel und Humboldt. Beide haben einen originellen Lebensstil . . .

Humboldt ist ganz anders . . . Für ihn gibt es keinen Unterschied zwischen Tag und Nacht, er kann zu jeder Zeit essen, schlafen, arbeiten; er setzt sich über jede traditionelle Zeiteinteilung hinweg. Man muß zugeben, daß seine Gewohnheiten für das Leben, das ein so talentierter Mann, der zugleich Gelehrter und Mann von Welt sein möchte, in einer großen Stadt führen muß, günstig sind. So schläft Herr von Humboldt nur, wenn er müde ist und Zeit dazu hat; und wenn er mitten in der Nacht wach wird, steht er auf und fängt an zu arbeiten, als wäre es Morgen. Er ißt, wenn er Appetit hat, und wenn er zu sechs Uhr zum Essen eingeladen ist, hindert ihn das nicht daran, vorher noch in ein Restaurant zu gehen, weil für ihn ein großes Essen lediglich ein Anlaß für Vergnügen und Zerstreuung ist. Aber während der übrigen Zeit schließt er sich ein und vertieft sich in seine Arbeit, empfängt selten Besucher und dann nur die, die sich einen Tag vorher angemeldet haben. Er weist diese nie zurück, weil, wie er mir einmal sagte, wenn er eine Unterbrechung seiner Arbeit voraussehen kann und sich darauf einstellt, diese keine mehr ist . . .

Ein solches Leben setzt zwei Dinge voraus: eine Natur, die allen Strapazen, sowohl physischer wie psychischer Art, gewachsen ist, und einen Ruf, der ihn über die gesellschaftlichen Konventionen stellt und ihm erlaubt, wie ein König zu handeln. Baron von Humboldt vereinigt beides in sich. Seine füllige Statur, sein fester Schritt und die Kraft und Entschiedenheit, die jede seiner Bewegungen charakterisieren, weisen ihn als den Mann aus, der die tropische Hitze des Orinoco hat erleben und den Chimborazo besteigen können... Hinzu kommen seine erstaunlichen Leistungen, die auf fast allen Gebieten an die Grenzen menschlichen Erfindergeistes reichen und von einem Enthusiasmus durchdrungen sind, der ihm geholfen hat, wo alles andere versagt hätte. Seine Bescheidenheit hindert ihn daran, beherrschend und aufdringlich zu sein, und macht es ihm unmöglich, jemanden zu verletzen: Alles dies macht ihn zu einem der interessantesten Menschen der Welt und zum Idol der Pariser Gesellschaft.

Humboldt ist sicher eine der bemerkenswertesten Persönlichkeiten, die ich in Europa gesehen habe... Ich saß heute bei ihm und wenn ich mich umwandte, sah ich die große Mercator-Weltkarte, die vor seinem Arbeitstisch hing. Sie schien mir plötzlich ein Symbol zu sein für die Unermeßlichkeit seines Wissens und Geistes, die auf fast allen Gebieten an die Grenzen des menschlichen Erfindergeistes heranreichen und auf einigen diese Grenzen erreicht haben. Ich war höchst erstaunt über sein profundes humanistisches und klassisches Wissen, seinen Geschmack, seine Kenntnis der alten und neuen Sprachen, und dabei bestand für ihn keine Verpflichtung, sein Wissen auf diesen Gebieten zu vergrößern.

Und dennoch kenne ich nur wenige, in die Tiefen humanistischer Wissenschaften eingedrungene Menschen, die ebenso breite Kenntnis des klassischen Altertums haben und auch nur wenige Gelehrte, die Griechisch und Latein so gut beherrschen wie er; und keinen Menschen auf der Welt, der moderne Sprachen fließender spricht. Und alles liegt noch außerhalb der Gebiete, für die er eigentlich berühmt ist. Wie großartig muß er dann in den Disziplinen sein, auf die er sein Talent und seine Arbeitskraft konzentriert und auf denen mein geringes Wissen und Verständnis nicht einmal ausreicht ermessen zu können, was er ist.[10]

Fast zwanzig Jahre später besuchte Ticknor Berlin und notierte in seinem Tagebuch:

Alexander von Humboldt war eine Stunde bei uns... er sieht genauso wie früher aus, aber älter und sein Haar ist weiß geworden... Während des Gespräches äußerte er sich sehr liberal in der Politik... er lebt fast ausschließlich in dem Palast Potsdam und in der Gesellschaft, und manchmal ist er mit staatlichen Angelegenheiten beschäftigt. Sein Herz aber ist in Paris, wo zweifellos sein Leben so war, wie er es wünschte; heute morgen sagte er ganz offen, daß er uns dort wiederzusehen hofft; „ihr müßt wissen," sagte er lächelnd, „ich habe mit dem König ausgemacht... daß ich Erlaubnis haben muß, drei Monate im Jahr dort zu verbleiben, wo ich möchte, und das ist Paris." Ich habe niemanden gekannt, der gleichzeitig so höflich und so kühn im Gespräch sein kann.[10]

1822 begegnete Humboldt zufällig am Pont Neuf dem jungen Geologen J. B. Boussingault und dessen peruanischem Freund, Mariano de Rivero, der auch in Paris studierte. Die beiden sollten bald mit der Expedition im Auftrag Bolivars nach Süd-Amerika reisen. Nach Jahren erinnerte sich Boussingault dieser Begegnung:

Humboldt interessierte sich lebhaft für unsere Expedition. Wir sollten Gegenden, die er vor zwanzig Jahren besucht hatte, nicht bloß durcheilen, sondern dort verweilen, um die Beobachtungen, die er gemacht hatte, zu vervollständigen und weiterzuführen. In der Geologie und Geographie wären seit seiner Reise – der denkwürdigen Reise – solche Fortschritte gemacht worden, daß es nötig sei, die Gebiete, die von ihm nur im schnellen Zuge untersucht und wo die Lagebestimmungen nicht mit der zulänglichen Genauigkeit vorgenommen wurde, neuerlich aufmerksam zu studieren.

Humboldt wollte mich vor allem kennen lernen, um sich ein Urteil über mich zu bilden. Er sprach viel und gut, ich hörte zu wie ein Schüler seinem Meister, so daß er die Freude hatte, in mir einen zu erkennen, der „die große Kunst des Zuhörens" besitzt. Er bezeugte mir bald jene Freundschaft, die er mir bis zu seinem Tode bewahrt hat. Er schenkte mir verschiedene Instrumente, derer er sich in Amerika bedient hatte: einen Taschensextanten, einen künstlichen Horizont, einen Prismenkompaß, ein Flamsteed'sches Planisphärium, kostbare Dinge, von denen ich den größten Nutzen zog.

Humboldt tat mehr, er wollte mich unbedingt in den Gebrauch der Instrumente einführen, wir verabredeten uns. Er wohnte auf dem Quai Napoléon, im vierten Stock, in einer Wohnung mit dem Blick auf die Seine, fast genau der Münze gegenüber. Er war damals 53 Jahre alt, von mittlerer Größe, gut gewachsen, hatte weiße Haare, ein ihn kennzeichnendes feines Lächeln, ein bewegtes durchgeistigtes Antlitz, das einige Spuren der Pocken zeigte, der Krankheit, die er sich in Cartagena de las Indias zugezogen hatte. Sein rechter Arm war gelähmt als Folge des Rheumatismus, den er durch das Schlafen auf den feuchten Blättern in den Wäldern an den Ufern des Orinoco bekam. Wenn er schreiben oder einem die rechte Hand reichen wollte, brachte er mit seiner linken Hand den kranken Vorderarm in die nötige Höhe. Seine Kleidung blieb seit der Epoche des Direktoriums, also seit 30 Jahren, dieselbe: blauer Rock, vergoldete Knöpfe, gelbe Weste, anliegende Hosen aus gestreiftem Stoff, die in Stulpenstiefeln steckten, in den einzigen, die man 1822 in Paris sah, weiße Krawatte, schwarzer, zerbeulter, abgetragener Hut.

Ich hatte erwartet, den Hofkämmerer des Königs von Preußen in einer prächtigen Wohnung anzutreffen. Meine Überraschung war groß, als ich bei dem berühmten Reisenden eintrat: ein kleines Schlafzimmer, ein Bett ohne Vorhänge, im Zimmer, wo er arbeitete, waren vier Strohstühle, ein großer Tisch aus Tannenholz, der mit mathematischen Formeln und Logarithmen beschrieben war. Wenn auf der Tafel des Tisches für weitere Zahlen kein Platz mehr war, ließ er den Tischler kommen, um sie abzuhobeln.

Unsere Übungen mit dem Sextanten begannen stets unverzüglich, nachdem ich gekommen war. Wir maßen den Winkel zwischen der Spitze des Invalidendoms und dem Blitzableiter der Kirche Saint Sulpice, wir bestimmten auch die Sonnenhöhe. Er ließ nichts aus bei diesem praktischen Unterricht, die Methoden der Überprüfung, der Feststellung der Beobachtungsfehler; für alle unsere Berechnungen benutzten wir die Tafel des bewußten Tisches. Ich war bald in den Gebrauch des Sextanten und des künstlichen Horizonts eingeweiht.

Humboldt war mit Gay-Lussac und Arago eng befreundet. Ich sah diese drei Männer vereint, ich befand mich am gleichen Tisch mit ihnen. Ihre Verbundenheit war rührend trotz der Verschiedenheit der Meinungen in vieler Hinsicht: Sie duzten sich wie zur Zeit ihrer Jugend, und eine meiner besten Erinnerungen, eine der Freuden meines Daseins ist geliebt und geschätzt worden zu sein von diesen hervorragenden Geistern.[11]

Humboldt wurde am 23. März 1827 Ehrenpräsident der *Société de Géographie* in Paris. Bald danach mußte er, von seinem König gerufen, nach Berlin übersiedeln. In einem diplomatischen Auftrag jedoch reiste er 1830 nach Paris, um die offizielle Anerkennung Ludwig Phillips durch Preußen zu überbringen. Humboldt begrüßte die Julirevolution, äußerte aber auch seine Zweifel:

Seit vierzig Jahren seh' ich in Paris die Gewalthaber wechseln, immer fallen sie durch eigene Untüchtigkeit, immer treten neue Versprechungen an die Stelle, aber sie erfüllen sich nicht, und derselbe Gang des Verderbens beginnt auf's neue. Ich habe die meisten Männer des Tages gekannt, zum Theil vertraut, es waren ausgezeichnete, wohlmeinende darunter, aber sie hielten nicht aus, bald waren sie nicht besser als ihre Vorgänger, oft wurden sie noch größere Schufte. Keine Regierung hat bis jetzt dem Volke Wort gehalten, keine ihre Selbstsucht dem Gemeinwohl untergeordnet. So lange das nicht geschieht, wird keine Macht in Frankreich dauernd bestehen. Die Nation ist noch immer betrogen worden, und sie wird wieder betrogen. Dann wird sie auch wieder den Lug und Trug strafen, denn dazu ist sie reif und stark genug.[12]

Während seiner Forschungsreisen nach Rußland 1829 wurde Humboldt zum Direktor des Museums in Berlin ernannt. Empört und betroffen schrieb er aus Jekaterinburg an seinen Bruder Wilhelm:

Es hat mich schlaflos gemacht. Sollte ich meine Stellung in Paris aufgegeben haben, in mein Vaterland zurückgekehrt sein, um Director einer Bildergalerie zu werden, um mich mit Dingen zu beschäftigen, welche diametral entgegengesetzt sind, was mir einigen Ruf in der Welt gegeben hat? Das wäre eine zu starke Erniedrigung, ich werde das rund ablehnen, selbst wenn man schon, ohne mich zu fragen, mich ernannt hätte.[13]

Humboldt hatte sein Interesse an der Kunst nicht verloren. Er wollte sich nur nicht in einen bürokratischen Administrator verwandeln. Er wußte genau, daß er als des Königs inoffizieller Berater in Geisteswissenschaften wirksamer sein konnte. Er wurde tatsächlich noch einflußreicher, als Friedrich Wilhelm IV. seinem Vater auf den Thron folgte und 1842 einen neuen Verdienstorden für hervorragende kulturelle Leistungen, *Pour le Merite*, stiftete. Alexander von Humboldt wurde der „immer gerade handelnde aber schief schreibende" Kanzler, dessen Aufgabe es war, Kandidaten für den Orden vorzuschlagen. Schon von Anfang an bestand Humboldt auf der Beachtung der Prinzipien des Ordens, als er dem König schrieb:

(Frühjahr 1842) Sonnabend.
Bei dem Glanze des neuen Instituts und dem freundlichen Eindrucke, den es überall, bei seiner ersten Stiftung machen soll, ist es mir etwas beängstigend, daß, wenn auch der Architekt Fontaine nun hinzutritt ... es nur fünf auswärtige Ritter und unter diesen keinen Maler gibt; denn Daguerre beglücken Ew. Majestät doch eigentlich nur als großen Erfinder des Lichtbildes. Die zweite Abteilung der Liste gestaltet sich jetzt also:

B. im Gebiete der Künste.
a) deutscher Nation (oder deutschen Volksstammes):
v. Cornelius,
Felix Mendelssohn-Batholdy,
Meyer Beer,
Rauch,
Schadow, Direktor der Akademie der Künste in Berlin,
Lessing,
Schnorr,
Schwanthaler;

b) ausländische:
1. Fontaine, Architekt des Königs zu Paris,
2. Daguerre, Landschaftsmaler, Erfinder des Lichtbildes,
3. Liszt,
4. Thorwaldsen,
5. Toschi in Parma,
6. Horace Vernet,
7. Ingres,
8. Rossini.

Die drei berühmtesten Namen in Frankreich sind: Ingres, Horace Vernet und sein Schwager Paul Delaroche. Rauch hält Ingres in allen ernsten, idealischen, züchtigen Kunstschöpfungen für den Größten der französischen Schule. Das Freskobild im Louvre, Apotheose des Homer, ist ein schönes Werk! Horace Vernet ist lebendiger, populärer, mannigfaltiger. Seine Schlachtenbilder gegen Österreich und Preußen sprechen eher für ihn, weil Ew. Majestät die großartige Unabhängigkeit Ihrer Sie bei dem Orden leitenden Grundsatze bewähren wollen. Horace Vernet ohne Ingres wäre Vernachlässigung des Idealischen neben der zu großen Vorliebe für Lebensfülle und heiteren Stil. Die Wahl beider: Horace Vernet und Ingres wird große Freude machen...

In tiefster Ehrfurcht Ew. königliche Majestät

allerunbequemster
Al. Humboldt.[8]

Merkwürdigerweise enthielt die Liste keinen Turner, Daumier oder Delacroix. Humboldt, sonst so unabhängig in seinem Urteil, spiegelte hier die offizielle Richtung der Kunst wider sowie den allgemeinen Geschmack seiner Zeit. Vielleicht wußte er auch aus Erfahrung, daß das Wahlkomitee nur solche Persönlichkeiten akzeptieren sollte. Humboldt selbst war mit allen auf der Liste persönlich gut bekannt. Einen jungen Maler, Simon Meister aus Koblenz, empfahl er Horace Vernet: „Er wandte sich an mich, weil ich manchmal mit Ihrer Freundschaft geprahlt habe, wie man sich dessen rühmt, was das Leben verschönert und dem Stand die Ehre bringt."[14]

J. A. D. Ingres (1780–1867) hatte Humboldt wahrscheinlich noch in Rom, nach seiner Rückkehr aus Amerika, kennengelernt. Ingres nahm die Auszeichnung an und erwähnte die jugendlichen Erinnerungen in einem begeisterten Brief:

An Herrn Baron von Humboldt, Geheimer Rat Seiner Majestät des Königs von Preußen. Kanzler des Königlichen Ordens Pour le Mérite

Sehr geehrter Herr Baron,
Es ist an der Zeit, den tiefen Schmerz, der Frankreich und in besonderem Maße mich betroffen hat, zu verdrängen und Ihnen verspätet meinen Dank auszusprechen; ich glaube nämlich aufgrund des Wohlwollens, das Sie mir gegenüber immer bezeugt haben, der Wahrheit nicht fern zu sein, wenn ich annehme, daß ich die bedeutende Ehrung, die Seine Majestät der König von Preußen mir hat zuteil werden lassen, Ihrer Güte und Ihrem hohen Ansehen verdanke, Ihnen, Herr Baron, der Sie stets meinen Werdegang mit Interesse verfolgt haben, der mich als noch jungen Künstler auszeichnete und meine Arbeit mit jenem Wohlwollen förderte, dessen ich mich stets mit Rührung erinnern werde.

Ich schreibe gleichzeitig an den König; möchte ich doch, Herr Baron, daß er erfahre, wie glücklich und stolz ich über die unerhoffte Gunst bin, die mir Seine Majestät mit der Ernennung zum Ritter seines Ordens Pour le Mérite erwiesen hat; wie groß meine Freude ist und wie tief meine Bewunderung für einen Monarchen, dessen aufgeklärte Fürsorge über die Grenzen seines Territoriums hinausreicht und der es versteht, mit starker Hand Künste und Wissenschaften zu unterstützen und durch so edle Gunstbezeugungen die Menschen in den Rang des Göttlichen zu erheben.

Gott ausgenommen, welche würdigere Stütze für den Ruhm dieses großen Fürsten gibt es als die Ihre, Herr Baron, beruhend auf dem so mutigen Werk der erhabensten Geistesgröße unsere Epoche! Ich benutze die mir gebotene Gelegenheit, Sie erneut meiner tiefsten Bewunderung zu versichern, die, um Ihnen bewußt zu werden, nicht dieses aktuellen Anlasses bedurfte. Ich wünsche nur mehr, in eigener Person eines Tages in Berlin dem König und Ihnen, Herr Baron, die ehrfürchtige Zuneigung dessen bezeugen zu können, der sich bezeichnet als der niedrigste und dankbarste Ihrer Diener.[14]

Paris, 17. Juli 1842 *J. Ingres*

In einem Brief aus Paris an König Friedrich Wilhelm IV. erwähnte Humboldt Ingres' Anteil bei der Renovierung des Palastes des Duc de Luynes in Dampierre:

Paris, 24. November 1847
Ich habe trotz des kalten Nebels vor 3 Tagen einen Besuch bei dem kunstgelehrten, prachtliebenden Duc de Luynes in Dampierre, 2 Stunden hinter Versailles, gemacht. Man fährt bei den Ruinen von Port Reval, die noch in dem Besitz einer Jansenistenfamilie sind, vorbei. Der fast königliche Prachtbau des Schlosses Dampierre, das heißt die Verschönerung des alten Schlosses aus der Regierung Ludwig XIII., ist dem vortrefflichen Architekten der St. Kapelle, Duban, übertragen. Die Kosten an Marmorornamentenskulptur (gefärbte Karyatiden im strengsten antiken Stile), Ornamentmalerei und Vergoldung steigen schon über 800 000 Frank, und doch sind nur ein großer Saal von 70 Fuß Länge, eine Treppe und ein Monument zum Andenken an Ludwig XIII. (den Wohltäter der Ducs des Luynes et Chevreuse) vollendet. Der Saal hat zwei große allegorische Wandgemälde von Ingres von edlem Raffaelelskem Stile (das goldene und das kampflustige eiserne Zeitalter), nicht eigentliche Fresken, sondern Ölgemälde auf mit Wachs getränkter Wand. Da Ingres sich nie will helfen lassen, so malt er schon

5 Jahre und wird noch 3 Jahre brauchen. Beide Bilder kosten zusammen 80000 Frank. Das Monument besteht in der überaus gelungenen Statue von Ludwig XIII.; ein schöner Jüngling von 17 Jahren von gediegenem, aber gebrauntem Silber, lebensgroß. Das Fußgestell hat bronzene Figuren und ist mit Lapis Lazuli ausgelegt. Das Sazellum bildet ein Zelt von purpurrotem Samt mit goldenen Lilien und Wappen. Die seidenen, goldgewirkten Fenstervorhänge sind Lyoner Arbeit. Auch die kolossale Pallas von der Akropolis läßt der Duc de Luynes 8 Fuß hoch ausführen ganz nach dem Rezepte von Quatremère de Quincy, aus Gold, Silber, Elfenbein und schönen Steinen zusammengesetzt . . . une belle horreur classique! Diese Pallas wird einige hunderttausend Franken kosten. Der Duc de Luynes hat wohl eine Million Franken Einkünfte; er lebt bloß mit Künstlern und Gelehrten, friedlich mit dem Hofe, wohltätig und sittlich. Sein Sohn, der Duc de Chevreuse, haßt Kunst und Künstler leidenschaftlich.[8]

Ingres, der gelegentlich andere Versionen seiner eigenen Werke malte, schenkte Humboldt eine Replik seines *Tod des Leonardo da Vinci* (in den Armen von François I.). Es war eine Anspielung auf die Freundschaft, mit der der preußische König Humboldt auszeichnete, der oft mit Leonardo da Vinci verglichen wurde. Nichtsdestoweniger war es etwas ungeschickt, dieses Bild einem 80jährigen Mann, der selbst nahe am Grabe stand, zu verehren. Humboldt bedankte sich jedoch bei dem Künstler in einem Brief vom 26. 1. 1852 aus Berlin mit warmen Worten:

Berlin, 26. Januar 1852
Mein lieber und berühmter Kollege,
wenn ich so lange gezögert habe, Ihnen meine tiefe Bewunderung sowie meinen lebhaften und ehrerbietigen Dank auszusprechen, dann gibt es für diesen Aufschub keinen anderen Grund als den Wunsch, mich der Person des Herrn von Olfers, der Ihnen die Antwort des Königs überbringen soll, zu bedienen, um Ihnen ein Erinnerungsstück zu übersenden, das in Zusammenhang steht mit der Freundschaft, mit der Sie mich seit so vielen Jahren beehren.

Durchdrungen von der Begeisterung, mit der er Ihren großen Namen durch Herrn Cornelius und mich immer wieder hat erwähnen hören, glaubte der König, ein Bild, das Sie an zwei Ihrer ergebensten Freunde in Deutschland erinnerte, sei Ihnen willkommen, umso mehr, wenn es sich dabei um das Geschenk eines königlichen Beschützers der Künste und Wissenschaften handelte. Meine Eitelkeit wurde in dieser Angelegenheit auf eine harte Probe gestellt. Eine falsche Bescheidenheit hat Zuflucht genommen hinter dem Schild des Künstlers, der den „Mythe du Cosmos" geschaffen hat und uns wärmstens verbunden geblieben ist.

Herr Cornelius und ich haben gemeinsam das kostbare Werk bewundert, das ich Ihrer Freigiebigkeit zu verdanken habe . . .

Es würde eines Tages schwer fallen zu glauben, daß alle diese sublimen Schöpfungen in der gleichen Quelle ihren Ursprung haben, wenn sich die Inspiration des Erhabenen und Einfachen, des Schönen und Wahren nicht in dem künstlerischen Ausdruck des Gesamtwerks enthüllte, wenn man nicht in jedem Werk des großen Meisters die glückhafte Berufung erkennte, die moderne Kunst auf die sublimen und ewigen Typen der Antike zurückzuführen. Ihre Freunde dürfen Ihnen zugleich dazu gratulieren, sich des Talents eines Stechers bedient zu haben, der, ganz in das Sujet versenkt, die Arbeit ebenso kraftvoll wie fein ausgeführt hat.

Wollten Sie, mein lieber und berühmter Kollege, mir Ihr Gedenken und Ihre Freundschaft bewahren in Zeiten, die mich trauriger stimmen, als ich es mit Worten auszudrücken vermöchte.

In Bewunderung, Zuneigung und Dankbarkeit,   *Humboldt*[15]

Der Tod des Leonardo da Vinci, 1818 gemalt und 1824 zusammen mit zwei anderen seiner Bilder, *Le Vau de Louis XIII* und *Henri IV jouant*, im Salon ausgestellt, begründete Ingres' Ruhm. Der Erfolg brachte ihm die „Ehrenlegion" und die Mitgliedschaft im *Institut de France* ein. *Der Tod des Leonardo da Vinci* begeisterte die Kritiker:

Was für eine hohe Künstlerschaft, welche bewundernswerte Farbgebung, welche Feinheit in Konzeption und Ausführung dieser beiden Charaktere! Dieses Werk ist hinreißend . . .[16]

Das Bild befindet sich jetzt im *Musée du Petit Palais* in Paris.

Ingres' Replik, signiert und Alexander von Humboldt gewidmet, war in dessen Besitz bis zu seinem Lebensende. 1860 kam sie als Teil des Nachlasses nach England. Sie tauchte am 7. Juli 1935 in der Auktion von Georges Bernheim und dann am 30. 4. 1969 bei Sotheby's auf. Eine dritte Replik befindet sich im Smith College Museum, Northampton (Mass.).

Der gemeinsame Freund von Ingres und Humboldt war der berühmte Pariser Architekt J. I. Hittorff, der den Bois de Boulogne, den Place de la Concorde, die Champs-Elysées, den Nordbahnhof u. die Basilika St. Vincent-de-Paul geschaffen hat. In dem Brief an Humboldt vom 24. 12. 1858, schrieb er:

Ingres, der bei mir ist, bittet mich, ihn Ihrer freundlichen Erinnerung zu empfehlen. Er ist eine Persönlichkeit von außerordentlicher Vitalität, überflutet von glühendem Eifer. Hier steht er, an der Schwelle zum 80. Lebensjahr, mit fast schwarzem Haar und bereit, allen denen seine Zähne zu zeigen, die ihn am Überschreiten dieser Schwelle hindern wollen. Er hat immer noch eine sichere Hand, sein Strich ist sehr zart und delikat und sein Gemüt noch reiner, wenn dies möglich ist.[14]

Zum letzten Mal ging Humboldt im Oktober 1847 nach Paris – nur für drei Monate. Nach der Revolution 1848 hat er Frankreich nie mehr betreten, da er Napoleon III. verachtete. Der Kaiser jedoch übersandte ihm den Großkordon der Ehrenlegion und war einer der ersten, der Humboldt nach dem Tod ehrte. Achille Fould, der Staatsminister, schrieb an Napoleon III.:

Paris, 9. Mai 1859
Sire! Der Tod des Herrn von Humboldt ist ein trauriges Ereigniß für die gelehrte Welt; aber nach Deutschland, zu dessen höchsten Berühmtheiten Herr von Humboldt gehörte, findet sein Verlust in Frankreich den schmerzlichsten Wiederhall. Dieses Genie hat in unserer Mitte Jahre zugebracht, unsere berühmtesten Gelehrten waren seine Mitarbeiter; er hat seine wichtigsten Werke in französischer Sprache herausgegeben. Er gab für unser Land eine solche Sympathie und Anhänglichkeit zu erkennen, daß er fast unser Landsmann geworden war. Ich schlage Ew. Majestät vor, das Andenken des Herrn von Humboldt durch eine seiner würdige Anerkennung zu ehren und zu bechließen, daß seine Statue in den Gallerieen von Versailles aufgestellt werde. So wird der Tod ruhmvolle Männer, die seine Bewunderer und seine Freunde waren, nicht trennen.[17]

Das kaiserliche Dekret befahl die Errichtung der zwei Meter hohen Marmorstatue. Augustin Alexandre Dumont (1801–1884) erhielt den Auftrag. Der Bildhauer war mit Humboldt befreundet und besuchte ihn auch 1844 in Berlin. Humboldt hat den Künstler dem König Friedrich Wilhelm IV. vorgestellt:

Mittwoch früh (Juli 1844).
. . .Es ist einer der berühmtesten französischen Bildhauer, Mitglied des Instituts, Herr Dumont, angekommen, von dem Rauch sehr bezaubert ist, und von dem das Musée de Versailles und der Luxembourg treffliche Statuen besitzt. Der Mann quält mich grenzenlos. ,,Je ne veux que Lui dire, combien j'admire tout ce qu'il fait, je ne puis partir, sand l'avoir vu et ne fusse que 3 minutes . . . Der sehr anständige Mann kommt aus München und geht in vier bis fünf Tagen weg, nach Paris zurück.

Ich weiß, es ist eine unbescheidene Bitte . . .
. . . mein preußischer Stolz ist, einem sehr geachteten Künstler ein Glück zu verschaffen, nach dem er strebt . . .[8]

Humboldts Statue wurde nach 1870 in Versailles aufgestellt, wo sie bis heute zu sehen ist.

Das *Institut* in Paris ließ zu Humboldts Gedächtnis eine große silberne Medaille prägen. Die Rundschrift um den Kopf lautet:

Alexander von Humboldt, geboren in Berlin den 14. September 1769, dreissig Tage nach Napoleon I., gestorben den 6. Mai 1859. Mit dem Beinamen, der neue Aristoteles.

Die Inschrift auf der Rückseite erinnert daran, was die moderne Wissenschaft Alexander von Humboldt verdankt:

Aeltestes der Mitglieder des Instituts von Frankreich. Der grösste Gelehrte des Jahrhunderts. Gründer der allgemeinen Physik des Erdballs.

A. Bovy
Medaille des *Institut de France,* 1859, Bronze, 7,6 cm, A. v. H.-Sammlung W.-H. Hein, Bad Soden

Enge und lebhafte Beziehungen zu den größten Künstlern seiner Zeit erweisen die Vielseitigkeit Alexander von Humboldts eindeutig. Er war jedoch nicht der einzige, der die Wechselwirkung von Künsten und Wissenschaften schätzte. So würdigte er z. B. die Leistung des Präsidenten der Akademie und Mathematikers, Sylvestre François Lacroix (1765–1843), in einem Brief:

Paris, 8. 10. 1816
Ihr schönes Werk beschäftigte mich in der Nacht, mein teurer und vortrefflicher Kollege . . . Ich fand dort viele Betrachtungen, die in der Arbeit von Herrn Laplace fehlen. Die Gerechtigkeit, die Sie Condorcet und Helvetius, in der Zeit, in der wir leben, angedeihen lassen, ist beinahe eine tapfere Tat . . . nichts kann Ihnen entgehen, nicht einmal unser jüdischer Philosoph aus Berlin, der geniale Mendelssohn . . . Ich war sehr beeindruckt von dem wohl abgewogenen Skeptizismus und der moralischen Hoffnung.[9]

Ein anderes Beispiel gibt der hervorragende amerikanische Erfinder des nach ihm benannten Telegraphen, Samuel F. B. Morse, der nach lehrreichen Sitzungen im *Institut* gemeinsam mit Humboldt zum Louvre ging, um dort zu malen. Wissenschaften und Künste hatten damals noch eine gemeinsame Sprache, bevor sie getrennte Wege gingen. Humboldt sah die Gefahr der Polarität und wies in seinen Schriften auf ihre wechselseitige Anregung hin; Kunst und Wissenschaft waren für ihn die beiden Seiten ein und derselben Medaille: der schöpferischen Ratio. Während seines langen Lebens versuchte er immer wieder die Menschen und auch die Institutionen der Kunst und Wissenschaft zusammenzubringen. Dank seiner hervorragenden Stellung in der Welt konnte Humboldt diese selbstgewählte Mission erfolgreich erfüllen.

Als begünstigter reicher Adliger von Geburt hatte er leichten Zugang zur führenden Gesellschaft. Sein persönlicher Charme gewann ihm überall Freunde. Als Gelehrter war er weltberühmt geworden. Allerdings war er viel mehr als der „letzte universale Geist". Selten hat sich wohl so tiefes enzyklopädisches Wissen mit so viel Güte und so viel Fürsorge für andere verbunden.

Wohl keine der heutigen noch so angesehenen internationalen Organisationen mit eleganten Büros, großem Beamtenstab und moderner Kommunikationstechnologie ist so wirksam wie ein Alexander von

Humboldt in seiner Zeit. Er allein war eine inoffizielle, doch mächtige und erfolgreiche Institution zur Förderung alles Schöpferischen in Wissenschaft und Kunst der ersten Hälfte des 19. Jahrhunderts. Im Gegensatz zu vielen anderen berühmten Persönlichkeiten gewährte Humboldt seine Unterstützung und Hilfe nicht nur einigen wenigen und nicht nur von Zeit zu Zeit; jedermann konnte sich immer und ohne Schwierigkeiten an ihn wenden.

Keine Sekretärin bewachte eifersüchtig den Eingang. Er besaß nie ein Büro, seine Briefe kritzelte er auf seinen Knien, meistens spät in der Nacht. Er schrieb Empfehlungen, beantwortete die Fragen seiner Korrespondenten, lud sie zu sich ein, und oft besuchte er sie selbst. Nichts war für Alexander von Humboldt zu schwer. Seine Aufgeschlossenheit gegenüber anderen Menschen, seine uneigennützige Hilfsbereitschaft und seine engen Kontakte mit vielen Persönlichkeiten machten ihn so einzigartig und erfolgreich.

Mit sicherem Gefühl erkannte er begabte junge Menschen, die unter seiner Führung zu hervorragenden Gelehrten und Künstlern heranreiften. Es seien hier nur erwähnt Agassiz, Liebig, Boussingault und Brugsch-Pascha, Hildebrandt, Bellermann und Rugendas. Wie vielen und welchen Künstlern von verschiedenen Nationen Humboldt auf den Weg geholfen hat, wurde noch nie erforscht. Der erste war wahrscheinlich der Südamerikaner Lewis de Rieux, den Humboldt in seinem Reisewerk erwähnte;[4] der letzte war ein junger Bildhauer aus Polen, Klemens Boryczewski, der Humboldt zwei Wochen vor seinem Tod besuchte, um auf seine Empfehlung eine Büste von Sir Roderick Impey Murchinson in London anzufertigen.

Infolge seiner unermüdlichen Korrespondenz und ständigen Bemühungen zur Förderung von Wissenschaft und Kunst hat Humboldt Verbindungen zwischen Institutionen und schöpferischen Menschen geknüpft und ein dichtes Netz internationaler und transkontinentaler Beziehungen entwickelt.

Von allen Nationen, die Alexander von Humboldt als ihren Ehrenbürger beanspruchen, hat sein eigenes Land – trotz der Würdigung seiner Verdienste als Forschungsreisender und Naturwissenschaftler – ihn lange Zeit im Schatten seines Bruders Wilhelm gesehen. Nach dem zweiten Weltkrieg erst begann sich dies zu ändern, als die Forschung immer neue leuchtende Facetten der Größe Alexander von Humboldts enthüllte.

Halina Nelken

---

1 Dézos de la Roquette, J. B.M.A., *Œuvres d'Alexandre de Humboldt, Correspondance inédite scientifique et littéraire,* Paris o. J.
2 Baer, W. u. Lack, H. W., *Pflanzen auf Porzellan,* Katalog, Berlin 1979
3 *Correspondance de François Gérard . . .* Paris 1867, ü. HN
4 Humboldt, Alexander v., *Researches concerning the institutions and monuments of the ancient inhabitants of America . . .* London 1812, I, ü. HN
5 Sydow, Anna v., ed., *Wilhelm und Caroline von Humboldt in ihren Briefen,* Berlin 1910, IV
6 Gans, Eduard, *Rückblicke auf Personen und Zustände,* Berlin 1836
7 Gigoux, Jean, *Causeries sur les artistes de mon temps,* Paris 1885, ü. RM
8 Müller, Conrad, ed. *Alexander von Humboldt und das preußische Königshaus,* Leipzig 1928
9 The Wellcome Institute for the History of Medicine, London, ü. HN
10 Ticknor, George, *Life, Letters and Journals,* Boston 1876, I, ü. RM
11 Podach, E. F., *Alexander von Humboldt in Paris, Urkunden und Begebnisse,* in Schultze, J. H. *Alexander von Humboldt . . .* Berlin 1959
12 *Briefe von Alexander von Humboldt an Varnhagen von Ense,* Leipzig 1860
13 Gregorovius, Ferdinand, *Die Brüder von Humboldt,* in *Briefe Alexander's von Humboldt an seinen Bruder Wilhelm,* Stuttgart 1880
14 Staatsbibliothek, Stiftung Preußischer Kulturbesitz, Berlin (West), I–560, ü. AA/HN; RM
15 Lapauze, Henry, *Ingres , sa vie et son œuvre, Paris 1911,* ü. RM
16 Jal, A. Revue critique des productions de peintures . . . exposées au Salon de 1824, in *Journal des débats politiques et littéraires,* September 1824, No. 8, 11
17 *Blätter der Erinnerung . . .,* Berlin 1860

French Painting 1774–1830, The Age of Revolution, Paris – Detroit – New York 1974
Wildenstein, Georges, *Ingres,* New York 1954
Klein, Jerome, *An unpublished painting from the studio of Ingres,* in The Burlington Magazine, 1930, v. 57, II
Słownik Artystow Polskich, Warszawa 1971, I.

Familie von Humboldt aus dem Klebealbum der Adelheid v. Hedemann
Silhouetten, 14,3 x 8,5 cm
Inschrift: *Großmutter, Vater v. Wilh. u. Alex. v. Humboldt*
Vater Wilhelm v. Humboldt, Onkel Alexander v. Humboldt
Privatbesitz
Erstpublikation: Dr. Hella Reelfs *Schattenrisse der Humboldtischen Familie,*
Festschrift für Martin Sperlich zum 60. Geburtstag, Berlin 1980

45

Johann Heinrich Schmidt
Pastell, 1784
Ausschnitt

Johann Heinrich Schmidt
Wilhelm von Humboldt, 1784
Pastell
Freies Deutsches Hochstift, Frankfurter Goethe-Museum

Anonym
Silberstift, 1784
Photographie nach dem
Original
Schloß Tegel, Berlin (West)

Johann Heinrich Schmidt (1749–1829)

Das Silberstiftprofil könnte von Johann Heinrich Schmidt sein, der 1784 Pastellporträts von Alexander und seinem älteren Bruder Wilhelm gemalt hat.

Obwohl der Porträtstil der Zeit die Modelle idealisierte, ist der Unterschied der beiden Bildnisse sehr deutlich. Wilhelm zeigt die träumerische Zartheit des romantischen Jünglings, während Alexander bereits den forschenden Ausdruck und seinen leicht ironischen, lächelnden Blick aufweist. Die vollen Lippen und das Kinn sind noch kindlich-rund, aber der klare, offene, fragende Augenausdruck wird charakteristisch für sämtliche Bilder Alexanders werden – unabhängig davon, wer ihn porträtierte – mit Ausnahme des letzten, das Julius Schrader kurz vor Humboldts Tod im 90. Lebensjahr ausführte.

Johann Heinrich Schmidt
Pastell, 28 x 22,5 cm; gezeichnet: *Schmidt fec. 1784*
Freies Deutsches Hochstift, Frankfurter Goethe-Museum

Friedrich Wilhelm Bollinger nach Johann Heinrich Schröder (1757—1812)
Kupferstich, oval 7,8 x 6,3 cm, signiert *Schröder pinx. Bollinger 1798*
Inschrift: *Friedrich Heinrich Alexander von Humbold*
A. v. H.-Sammlung W.-H. Hein, Bad Soden

Alfred Krausse nach einem im Zweiten Weltkrieg verlorengegangenen Pastellporträt
Kupferstich, oval 10 x 8 cm, sign. *A. Krausse gest.*
Inschrift: *Alexander von Humboldt im 27. Lebensjahr (1796)*
A. v. H.-Sammlung Hanno Beck, Bonn

F. W. Bollinger (1749—1829) A. Krausse (1829—1894)

Die außerordentliche Ähnlichkeit dieser zwei Stiche deutet auf dieselbe Quelle hin: Schröders Gemälde. Der einzige Unterschied besteht in kürzerem Haar, ungleichen Augenbrauen und den abfallenderen Schultern in Bollingers Stich, im ganzen weniger elegant und ausdrucksvoll als Krausses Darstellung.

Sicher ist das Pastellporträt 1796 entstanden in Übereinstimmung mit Humboldts angegebenem Alter von 27 Jahren. Bollingers Werk scheint das Datum des Kupferstichs, aber nicht das des Originalporträts zu tragen.

Daniel Caffe (1756—1815)

Obgleich mehrere Künstler die Physiognomie des jungen Alexander von Humboldt ähnlich dargestellt hatten, war Caffe der erste, der ein wahres Porträt mit psychologischer Einfühlung geschaffen hat. Es ist gerade die Technik des schwarz-weißen Ausdrucksmittels, die eine Atmosphäre raffinierter Eleganz erweckt. Jeder Strich verrät Alexanders charakteristische innerliche Kraft und Empfindsamkeit. Durch das Zusammenspiel von Licht und Schatten (chiaroscuro) ist der entwaffnend unschuldige, reizvolle Kopf eines jungen Denkers entstanden. Der stille Blick enthüllt Besinnlichkeit und Vertrauen. Humboldts sanfte Gesichtszüge drücken einen freundlichen, offenen und daher verletzbaren Charakter aus.

In diesem Porträt ist es Caffe — einem bescheidenen, wenn auch produktiven Künstler — ausgezeichnet gelungen, das Wesen eines intellektuellen und warmherzigen Menschen zum Ausdruck zu bringen.

Daniel Caffe
Kohle auf Papier,
38 x 30 cm
Schloß Charlottenburg,
Berlin (West)

Friedrich Christian Tieck
Relief, 1828
Biskuit, 11 x 6,5 cm
Nationalgalerie, Berlin (West)

Friedrich Christian Tieck (1776–1851)

Friedrich Tieck, der 1794 bei Gottfried Schadow studierte, war eng verbunden mit dem Kreis der jungen Romantiker in Berlin.

Hier begann auch seine lebenslange Freundschaft mit den Brüdern Humboldt und mit Wilhelms Frau Caroline. 1797 plante die Familie Humboldt mit Tieck eine Italienreise. Nach zweimonatigem Aufenthalt in Wien mußten wegen des Napoleonischen Krieges in Italien die Pläne geändert werden, und so ging man nach Paris. Alexander lud Tieck ein, an der amerikanischen Expedition teilzunehmen, aber der Bildhauer trat schließlich im Oktober 1798 in Louis Davids Atelier ein, wo er zwei Jahre lang studierte. Als Alexander 1805 nach Rom zurückkehrte, trafen die beiden Männer sich wieder. Hier führte Tieck die Marmorbüste aus. Ein anderes Relief stellte er 1828 in Berlin fertig.

Dieses Medaillon dürfte das erste der Tieck-Potäts von Humboldt sein. Eine Dreiviertel-Ansicht anstatt eines Vollprofils ist als Reliefmedaillon selten und spricht für das Talent des jungen Künstlers, der 1796 bereits ein anderes derartiges Porträt in Berlin von Rahel Levin vollendet hatte. Erich Biehahn verwirft das Datum für das Humboldtmedaillon und beruft sich auf das datierte Porträt desselben Jahres von Krausse. Auf diesem Stich ist Humboldts Haar noch lang und seine Kleidung konservativer, während ihn Tieck mit kurzem Haar und in einer Jacke mit langem Revers, der damaligen Mode der Pariser „Incroyables" ähnlich, darstellt. Daher verweist Biehahn dieses Relief nach Wien und in den Sommer 1797.

Die grundlegende Änderung seines Lebens nach dem Tode der Mutter Ende 1796 und Humboldts Austritt aus dem Staatsdienst, um seine Expedition vorzubereiten, mögen sein Äußeres beeinflußt haben. Es ist jedoch wahrscheinlicher, daß Humboldt seine Garderobe und den Haarschnitt in Paris änderte, wo er nach einer achtjährigen Abwesenheit im Mai 1798 wieder eintraf, um an der Académie des Sciences Vorträge zu halten. Dasselbe kurze Haar ist auf mehreren Humboldtporträts zwischen 1800 und 1806 zu sehen; der Stil der Jacke gleicht dem auf Ingres' Zeichnung von M. Forestier, die 1804 datiert ist. Es gibt immerhin einige Gründe, das Medaillon auf 1798, Paris, oder sogar erst auf 1805, Rom, zu datieren.

Biehahn, Erich, *Ein Jugendbildnis Alexander von Humboldts,* „Bildende Kunst", 1963, Heft 7

Hildebrandt, Edmund, *Friedrich Tieck,* Leipzig 1906

Ingres, Centennial Exhibition Catalogue, Fogg Art Museum, Harvard University, 1967

Friedrich Christian Tieck
Gips, oval 27 cm
Deutsche Staatsbibliothek,
Berlin (Ost)

Photographie
A. v. H.-Sammlung Hanno Beck, Bonn

Humboldt in Quito

Am 6. Januar 1802 trafen Humboldt und Bonpland in Quito ein. Dank des Empfehlungsschreibens des Vizekönigs Don Vincente José de Iturrigaray y Arostegui wurden sie vom Marquis von Selvalegre, Juan Pio Aguirre y Montúfar, eingeladen. Mit dieser Familie entwickelte sich bald eine Freundschaft. Der Sohn Carlos begleitete Humboldt nicht nur zum Chimborazo und auf seinen weiteren amerikanischen Forschungsreisen, sondern er ging auch mit ihm und Bonpland nach Europa. Die Tochter Rosa y Montúfar hatte noch nach einem halben Jahrhundert Humboldt in frischer Erinnerung: „Immer galant und liebenswürdig... Bei Tisch verweilte er... nie länger als notwendig war, den Damen Artigkeiten zu sagen und seinen Appetit zu stillen. Dann war er immer wieder draußen, schaute jeden Stein an und sammelte Kräuter. Bei Nacht, wenn wir längst schliefen, guckte er sich die Sterne an. Wir Mädchen konnten all das noch viel weniger begreifen als der Marquis, mein Vater."[1]

Der Marquis ließ Humboldt von José Cortes porträtieren. Das Bildnis wurde im Landhaus der Familie in Chillo aufbewahrt. Der deutsche Geograph Moritz Wagner (1813–1887), der sich 1859 in Quito aufhielt und dem Rosa über Humboldts Aufenthalt erzählte, sah dieses Bild:

Die Familie Aguirre besitzt ein halbfiguriges Porträt in Lebensgröße ihres vornehmen Gastes, von einem einheimischen Maler gemalt... Der junge deutsche Baron, zu jener Zeit (1802) 33 Jahre alt, ist in einer dunkelblauen Uniform mit gelben Blenden, einer weißen Weste und weißen Breeches im Stil der Mode des vergangenen Jahrhunderts dargestellt. Seine Rechte ruht auf einem Buch mit dem Titel Aphorism ex Phys. Chim. Plant. Seine Stirn ist durch langes, dunkelbraunes Haar verdeckt. Das jugendliche Gesicht zeigt stark ausgeprägte Züge, vor allem Nase, Mund und Kinn. Der Augenausdruck auf diesem Bild stellt am ehesten die Ähnlichkeit zu Humboldt her, so wie ich ihn 50 Jahre später als verehrungswürdigen alten Mann gesehen habe.[2]

Dieses Humboldt-Bildnis sah auch einer der begabtesten amerikanischen Landschaftsmaler der Zeit, Frederic Edwin Church (1826–1900), der — angeregt durch Humboldts Schriften — Künstler und Reiseforscher wurde. Er ging 1853 nach Ecuador und lebte in Quito in demselben Haus, das Humboldt mehr als ein halbes Jahrhundert vor ihm bewohnt hatte. Während seiner nächsten Reise erhielt Church eine 1859 von Rafael Sabas gemalte Kopie des von José Cortes zu Anfang des Jahrhunderts angefertigten Porträts. Sie ist durch eine Inschrift als getreue Abbildung des Bildes von Cortes deklariert.[3]

Sabas hatte zwar in seinem halbfigurigen Bild das Buch weggelassen, doch die verschränkten Arme und eine gewisse Blockhaftigkeit von scharf gegen den flachen Hintergrund herausgearbeiteten Formen charakterisieren die Entschlossenheit des kühnen jungen Forschers, der um diese Zeit den Chimborazo bestieg.

Louis P. Church schenkte das Bildnis Professor Henry Fairfield Osborn in New York. Es befindet sich gegenwärtig im Besitz von Dr. Peter H. Stern in Rye, New York.

Es gab noch einige weitere Kopien, und zwar als Brustbild. Die Gesellschaft für Erdkunde zu Berlin besaß eine davon, die im Zweiten Weltkrieg jedoch verlorengegangen ist; sie hatte dem Maler S. v. Sallwürk als Vorlage für seine drei Kopien gedient. Eine davon befand sich im Bergbau-Museum in Bochum, eine andere ist in der Sammlung von Prof. Dr. Wolfgang-Hagen Hein in Bad Soden.

---

1 Beck, Hanno *Alexander von Humboldt,* Wiesbaden 1959 I
2 *Zeitschrift für Allg. Erdkunde,* N. F. Berlin 1864
3 *Alexander von Humboldt, South American Explorer and Progenitor of Explorers, Natural History,* July — August 1924, XXIV, 4
Beck, Hanno, *Moritz Wagner in der Geschichte der Geographie,* Dissertation Marburg/Lahn 1951

Rafael Sabas nach José Cortes
Öl auf Leinwand
Dr. Peter H. Stern, USA

Rafael Jimeno y Planes
Öl auf Leinwand, 140 x 110 cm
Inschrift: *Federico Aliandro Baron De Humboldt Consejero de Minas de S. M. E. Rey de Prusia,*
Miembro De Varias Academias de Ciencias Ano De 1803
Colegio de Ingenería y de Minería, Mexico

Hermann Biow
Daguerreotypie, 1847
Plattengröße 21,6 x 16,2 cm

Rafael Jimeno y Planes (1761–1825)
Im Jahre 1803 verbrachte Humboldt etwa zehn Monate in Mexico City und Umgebung. Während dieser Zeit stand ihm das Colegio de Mineria für seine wissenschaftliche Arbeit zur Verfügung; viele seiner Bücher und Instrumente ließ er dort zurück. Humboldt beteiligte sich als Gast an den Prüfungen der Studenten. Im Oktober hatte er eine Vorlesungsreihe über Pasigraphie gehalten, die im Jahre 1805 als Einführung zu dem ersten auf dem amerikanischen Kontinent entstandenen Lehrbuch über Geologie veröffentlicht wurde. Sein Verfasser war Don Andres Manuel de Rio, Direktor des Colegio de Mineria, der zusammen mit Humboldt an der Bergakademie in Freiberg/Sachsen als Schüler von Abraham Gottlob Werner studiert hatte.

Humboldt war sehr beeindruckt vom hohen Niveau der wissenschaftlichen und kulturellen Institutionen in Mexiko und erkannte den konstruktiven Einfluß von Künsten und Wissenschaften auf die Gesellschaft, wie er es in seinem *Versuch über den politischen Zustand des Königsreich Neu-Spanien* schilderte:

Keine Stadt des neuen Kontinents, selbst die der Vereinigten Staaten nicht ausgenommen, weist ebenso große und ebenso solide wissenschaftliche Einrichtungen auf wie die Hauptstadt von Mexiko. Ich beschränke mich darauf, hier die Bergschule, welche von dem gelehrten d'Elhuyar geleitet wird, zu nennen, ... den botanischen Garten, die Maler- und Bildhauerakademie. Diese Akademie trägt den Titel ‚Academia de las Nobles Artes de México'. Sie verdankt ihr Dasein dem Patriotismus mehrerer mexikanischer Privatleute und der Protektion des Ministers Gálvez. Die Regierung hat ihr ein geräumiges Gebäude angewiesen, in welchem sich eine schönere und vollständigere Sammlung von Gipsabgüssen befindet (als irgendwo in Deutschland). Man ist erstaunt zu sehen, daß der Apoll von Belvedere, die Gruppe des Laokoon und andere noch kolossalere Statuen Gebirgswege, die wenigstens ebenso eng sind wie die des St. Gotthard, passieren konnten; man ist überrascht, die Meisterwerke des Altertums unter der heißen Zone und auf einem Plateau vereinigt zu sehen, das die Höhe des Klosters des Großen St. Bernhard übertrifft. Die nach Mexiko gebrachte Sammlung von Gipsabgüssen hat den König nahe an 200 000 Franken gekostet. In dem Akademiegebäude oder vielmehr in einem der dazugehörigen Höfe sollte man die Reste der mexikanischen Bildhauerei, kolossale Statuen von Basalt und Porphyr, die mit aztekischen Hieroglyphen bedeckt sind und die oft Beziehungen zum ägyptischen und Hindu-Stil haben, vereinigen; es würde sehenswert sein, diese Denkmale der ersten Kultur unserer Art, diese Werke eines halbbarbarischen Volkes, das die mexikanischen Anden bewohnte, neben die schönen Formen zu setzen, welche Griechenlands und Italiens Himmel hat hervorbringen sehen.

Die Einkünfte der Akademie der schönen Künste in Mexiko betragen 123 000 Franken, von welchen die Regierung 60 000, das Corps der mexikanischen Bergleute nahe an 25 000 und das Consulado oder die Handlungsinnung der Hauptstadt über 15 000 zuschießen ... Welch schöne Gebäude findet man nicht bereits in Mexiko und sogar in Provinzstädten wie Guanajuato und Querétaro! Diese Werke, welche oft eine Million bis anderthalb Millionen Franken kosten, könnten in den schönsten Straßen von Paris, Berlin oder Petersburg stehen. Herrn Tolsa, Professor der Bildhauerkunst in Mexiko, ist es sogar gelungen, dort eine Statue Karls IV. zu Pferde zu gießen, ein Werk, das, den Marc Aurel in Rom ausgenommen, in Schönheit und Reinheit des Stils all das übertrifft, was uns von diesem Genre in Europa erhalten geblieben ist. In der Akademie ist der Unterricht gratis; er beschränkt sich nicht bloß auf Zeichnen von Landschaften und Figuren ... Die Akademie arbeitet mit Erfolg daran, den Geschmack an Eleganz und schönen Formen unter den Handwerkern zu verbreiten. Große, mit Argandschen Lampen sehr gut erleuchtete Säle vereinigen alle Abende einige hundert junge Leute, von denen die einen nach dem Gipsabguß oder dem lebendigen Modell zeichnen, während andere Risse von Möbeln, Kandelabern und anderen Bronzezieraten kopieren. In dieser Vereinigung (und das ist inmitten eines Landes, wo sonst die Vorurteile des Adels gegen die anderen Bevölkerungsschichten so tief eingewurzelt sind, sehr beachtlich) vermischen sich Stände, Farben und Rassen; man sieht dort den Indianer oder Metis neben dem Weißen, den Sohn eines armen Handwerksmannes mit den Kindern der großen Herren des Landes wetteifern. Es ist tröstlich zu beobachten, daß die Pflege der Wissenschaften und Künste unter allen Zonen eine gewisse Gleichheit der Menschen stiftet, indem sie sie wenigstens für einige Zeit diese kleinen Leidenschaften vergessen läßt, deren Auswirkungen das gesellschaftliche Glück verhindern.[1]

Rafael Jimeno y Planes, Direktor der Kunstakademie in Mexico City, hatte den Auftrag erhalten, ein Porträt Humboldts für das Colegio de Mineria zu malen. Der Künstler stellte Humboldt vor dem Ausgang eines Grubenganges in Mexiko dar mit dem Ausblick auf die schneebedeckten Gipfel des Orizaba. Sextant, Manuskript und Mineralien auf dem Tisch, ebenso wie eine Inschrift, weisen das Modell als Wissenschaftler aus. Humboldt, in der Uniform eines preußischen Oberbergrats, ist dargestellt mit leicht übereinander gelegten Händen – zum ersten Mal in einer Pose, die für die meisten seiner späteren Porträts, auch in der Daguerreotypie, charakteristisch wurde.

Aufgrund der Farben Blau und Gelb in der Uniform, die auch die Farben des Humboldtschen Familienwappens sind, schließt sich Helmut de Terra der Auffassung des Barons Wilhelm von Humboldt in Mexico City an, wonach Alexander dieses Gewand selbst entworfen haben soll. Eine um die Mitte des 19. Jahrhunderts gemalte anonyme, aber getreue Kopie (91 x 85 cm) wurde der Academy of Arts and Science in Boston, Massachusetts, von Mrs. Page Shaler im Gedenken an ihren Vater, Nathaniel Southgate Shaler, einem Mitglied der Akademie, geschenkt.

Humboldt interessierte sich Zeit seines Lebens für Mexiko. Noch 1824 wollte er sich dort niederlassen und ein erdwissenschaftliches Forschungsinstitut aufbauen. Mexiko hat ihn auch nie vergessen. Schon bald nach Humboldts Tod erließ der Präsident der Republik Mexiko folgendes Dekret:

"*Der Bürger Benito Juarez, interimistischer constitutioneller Präsident der Vereinigten Staaten von Mexico, an deren Bewohner. Wisset, daß ich, von dem Wunsche geleitet ein öffentliches Zeugniß von der Achtung zu geben, welche Mexico wie die ganze Welt dem Andenken des berühmten, gelehrten und wohlthätigen Reisenden Alexander baron v. Humboldt weiht, und von der besonderen Dankbarkeit, die Mexico ihm schuldet für die Forschungen, welche er in diesem Lande über dessen Natur und die Erzeugnisse seines Bodens, über seine ökonomischen und politischen Verhältnisse und so viele nützliche Gegenstände gemacht hat, und welche, durch seine unermüdliche Feder in die Oeffentlichkeit gebracht, dem Freistaate, als er noch Neu-Spanien genannt wurde, Ehre und Vortheil verschafft haben – für gut befunden habe, Folgendes zu verfügen:*

Art. 1. Alexander v. Humboldt wird für wohlverdient um das Vaterland (bene merito de la patria) erklärt.

Art. 2. Für Rechnung des Schatzes der Republik soll in Italien eine Bildsäule in natürlicher Größe aus Marmor, Alexander v. Humboldt darstellend, angefertigt, und nachdem sie von dort hierher gebracht, in der Bergwerksschule (seminario de minas) der Stadt Mexico mit einer passenden Inschrift aufgestellt werden.

Art. 3. Das Original dieses Decrets soll der Familie oder den Repräsentanten Alexanders von Humboldt und ein Exemplar jeder der gelehrten Körperschaften übersandt werden, denen er angehörte, mit der Bitte an ihre Secretaire, es in ihren Archiven aufzubewahren. – Demnach befehle ich, daß es gedruckt, bekannt gemacht, in Umlauf gesetzt und gebührend befolgt werde. Gegeben im Palast der nationalen Regierung in dem heldenmüthigen Veracruz, am 29. Juni 1859.
Benito Juarez."[2]

Das geplante Denkmal wurde jedoch erst 1910, als ein Geschenk von Kaiser Wilhelm II. an das mexikanische Volk, im Garten der Nationalbibliothek in Mexiko City aufgestellt.

---

1 Beck, Hanno, *Alexander von Humboldt und Mexiko,* Bad Godesberg 1966
2 *Blätter der Erinnerung an Alexander von Humboldt,* Berlin 1860
de Terra, Helmut, *Rafael Jimeno y Planes* in *Proceedings of the American Philosophical Society,* vol. 102, Nr. 6, Dezember 1958

Anders, Ferdinand, *Marginalien zu Alexander von Humboldt,* in *Vocero del Libro,* Mexico, Julio–Sept. de 1969

Photographie des Porträts erhielt ich durch Bemühungen meiner Freunde, Halina und Dr. Antoni Wójcicki, denen ich hier herzlich danke.

Charles Willson Peale, 1804
Silhouette, Büttenpapier 20 x 17,5 cm
Thomas Jefferson Memorial,
Monticello, Virginia USA

Charles Willson Peale (1741–1827)

Auf der Rückreise von Südamerika nach Europa traf Humboldt am 20. Mai 1804 in Philadelphia ein, um die kulturellen Einrichtungen der Vereinigten Staaten kennenzulernen. Charles Willson Peale, Bibliothekar und Direktor des Museums der American Philosophical Society, ermöglichte ihm den Kontakt zu den führenden Persönlichkeiten des geistigen Lebens und reiste mit ihm durch Maryland, Virginia und Pennsylvania. Peale war es auch, der Humboldt dem Präsidenten Jefferson vorstellte. In seinem Abschiedsbrief an Jefferson drückte Humboldt sein Bedauern aus, „dieses herrliche Land, das mir wie ein schöner Traum vorkam, verlassen zu müssen, den einzigen Winkel auf Erden, wo der Mensch frei ist und wo die kleinen Fehler durch große Wohltaten ausgeglichen werden."[1] Humboldts Hochachtung für die Vereinigten Staaten und seine Zuneigung zu diesem Land beruhten auf diesem einen, kurzen Besuch. Vielleicht ist dieser Eindruck überwiegend darauf zurückzuführen, daß Humboldt die meiste Zeit mit Charles Willson Peale verbrachte.

Die beiden Männer gefielen einander offensichtlich vom ersten Augenblick an und verstanden sich ausgezeichnet, obwohl Peale, Vater von 17 Kindern aus drei aufeinander folgenden Ehen, damals fast doppelt so alt war wie Humboldt.

Beide Männer waren aufgeschlossene Optimisten und voller Begeisterung und Energie bei der Verwirklichung ihrer Ideen. Peale, politisch radikal und mit Washington und Jefferson befreundet, hatte im Unabhängigkeitskrieg gekämpft. Er war ein glänzender Vertreter einer aufgeklärten Generation, ein Erfinder mit enormem Interesse für Wissenschaft und Mechanik und mit ebenso großem künstlerischem Talent. Er war einer der ersten Amerikaner, der bei Benjamin West in London (1767–69) studierte. Peale hatte in Philadelphia das erste amerikanische Museum errichtet (1786). Er führte dort die Aufstellung von Tieren in ihrer „Umwelt" ein, wobei ein gemalter Hintergrund die jeweilige wirkliche Welt der ausgestellten Tiere darstellte. Peales Bestreben, die Wechselwirkung zwischen Leben, Wissenschaft und Kunst zu erforschen, bestimmte den Charakter seines Museums: *Schule der Weisheit – Das Buch des Lebens ist aufgeschlagen – Entdecke das wunderbare Wirken der ewigen Gesetze.* So die Inschrift an seinem Museum. Es sollte die Harmonie der Welt widerspiegeln und der Suche nach Wahrheit und Vernunft dienen. Kein Wunder, daß der zukünftige Autor des *Kosmos* Peales Gesellschaft sehr genoß.

Ihre abwechslungsreiche dreiwöchige Reise ist sorgfältig in Peales Tagebuch und in seiner Korrespondenz nachvollzogen. Als sie nach Philadelphia zurückkamen, waren sie schon zu neuen Abenteuern bereit. Peale schrieb:

Ich bin gerade von einer kleinen Spritztour in die Federal City (Washington) zurück und frage mich, ob ich mit Baron Humboldt (einem berühmten preußischen Reisenden, der gerade angekommen ist, nachdem er die interessantesten Teile Südamerikas erforscht hat) nach New York fahren oder ob ich in den Westen gehen soll, um dort interessante Dinge für das Museum zu besorgen ... Vielleicht tue ich beides, sofern der Baron es nicht allzu eilig hat, Philadelphia zu verlassen.

An John De-Peyster, N. Y. 21. Juni 1804[2]

Aber Humboldt hatte es eilig; er durfte das Schiff nach Bordeaux nicht versäumen. So blieb nur noch eine Woche für Amerika, und in dieser kurzen Frist entwickelte auch Peale eine fieberhafte Tätigkeit, die sich in der Korrespondenz über Humboldts Porträt ausdrückt.

Museum June 27. 1804.

My Dear Sir

I have this eaminute received your favor enclosing five hundred Dollars, for which please to accept my hearty thanks, your apology for the delay of sending before was very proper, my Journey southward was the thought of a moment, which as soon as mentioned my Children urged me to undertake it for the sake of better health, at that time I had some triffling complaints, that would have soon been dispelled without a change of place. however I have been richly rewarded for the expence and trouble of a Journey by the agreable conversation of Baron Humbolt who is without exception the most extraordinary traveller I ever met with, he is the fountain of knowledge which flows in copious streams — to drop this metaphor to take another, he is a great luminary defusing light on every branch of science, I say defusing, because he is the great communicative of his knowledge which he has treasured up by his travels of upwards of 19 years. His company is coarted by the learned where ever I goes. I have this morning finished a good Portrait of him for the Museum. I can still paint, & mean to prove that a man may improve himself when turned of 60 y.rs in any art or Science — It may stimulate others to such laudable attempts.

All the other Gentlemen of our party are men eminent for their scientific knowledge. we enjoyed much in a short period, 3 weeks was like only so many days.

I will certainty visit new york before I go westward, and would set out immediately but I wish to finish 3 or 4 Polygraphs which is nearly done.

I am obliged to conclude it in time, my respects to all — yours affectionately

CW Peale

Brief von Charles Willson Peale an John De-Peyster, 27. Juni 1804
American Philosophical Society Library, Philadelphia, USA

Peale hatte vor oder während der Washington-Reise mehrere Silhouetten von Humboldt geschnitten und sie Jefferson und seinen Freunden geschenkt. Doch dieser Künstler, der für sein Museum die bedeutendsten Personen seiner Zeit gemalt hatte, war viele Jahre lang nicht mehr mit Pinsel und Farbe umgegangen und hatte das Porträtieren seinem Sohn Rembrandt überlassen. Da Peale Humboldts Bildnis für seine Galerie berühmter Männer haben wollte, versuchte er nun vergebens, den Sohn zu veranlassen, von Baltimore zu kommen. Da die Zeit aber drängte, mußte er nun seinen ganzen Mut zusammennehmen. Die Ereignisse sind in fast täglichen Briefen festgehalten:

An Raphaelle & Rembrandt Peale in Baltimore, Museum, 21. Juni 1804:

. . . Ich habe Baron Humboldt noch nicht gesehen und kann daher noch nicht sagen, ob er für sein Porträt sitzen will. Ich möchte es tun, obwohl ich viel zu tun habe, bevor ich nach Pittsburgh fahre.

An Raphaelle & Rembrandt Peale in Baltimore, Museum, 23. Juni 1804:

. . . Baron Humboldt wird mir morgen sitzen; ich bereite den Raum unten vor. Euer Onkel James (Jakob) hat mir Leinwand und Farben beschafft.

An John De-Peyster, New York, Museum, 27. Juni 1804:

. . . Für meine Anstrengungen und Reisespesen bin ich reich belohnt worden durch die angenehme Unterhaltung mit Baron Humboldt, der ohne Ausnahme der außerordentlichste Reisende ist, den ich je getroffen habe. Er ist eine Quelle von Wissen, die reichlich strömt; ob ich diese oder eine andere Metapher nehme: Er ist eine Leuchte, die Licht über jegliche Art von Wissenschaft verbreitet. Ich sage verbreitet, weil er so mitteilsam in seinem Wissen ist, das er auf seinen über 19 Jahren Reisen gesammelt hat. Seine Gesellschaft wird von Gelehrten, wo immer er sich aufhält, gesucht.

Mehr als zwanzig Jahre später wird Goethe dasselbe über Alexander von Humboldt sagen, daß er ›überall zu Hause (ist) und überschüttet uns mit geistigen Schätzen. Er gleicht einem Brunnen mit vielen Röhren, wo man überall nur Gefäße unterzuhalten braucht und wo es uns immer erquicklich und unerschöpflich entgegenströmt.‹³

Nun aber schrieb Peale weiter in demselben Brief:

Heute morgen habe ich ein gutes Porträt von ihm für das Museum fertiggestellt. Ich kann noch malen und ich will beweisen, daß ein Mann, selbst wenn er gerade 60 Jahre geworden ist, sich noch in jeder Art von Kunst und Wissenschaft verbessern kann: es mag andere zu ähnlich lobenswerten Versuchen anspornen.

An Seine Exzellenz Thomas Jefferson, Washington, Museum, 28. Juni 1804

. . . Ich habe ein getreues Abbild von Baron Humboldt gemalt. Das Schiff, das ihn nach Europa bringt, fährt heute den Strom hinab, und wahrscheinlich wird er uns morgen verlassen.[2]

Die Herausforderung war mit Erfolg gekrönt worden. In drei Tagen war das Bild fertig — und was für ein Porträt! Voller Bewunderung notierte ein Reporter in der Zeitung: „Als ich das Museum betrat und mich nach rechts wandte, war ich von der Ähnlichkeit des Bildes überwältigt . . . Das Porträt des Barons hatte natürlichere Farben als irgendeines der siebzig anderen, die ich vor mir sah." Und Peale selbst bemerkte mit Erstaunen: „ . . . Ich sagte dem Baron, daß ich sechs Jahre nicht gemalt hätte und daß ich sicher ein Geschmiere machen würde. Es sollte doch ein möglichst ähnliches Bild werden, und zu meiner Überraschung wurde es besser als alle, die ich vorher für das Museum gemalt hatte."

Die Erklärung für den Erfolg ist leicht zu finden: ein liebevolles Verständnis zwischen Maler und Modell, das klar zu erkennen ist in Humboldts strahlendem Ausdruck. Peale war unbeeinflußt von irgendwelchen ästhetischen Theorien, sei es des Klassizismus oder vom Stil Reynolds, Gainsboroughs oder Romneys, die ihm alle wohlbekannt waren. Er bevorzugte lebensnahen Realismus und Direktheit. Der einfache Hintergrund, die natürliche Haltung und die Neigung des Hauptes zeigen einen geistvollen und energischen jungen Mann. Keines seiner anderen Porträts atmet diese erfrischende Kühnheit oder zeigt uns Humboldt ähnlich strahlend und zuversichtlich. Peales Gemälde in seiner Strenge und Farbenfrische hielt Humboldt fest in einem einzigartigen Moment seines Lebens. Er hatte gerade eine fünfjährige, zu dieser Zeit kaum vorstellbare Forschungsreise hinter sich, deren Früchte Jahrzehnte wissenschaftlicher Bearbeitung und Untersuchungen benötigen würden. Aber nun, in diesem Augenblick, war er frei wie niemals wieder; glücklich und seines Erfolges bewußt, blickte er in die Zukunft.

---

1 Schoenwaldt, Peter, *Alexander von Humboldt and the United States of America.* A. v. Humboldt-Stiftung, Mitteilungen, Bonn 1976, Heft 32
2 American Philosophical Society Library, Philadelphia, ü. HN
3 Eckermann, Johann Peter, *Gespräche mit Goethe,* Lepzig 1948
Friis, Herman R., *Baron Alexander von Humboldt's Visit to Washington, D. C., June 1 through June 13, 1804. Records of the Columbia Historical Society of Washington, D. C. 1960–1962*
Sellers, Charles Coleman, *Charles Willson Peale,* New York 1969

Charles Willson Peale, 1804
Öl auf Leinwand, 60 x 49 cm, oval
Mutter Museum
The College of Physicians of Philadelphia, USA

François Pascal Gérard (1770–1837)

François Pascal Gérard studierte bei Jacques-Louis David in Rom und wurde schon früh berühmt als Porträtist der vornehmen Gesellschaft. David schätzte seinen Schüler so sehr, daß er während seiner Arbeit an der berühmten „Krönung" auf Gérards Anregung einging, doch besser Josephines Krönung durch Napoleon als des Kaisers Selbstkrönung darzustellen. Weniger dogmatisch als David, der nach Napoleons Sturz ins Exil ging, erhielt sich Gérard seinen Ruhm. Nicht ohne Grund wurde er, der erste Künstler der nachfolgenden französichen Monarchen, „Königsmaler und Malerkönig" genannt. Die Bemühungen Alexander von Humboldts ebneten ihm den Weg zu der Versammlung der Monarchen beim Wiener Kongreß, die er porträtierte.

Alexander und Gérard waren eng befreundet. Humboldt arbeitete einige Jahre in Gérards Atelier, um seine künstlerischen Fertigkeiten zu verbessern. Getreulich kam er zu Gérards „Mittwochgesellschaften", einem der glänzendsten Salons in Paris. Jahre danach kündigte Honoré de Balzac Humboldt seine Ankunft in Potsdam an:

Berlin, Hotel de la Russie, 1843
Herr Baron, darf ich hoffen... die Ehre zu haben, Sie zu sehen und Ihnen meine Aufmerksamkeit zu erweisen? Ich bin nur auf der Durchfahrt... Es ist mein heißer Wunsch, unsere Erinnerungen an „Gérards Salon" aufzufrischen.[1]

Die Freundschaft zwischen Humboldt und Gérard drückte sich in einer umfangreichen Korrespondenz aus, die bis zum Tode des Künstlers andauerte. Dreißig Jahre lang schrieb ihm Humboldt „von nah, aus der Ferne, von Paris oder von Berlin, ohne Furcht, seine Meinung über Menschen und Dinge zu sagen und sich frei aussprechend mit seinem Freund über eine Menge Dinge, die Kunst, Geschichte oder Wissenschaften angingen."[2]

Gérard malte Humboldt mehrere Male. Eines der Porträts war in Gérards Salon in der Rue St.-Germain-des-Prés ausgestellt, zusammen mit denen des Dichters Jean François de Ducis und der Schauspielerin Mlle Mars. Möglicherweise war es das Bild, das bei Charles Lenormant als halbfiguriges Porträt Humboldts klassifiziert ist.[3] Ein anderes „gutes Porträt von Gérard" wird von der Herzogin de Dino erwähnt, die es 1840 in Tegel sah.[4]

Gérard beschäftigte bekannte Künstler, die Stiche von seinen Originalen anfertigten. Seine Humboldtbilder sind heute nur durch diese graphischen Werke bekannt.

Es bestehen Meinungsverschiedenheiten über die genaue Datierung des frühesten Porträts, das von Auguste G. L. Desnoyers (1779–1857) radiert worden ist. In Paris gedruckt, ging die Originalplatte nach Deutschland, wo sie als Brustbild und mit deutscher Inschrift veröffentlicht wurde.

F. J. Bertuch berichtete darüber schon 1806 in seinem *Journal des Luxus und der Moden*:

Mit Vergnügen und Stolz blicken wir Teutsche auf einen Mann, dessen genialischer Forschungsgeist sich kühn in fremde Welttheile bis in das Innere von Amerika wagte, mit schöpferischer Kraft dort das geheime Buch der Natur zu entziffern verstand, und mit den reichsten wissenschaftlichen Ausbeuten aller Art bereichert, zurückkehrte, und sie jetzt seinem Vaterlande und dem übrigen Europa in einer Folgereihe von Prachtwerken mittheilt, die das bleibende unvergängliche Monument seines Ruhms seyn werden. Natürlich mußte es daher den Verehrern dieses grossen Forschers willkommen seyn, ein treues gutes Portrait von ihm zu erhalten; und dieses kann man mit vollem Rechte von dem schönen Kunstblatt sagen, welches vor Kurzem im Verlage des Landes-Industrie-Comtoirs in Weimar erschienen ist. Hr. v. Humbold wurde nämlich bei seiner letzten Anwesenheit in Paris von dem geistreichen Maler Hrn. Gérard, mit dem er in freundschaftlichen Verhältnissen lebt, mit frappanter Aehnlichkeit gezeichnet. Diese treffliche Skizze hat nun das Landes-Industrie-Comtoir von dem, durch seine großen Kunstblätter bekannten Kupferstecher, Hrn. Desnoyers in Paris in klein Folio bearbeiten lassen. In einer freien Manier hat Desnoyers mit der Radiernadel das ganze Portrait geistreich gearbeitet... Das Ganze ist wie gesagt vortrefflich gelungen und vollkommen gleich. –
Der Preis dieses Kunstblattes ist 1 Thaler sächsich. Cour., oder 1 Fl. 24 Kr.[5]

Diese Radierung war Humboldt ganz besonders lieb, und in wenigstens drei Briefen bezieht er sich darauf:

... der kleine Stich von Herrn Desnoyers hat mir grosse Freude gemacht, weil er dem Publikum in Erinnerung bringen wird, wie grosszügig Sie mich ehren...
(An François Gérard, Berlin 12. Februar 1807)[2]

... Cosmos sollte eigentlich keine Illustrationen bekommen. Aber für die Übersetzung des „Reisejournals" könnte man Gérards Porträt in Betracht ziehen. Es ist außerordentlich ähnlich, und er hat es in Paris wenige Monate nach meiner Rückkehr aus Amerika gezeichnet, worauf es skizzenhaft, aber doch meisterhaft von Desnoyers gestochen worden ist.
(An G. v. Cotta, Tegel 23. April 1840)[6]

Ich füge zur Begutachtung den seltenen Stich von Desnoyers bei, nach dem Bild von Gérard aus den ersten Monaten nach meiner Rückkehr 1805.
(An Joseph Stieler, Berlin 9. Juni 1843)[7]

Der erste Band von Gérards gesammelten Werken erschien 1852 und wurde Humboldt vom Herausgeber, dem Neffen des Künstlers, Henri Gérard, überreicht. In zwei Briefen an

Charles V. Normand,
nach François Pascal Gérard
Stahlstich, 21,5 x 15 cm
Bibliothèque Nationale, Paris

ALEXANDRE DE HUMBOLDT.

ALEXANDER von HUMBOLD

NACH EINEM CROQUIS VON GERARD GEÄZT VON AUG. DENOYERS ZU PARIS 1805.

Auguste Denoyers, 1805, Radierung, 30 x 23,6 cm, nach einer Zeichnung von François Gerard, Goethe-Museum, Düsseldorf

ihn weckte Humboldt die Erinnerungen an François Gérard und sein Atelier, in dem Humboldt selbst unter der künstlerischen Leitung von Mlle Godefroid und Karl von Steuben gezeichnet hat. Er würdigte die Veröffentlichung und bedankte sich auch für einen erhaltenen Stich:

... den ich nach meinem nahenden Tod (ich habe ein antidiluviales Alter von 84 Jahren!) dem König vermache, der ständige Bewunderung für Ihren Onkel und sein erhabenes Werk bewahrte. Der König wird sicher begeistert sein, wenn er den Band von Ihnen erhält.[2]

In diesem Werk ist Humboldts Porträt als Kupferstich reproduziert mit der Inschrift: *F. Gérard Pinx. 1795 C. V. Normand Sculp.* Alle Ausgaben der Korrespondenz von Fr. Gérard (1867 und erweiterte Ausgabe 1888) haben eine Fußnote, die sich auf Humboldts oben zitierten Brief vom 12. Februar 1807 bezieht: „Desnoyers' Radierung von Humboldts Porträt, von Gérard 1799 (sic) gezeichnet."[2] Henri Gérard war der Herausgeber der gesammelten Werke sowie der Korrespondenz, und die widersprüchliche Datierung ist verwirrend.

Man wird sich besser auf Humboldts Briefe und auf sein bekannt gutes Gedächtnis verlassen, welches das Original dieses Porträts mehrfach auf die Zeit kurz nach seiner Rückkehr aus Amerika 1804/05 ansetzt.

Es gibt außerdem noch ein anderes Zeugnis für diese Datierung – das Bild selbst: Humboldt sitzt in einem Armsessel, der mit ägyptischen Hermen dekoriert ist. Vor Napoleons Afrikaexpedition 1798 waren diese Motive in der europäischen dekorativen Kunst kaum hervorgetreten. Im Gefolge der napoleonischen Armee befanden sich jedoch 160 Gelehrte und Künstler, die dem *Institut des Sciences et des Arts* angehörten. Die archäologischen Forschungen leitete Dominique Vivant Denon, dessen *Voyage dans la Basse- et Haut-Egypte* aufgrund der zahlreichen Illustrationen nach seinen eigenen Zeichnungen ein klassisches Werk über ägyptische Kunst wurde. Das Buch erschien 1802 in Paris und London und wurde alsbald als Vorlage für die Ornamentik benutzt. Möbel im ägyptischen Stil wurden für Napoleons Appartements in den Tuilerien angefertigt. Erst nach 1800 fanden ägyptische Motive den vollen Eingang in die europäische Kunst und wurden für den Directoire- und Empirestil charakteristisch.

Dieses Bildnis von Humboldt wurde zum Abschluß des ersten Jahrgangs von *Universum* im Jahre 1885 zur Veröffentlichung ausgewählt.

„Die größten Männer einer großen Zeit ehrten den deutschen Gelehrten, und Baron François de Gérard, der berühmteste französische Historien- und Portraitmaler des ersten Kaiserreichs, zeichnete ihn nach dem Leben. Von den zahlreichen und vorzüglichen Bildern, die zu seinen Lebzeiten, nach seinem Tode und an seinem saecularen Geburtstage (14. September 1869) erschienen, wohl das treffendste."[8]

---

1 *Briefe von Alexander von Humboldt an Varnhagen von Ense,* Leipzig 1860, ü. HN
2 *Correspondance de François Gérard...* Paris 1867, ü. HN
3 Lenormant, Charles, *François Gérard...* Paris 1847
4 Radziwill, the Princess (ed). *Memoirs of the Duchesse de Dino (Duchesse de Talleyrand et de Sagan) 1836–1840,* London 1910
5 *Journal des Luxus und der Moden.* Hrsg. v. F. J. Betuch und G. M. Kraus, Weimar, 21. 1806. Für diese Quelle bin ich Herrn Prof. Dr. Wolfgang-Hagen Hein in Frankfurt dankbar.
6 Fehling, Maria, u. Schiller, Herbert (ed). *Briefe an Cotta,* Stuttgart u. Berlin 1934
7 Ruhmer, Eberhard, *Zu den Bildnissen Alexanders von Humboldt,* in *Die Kunst,* 1959
8 *Universum,* Dresden und Leipzig, Jg. I, 1885. Siehe Anm. zu 5.
Andresen, Andreas, *Lexicon...* Leipzig 1879, I
Gans, Eduard, *Rückblicke auf Personen und Zustände,* Berlin 1836
Lange, Fritz G., *Bildnisse Alexander von Humboldts... Gedenkschrift zur 100. Wiederkehr seines Todestages...* Berlin 1959
Musgrave, Clifford, *Regency Furniture 1800 to 1830,* London 1961
Osborn, Harold, *The Oxford Companion to the Decorative Arts,* Oxford 1975

Anonym nach Gottlieb Schick, Stahlstich 13,5 x 18 cm
Inschrift: *Al. v. Humboldts nächtliche Scene am Orinoco. A. G. Ephem. 1807. I. Str.*
Alexander von Humboldt-Sammlung Hanno Beck, Bonn

Gottlieb Schick (1776–1812)

Sehr früh schon erschienen Humboldts Beiträge in wissenschaftlichen Zeitschriften. Während seiner Reise durch Südamerika blieb er mit den wissenschaftlichen Instituten Englands, Frankreichs und Deutschlands in Verbindung. Als er nach Berlin zurückgekehrt war, veröffentlichten die *Allgemeinen Geographischen Ephemeriden* Auszüge aus seiner Korrespondenz mit dem Herausgeber F. J. Bertuch, die sich auf die erste gedruckte Illustration seiner Amerikareise nach einer Zeichnung von Gottlieb Schick bezogen. Schick führte noch andere Zeichnungen für Humboldt aus, die Originale aber sind verloren bis auf zwei, die in dem *Reisewerk* abgebildet sind.

Berlin, d. 14. Junius, 1806
Ich lege Ihnen eine kleine Originalskizze des braven Schick, eines sehr geistreichen, teutschen Künstlers, welcher seit Jahren in Rom lebt, den ich dort fand und den ich unter meine Freunde zählen darf, als ein kleines Geschenk bei. Sie schildert sehr treu unsere nächtliche Existenz auf der Reise am Orinoko, wie man die Hamaken ausbreitet, die Feuer anschürt gegen den grausamen Jaguar; die Papageien und Affen, die wir lebendig bei uns hatten; wie ein Affe gebraten wird, um ihn zu essen; die Palmzweige, welche man über der einen Seite der Hamaken sehr pittoresk ausbreitet, um sich etwas vor dem Regen in das Gesicht zu schützen u. s. w. Die Skizze ist in der That sehr genialisch und Jemand, der mit uns gewesen wäre, würde es nicht treuer haben machen können. — Vielleicht finden Sie Gelegenheit, sie zu benutzen, oder einmal stechen zu lassen.

Berlin, d. 21. Novbr. 1806
—— Die kleine Zeichnung, welche ich Ihnen mittheilte, und welche Ihre Aufmerksamkeit auf sich gezogen hat, entstand folgendermassen. Hr. Schick, ein Wirtemberger, (derselbe, dessen grosses Bild der Sündfluth viel Ruf hat), hörte mich

oft, bei meinem letzten Aufenthalte in Rom, mit Interesse von meinem Leben in den Wäldern der Guayana reden, besonders von den nächtlichen Scenen am Ufer des Orinoko. Ich zeigte ihm kleine Skizzen, welche ich selbst an Ort und Stelle mit wenigen Linien entworfen. Nach diesen und nach meiner Erzählung entstand jene Zeichnung, welche in der That im Detail so genau ist, als man es von Darstellungen einer so grossen Natur verlangen kann.[1]

Abgesehen von der exotischen Staffage, entspricht die Zeichnung genau dem traditionellen Stil der nächtlichen Stimmung: Landschaft mit heller Mondsichel auf wolkenlosem Himmel. Doch besonders interessant sind die „genauen Details". Sie schließen auch zwei europäische Herren mit Zylinder ein, die von links auftreten und ihr angeregtes Gespräch mit lebhaften Gesten unterstreichen: Humboldt und sein Reisegefährte, der Botaniker Aimé Bonpland. Man wird sie in fast jeder Illustration des Monumentalwerks *Vues des Cordillères* wiederfinden, das 1810–1813 in Paris herauskam, jedoch in Schicks Zeichnung in den *Ephemeriden* erscheinen die beiden europäischen Forschungsreisenden zum ersten Mal.

Humboldt ist offiziell als Zeichner und Radierer in Thieme-Beckers *Allgemeinem Lexikon der Bildenden Künstler* anerkannt worden.[2] Jedoch im Vorwort zu den *Vues des Cordillères* schrieb er bescheiden:

Was in diesen Stichen dargestellt ist, bemühte ich mich mit grösster Genauigkeit zu kopieren ... Wenn die Stiche aber nicht so tadellos sind, wie sich das ein Connoisseur wünscht, liegt es nicht an den Künstlern, die unter meiner Aufsicht die Illustrationen ausgeführt haben, sondern an meinen eigenen Skizzen, die ich an Ort und Stelle, und manchmal unter sehr schwierigen Umständen, zeichnete ... Ich war weniger besorgt um den malerischen Entwurf, als um die exakte Schilderung der Umrisse von Bergen, Tälern und der gewaltigen Kaskaden von stürzenden Wasserfällen.[3]

Humboldt hatte bei Daniel Chodowiecki in Berlin studiert, und sein Zeichentalent hatte sich auf der Amerikareise bestens bewährt, zu einer Zeit, als es noch keine Photographie gab. Seine Skizzen von dieser Expedition, die 1804 in Paris und 1806 in Berlin ausgestellt wurden, sind bis auf wenige Ausnahmen verlorengegangen. Sie sind nur indirekt bekannt von den neunundsechzig Illustrationen im *Atlas pittoresque du Voyage... Vues des Cordillères*. Humboldts Kenntnis der graphischen Technik sowie seine persönliche Anteilnahme an der Bearbeitung seiner Skizzen garantierten die ästhetische Wirkung der Illustrationen, die von mehreren Künstlern in Rom und Paris, Stuttgart und Berlin ausgeführt wurden.

Diese Illustrationen sind mehrfach dokumentiert: jede Platte ist mit dem Namen der Künstler bezeichnet, die Humboldts Entwürfe gemalt oder gestochen haben. Sie wurden auch oft im Text erwähnt, in der gründlichen Besprechung jedes genau datierten Bildes. Schicks Zeichnung wurde sogar in der *Relation Historique...* (Paris 1819, Bd. 2, 556) erwähnt. Die Stiche veranschaulichen nicht nur die exotische Landschaft, die Flora und Fauna des tropischen Regenwalds, sondern auch die Kordilleren und die Denkmäler der amerikanischen Hochkulturen.

Besonders interessant sind die sorgfältig ausgeführten Details und die Staffage. Die chronologisch erste amerikanische Illustration *Vue de la Silla de Caracas* (1799/1800, Pl. 48) zeigt gewaltige Felsen, „gesehen von Süden von der Kaffeeplantage des Don Andres Ibarra". Unten im Vordergrund rechts sitzt eine kleine einsame Männerfigur, die die Landschaft betrachtet und zeichnet. In der langen, seit dem

16. Jahrhundert sich entwickelnden Tradition bezeugte die Zeichnerfigur, daß das Bild authentisch ist, daß der Künstler selbst es gesehen und aufgenommen hat. In *Ruines de Mitla* (Pl. 50) kniet auf dem mit tropischer Vegetation bewachsenen oberen Rand ein winziger Herr mit Zylinder, der die Höhe der Ruine mit dem Lot mißt. Auch andere Landschaften zeigen eine Staffage mit mehreren Figuren, darunter jedoch immer die beiden Herren mit dem Wanderstab, eine Mappe unter dem Arm, stets in Bewegung, sehr lebhaft gestikulierend und einander in sichtbar erregtem Gespräch zugewandt. Ihre Lebendigkeit ist sogar in den mikroskopisch winzigen Figürchen sichtbar, die „in Proportion zu der gewaltigen Höhe des Wasserfalls gezeichnet sind" (*Chute du Tequendama,* Pl. 6). Begleitet von barfüßigen, wie antike Skulpturen muskulösen, fast nackten Indios, sind die zwei energischen Herren europäisch gekleidet, immer mit Zylinder, und Humboldt sogar in den gestreiften Hosen, die man von den Bildern von F. G. Weitsch und E. Ender kennt.

Friedrich Georg Weitsch (1758–1828)

Friedrich Georg Weitschs berühmte Porträts von Alexander von Humboldt stellen einen neuen Bildtypus dar, der während des 19. Jahrhunderts immer üblicher wurde. Es sind weder Genrebilder noch dokumentarische oder historische Studien. Die neue Art von Porträts stellt das Modell in einem wichtigen Moment seines Lebens dar. Das Weitschgemälde zeigt Humboldt unter einem Baum auf dem Felsen sitzend; er ist gerade dabei, eine tropische Blume in sein Herbarium einzuordnen. In beigefarbenen Hosen, weißem Hemd und lachsrosa Moiréweste stellt er einen sympathischen jungen Naturwissenschaftler dar, mit ernstem Gesicht und prüfenden, doch zugleich lächelnden Augen.

Der rosa Ton wird wieder aufgenommen in der Blüte und noch einmal im Horizont, was dem dunkleren braun-grünen Hintergrund einen warmen Schein verleiht. Das Bild ist streng gegliedert in abwechselndem Rhythmus von geraden und schwingenden Linien, die sich vom Barometer in der linken unteren Ecke zunächst zu dem Buch in der rechten Bildmitte hin bewegen, um dann mit einer scharfen Wendung zum Antlitz aufzusteigen. Die Pose mit dem erhobenen Zeigefinger ist im späten 18. Jahrhundert üblich. Doch hier drängen sich die neuen exotischen Elemente in die traditionelle Komposition eines repräsentativen Porträts hinein; anstatt der dekorativen Draperie des Hintergrundes dehnen sich die riesigen Blätter des tropischen Baumes aus; anstatt des Säbels – unvermeidlich in einem aristokratischen Porträt – nimmt das Barometer eine wichtige Stelle im Vordergrund ein, gleichsam als Symbol der neuen Macht, der Wissenschaft.

Friedrich Georg Weitsch
Alexander von Humboldt,
1806
Öl auf Leinwand,
127 x 94 cm
Nationalgalerie, Berlin (Ost)

Eduard Ender
Humboldt und Bonpland in ihrer Dschungelhütte
Deutsche Akademie der Wissenschaften, Berlin (Ost)

Eduard Ender (1822–1883)

Eduard Enders Darstellung Humboldts und Bonplands in ihrer Hütte am Orinoco ist überladen mit wissenschaftlichen Instrumenten, mit Blumen und Früchten, die alle, wie auch die Berglandschaft im Hintergrund, auf Humboldts eigene Skizzen zurückgehen.

Ferdinand Keller (1842–1922)

Ferdinand Kellers Bild stellt die Forschungsreisenden im Orinoco-Dschungel dar: eine Gruppe Eingeborener zieht ein Floß an Land, eine andere macht Feuer. Bonpland arbeitet mit dem Mikroskop, während Humboldt in Byronscher Pose nachdenklich dasteht, in der Hand das unvermeidliche Barometer.

Friedrich Georg Weitsch (1758–1828)

Ein anderes Werk von Weitsch zeigt Humboldt und Bonpland in Südamerika noch in der traditionellen Manier der Ideallandschaft, mit diffusem Licht. Eigentlich sind es die herrlichen Berge, die das Bild beherrschen. Es wurde zum ersten Mal 1810 in der Berliner Akademie ausgestellt und ist im Katalog bezeichnet: *Herr Rektor und Hofmahler Weitsch, Eine grosse Landschaft mit dem Chimborazzo in Südamerika* (No. 18). Darauf folgt eine lange und genaue Beschreibung des Bildes, wie es im 19. Jahrhundert üblich war. Dieser Kommentar unterscheidet sich aber durch seinen Inhalt, der die Beschreibung auf strikt wissenschaftliche Fakten beschränkt:

Anonym nach Ferdinand Keller
Humboldt und Bonpland am Orinoco, 1879, Ausschnitt
Photographie Roger-Viollet, Paris
Staatsbibliothek Preußischer Kulturbesitz, Berlin (West)

Der im Hintergrunde himmelanstrebende Berg Chimborazzo liegt in dem Königreiche Quito und hat eine Höhe von 22000 Fr. Fuss von der Meeresfläche an gerechnet... Der daneben liegende Berg Quodorazzo ist ein ausgebrannter Vulkan. Die an beiden Bergen sichtbaren Abtheilungen sind Wirkungen des verschiedenen Klimas in den verschiedenen Höhen des Berges. Die untere blaue Abtheilung ist diejenige Region, welche durch die noch darauf befindliche Vegetation gebildet wird; die mitlere besteht aus Sand und Schnee, erzeugt keine Pflanzen mehr, wird aber doch im Sommer von der milderen Luft noch ziemlich aufgethaut; die oberste Region ist die kälteste, mit ewigem Schnee bedeckt, von keinem Sonnenstrahl mehr aufgethaut. In der Mitte dieses Schneegipfels, zur linken, wo ein Absatz sich zeigt, ist der Ort, bis zu welchem Herr Alexander von Humboldt gedrungen war; aber durch eine etwa 200 Fuss breite Tiefe am weitern Vordringen verhindert ward. Er war bis dahin 15000 Fuss von dem Fusse des Berges und 18000 Fuss hoch über der Meeresfläche empor gestiegen. — Der Boden der Fläche, die rundum mit Bergen umgeben ist, besteht aus Bimsstein und Sand... Die auf dem Bilde angebrachten Gewächse... kommen in diesem Thale nur sehr sparsam fort. Sonst wächst auch auf dieser ganzen grossen Fläche nicht einmal ein Grashalm. — Man sieht im Vordergrunde Herrn von Humboldt einen Sextanten aus dem Behältnisse nehmen, das ihm ein Peruaner, sein Begleiter, hinreicht. Herr Bonpland, sein gelehrter Reisegefährte, sitzt im Schatten einer grossen Decke, die man über das Gepäck der

Friedrich Georg Weitsch
Humboldt und Bonpland am Chimborazo, Ausschnitt
Staatliche Schlösser und Gärten, Potsdam, DDR

Maulthiere zu legen pflegt und hier als eine Art Zelt aufgeschlagen ist. Er legt Pflanzen in das Herbarium; neben ihm liegt ein erlegter Kondor, von der grössten bis jetzt bekannten Geyerart, die Herr von Humboldt in allen Höhen des Chimborazo bemerkte. Das Maulthier ist mit dem Gepäck der Reisenden beladen und nach spanischer Art aufgeschirrt ... Einige der Peruaner kochen Kartoffeln, deren wahres Vaterland die Provinz Quito ist. Die Indianer tragen sie gewöhnlich auf langen Reisen in einer roth und schwarz gestreiften Kürbisschale, sowie zum Kochen derselben einen Topf von schwarzem gebrannten Thon. – In der Entfernung sieht man einige Lamas weiden, die in dieser Gegend sehr zahm sind und selbst die Nähe der Menschen nicht scheuen ... Weil es in dieser Gegend viel regnet, so findet man hin und wieder zusammengeflossene stehende Wasser; sonst aber befindet sich kein Fluss auf dieser Fläche, in deren Süden der Chimborazzo liegt. Folglich ist hier auf dem Bilde Westen, von wo aus die Abendsonne die Gegend erleuchtet.[4]

In einem Brief an seinen ehemaligen Reisegefährten bezog sich Humboldt etwa ein halbes Jahrhundert später auf dieses Bild. Bonpland, der 1816 nach Südamerika zurückging, wurde Professor der Naturwissenschaften in Buenos Aires. Im Jahre 1821 wurde er auf einer botanischen Expedition als unschuldiges Opfer eines Grenzdisputs zwischen der seit kurzem unabhängigen Republik Argentinien und dem Diktator von Paraguay gefangengenommen. Die Freilassungsgesuche von Humboldt, Chateaubriand und des englischen Premierministers waren erfolglos. Erst neun Jahre später kam Bonpland wieder frei. Er ließ sich in Uruguay nieder, wobei er auf alle europäischen Ehrentitel und Auszeichnungen verzichtete und sich nur noch seinen Plantagen mit Rosen und tropischen Früchten widmete.

Humboldt und Bonpland waren ergebene Freunde und korrespondierten miteinander. Als Humboldt sein Bild erhielt, schrieb er sofort an Alexander Duncker, den Berliner Buchhändler und Verleger:

Von Bonpland habe ich ein recht sprechendes Daguerreotyp Bild aus Amerika erhalten, das ich Ihnen bringen könnte. Vielleicht findet sich einmal eine Gelegenheit den Kopf in sehr mässiger Grösse geschmackvoll zu publiciren (ein alter Mann von 82 Jahren) mit Beisaz „Begleiter u. Mitarbeiter von A. Ht." Er ist correspondirendes Mitglied des Instituts (Institut de France, Académie des Sciences) und nie gestochen, nur gemalt auf den Befehl des vorigen Königs (Friedrich Wilhelm III. von Preussen), im Schloss, auf einem Bilde des Chimborazo von Weitsch, 33 Jahre alt, als er in Berlin war. Dies ist nicht eine belästigende directe Bitte, nur eine Erinnerung, dass ich ja ein Daguerreotyp besize.

Berlin Dienstag Nacht (nach dem 6. 6. 1855)[5]

Oft brauchten Humboldts Briefe ein Jahr, bis sie Bonpland in seiner weit abgelegenen Hütte in den Pampas erreichten. Aimé Goujaud Bonpland starb im Mai 1858; er bekam nie den Brief, den Humboldt einen Monat später aus Berlin an ihn schrieb. Humboldt bat ihn, seine botanische Sammlung dem Pariser *Jardin des Plantes* zu hinterlassen und versicherte ihn noch einmal seiner Freundschaft.

Ich schmeichle mir, dass es niemanden auf dieser Erde gibt, der Dir mit Herz und Seele ergebener ist als ich.
Ganz der Deine   AlHumboldt
Berlin, 10. Juni 1858

Im Palast des Fürsten Radziwill, wo Du getanzt hast, sind alle Eltern gestorben, aber der dem König nah verwandte Sohn erinnert sich als Kind, Dich gesehen zu haben. Auf einem 15 Fuss grossen Bild (des Chimborazo) das der verstorbene König hat im Schloss von Weitsch malen lassen, befindest Du Dich in vollkommener und liebenswürdiger Ähnlichkeit.[6]

Alexander von Humboldts berühmtes Bildnis von Weitsch gehörte dem preußischen König, es wurde erst 1861 der Nationalgalerie in Berlin übergeben. Das Porträt wurde zuerst von J. J. Freidhof (1768–1818), Professor der Graphik an der Berliner Akademie, gestochen und dort 1808 zusammen mit dem Originalgemälde von Weitsch ausgestellt (No. 64). Der Stich ist von vortrefflicher graphischer Qualität. Allerdings sind die Augen verändert, wodurch der liebenswürdige Ausdruck des Originalgemäldes verlorenging.

Viele andere Künstler benutzten Freidhofs Stich für ihre Arbeiten. Um nur einige zu erwähnen: J. Ch. Böhme, dem chronologisch ersten (1813), folgten J. F. Rossmaesler (1775–1858) und J. C. Felsing (1766–1819); des letzteren Stich erschien auf der Titelseite des *Taschenbuch für die gesammte Mineralogie*, Jg. 9, Frankfurt a. M. 1815. Diese beiden Stiche sind ziemlich schlecht wegen der veränderten Proportionen der Gesichtszüge. Beide Künstler verwendeten das Weitsch-Porträt als Vorlage, änderten jedoch das Haar und ersetzten die Weste durch das modische Jakkett. Die Änderung ging noch weiter bei H. Schröder, der den mittleren Teil des Weitsch-Bildes in seinem Werk reproduzierte, Humboldt jedoch anstatt der Blume das Barometer in die Hand gab.

---

1 *Allgemeine Geographische Ephemeriden*, Weimar 1807, 109–110
2 *Thieme-Becker, Allgemeines Lexikon der bildenden Künstler*, v. 17
3 *Researches concerning . . . the Ancient Inhabitants of America . . . Striking Scenes in the Cordilleras*, 2 vols., London 1814, I, 9, ü. HN
4 *Die Kataloge der Berliner Akademieausstellungen*, 1808, No. 12; 1810, No. 18
5 Döhn, Helga, *Aus Briefen Alexander von Humboldts in der Deutschen Staatsbibliothek*, in Studien zur Buch- und Bibliotheksgeschichte, Berlin 1976
6 Handschriftenabteilung der Staatsbibliothek Preußischer Kulturbesitz, Berlin,

Simon, Karl, *Gottlieb Schick, Ein Beitrag zur Geschichte der deutschen Malerei um 1800*. Leipzig 1914
Humboldt, Alexander von, *Relation Historique . . .*, 3 vols. Paris 1814, 1819, 1825
Weber, Bruno, *Die Figur des Zeichners in der Landschaft*, in *Zeitschrift für Schweizerische Archäologie und Kunstgeschichte*, Bd. 34, 1977
Verzeichnis der Gemälde und Skulpturen in der Königlichen Nationalgalerie, Berlin 1911
Schätze der Weltkultur von der Sowjetunion gerettet. Berlin 1958
Lange, Fritz G., *Bildnisse Alexander von Humboldts*, in *Gedenkschrift . . .* Berlin 1959

Johann Josef Freidhof (1768—1818)
nach F. G. Weitsch
Mezzotinto 50,6 x 38,2 cm
Inschrift: *A. von Humboldt gemalt von F. G. Weitsch gestochen von J. J. Freidhof, Berlin 1808*
Alexander von Humboldt-Sammlung Hanno Beck, Bonn

Anonym nach F. G. Weitsch
Lithographie auf Chinapapier, 15 x 10 cm
Inschrift: *Alexander van Humbold. Publié par Soetens & Fils à La Haye.*
Bibliothèque Nationale, Paris

Daniel Loos (1737—1819)

„Auf die Rückkehr des berühmten Alex. v. Humboldt von seinen Reisen nach Berlin hat der Hof-Medailleur Hr. Daniel Loos eine Denkmünze geprägt. Die Vorderseite derselben enthält das Bildniß des verdienstvollen Mannes mit seines Namens Umschrift: Friedrich Heinrich Alexander von Humboldt. Auf der Kehrseite ist eine junge männliche Figur, auf einem Lehnstuhl sitzend, mit einer beschriebenen Rolle in der Hand. Sie stellt den griechischen Philosophen und Naturforscher Demokritus vor, der wegen seiner Kenntniß des Menschen, der Thiere, der Pflanzen u.s.w. sowohl, als wegen seiner Reisen nach Aegypten, Aethiopien, Persien, Babylon und Indien und der angestellten Untersuchungen berühmt ist. Vor dem Sitzenden erblickt man einen Theil der Erde, Amerika. Die Umschrift lautet: Novi Orbis Democritus. Im Abschnitt lieset man: In felicem reditum Berolini MDCCCV. Die Idee hat Hr. Hofrath Hirt angegeben."
Allg. Lit.-Ztg., Int. bl. Nr. 19 v. 1. 2. 1806, Sp. 150)

Johann Conrad Felsing (1766–1819)
nach J. J. Freidhof
Punktierter Stahlstich, oval 16 x 9 cm
Inschrift: *C. Felsing sc. Darmst. Alexander von Humboldt*
Deutsche Staatsbibliothek, Berlin (Ost)

Johann Friedrich Rossmaesler (1775–1858)
Punktierter Stahlstich, Achteck, 19,7 x 14,5 cm
Inschrift: *Rosmaesler sen. sc. Alexander v. Humboldt*
Anton und Katharina Kippenberg-Stiftung
Goethe-Museum, Düsseldorf,

Johann Christian Böhme
nach J. J. Freidhof
Stahlstich, oval 10 x 8,5 cm
Inschrift: *I. C-Böhme sc. Lips. 1813
A. von Humboldt*
Deutsche Staatsbibliothek, Berlin (Ost)

Daniel Loos
In Felicem Reditum Berolini, 1805
Silber, 4 cm
Margarete Kühn, Berlin (West)

Friedrich Christian Tieck
Marmorbüste, 1805
Staatliche Museen Dresden, DDR

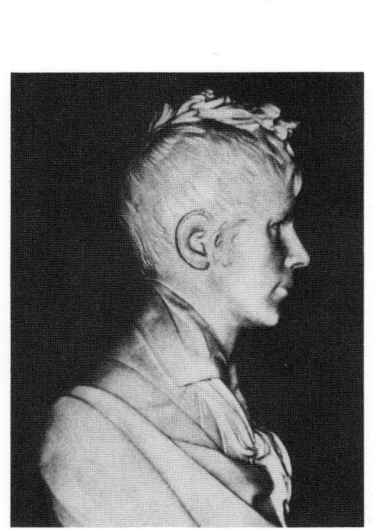

Laurens
Stahlstich
Schiller-Nationalmuseum, Marbach a. Neckar

Weymar, 31 Juillet 1806
Elfenbein, 12 x 18 cm
A. v. Humboldt-Sammlung. Peter Schoenwaldt, z. Zt. London

Rembrandt Peale (1778–1860)

Rembrandt Peale war der zweite Sohn von Charles Willson Peale, der seine zahlreichen Kinder auf die Namen von berühmten Künstlern und Wissenschaftlern taufte: Raphaelle, Titian, Rubens, Angelika Kaufmann, Franklin, Linnaeus usw. Einige von ihnen wurden Naturwissenschaftler, einige wurden Maler. Wenn sie es auch nicht mit den anspruchsvollen Namen ihrer Vorbilder aufnehmen konnten, wurden sie zum Teil immerhin recht gute Künstler. Rembrandt Peale studierte 1802 bei Benjamin West in London. Er und sein Bruder Rubens waren für ein Jahr dorthingegangen, um ein von ihrem Vater ausgegrabenes Mammutskelett auszustellen.

Seinen zweiten Europa-Aufenthalt im Jahre 1808 verbrachte Rembrandt Peale in Frankreich, um berühmte Männer für das Museum seines Vaters in Philadelphia zu porträtieren.

Ein junger, unbekannter amerikanischer Künstler konnte damals ohne Humboldts Hilfe kaum etwas erreichen. Schon 1804 stellte Humboldt eine Verbindung zwischen Philadelphia und Paris her. Denn er brachte ein Geschenk von Charles Willson Peale und einen Brief in dessen farbigem Stil mit:

An Mr. Geoffroy (Saint-Hilaire), Zoologieprofessor am Musée National
Museum in Philadelphia, 28. Juni 1804
Geehrter Herr,
Ich ergreife die durch Baron Humboldt gebotene Gelegenheit, der nach Paris abreist, um Ihnen und Ihrem Museum einen kleinen ausgestopften Alligator zu überreichen und wäre beglückt, Ihnen zu senden, was immer des Austauschs wert wäre. Jedoch bin ich voller Angst vor den raubgierigen Klauen der Kriegshabichte, will sagen Beraubung durch Kriegs- und Kaperschiffe; es ist vielleicht besser, ruhigere Zeiten abzuwarten.
Als meine Söhne mit dem Skelett des großen Incognitum oder Mammut, wie es heißt, in England waren, hoffte ich, daß sie auch Paris besuchen würden, um das Nationalmuseum und seine verschiedenen Professoren kennenzulernen und wohl auch Dinge im gemeinsamen Interesse zu besprechen. Aber die Mühen, mit so großem, sperrigem Gepäck zu reisen, schreckten sie ab, zumal Krieg in der Luft lag. Eine so gute Gelegenheit für intime Bekanntschaft mag nicht wiederkommen, außer daß ich selbst die Reise unternehme mit dem alleinigen Zweck, Ihre gesammelten Schätze zu bewundern.
Sie würden mir eine große Ehre erweisen, wenn Sie mir auch nur ein paar Zeilen schrieben, um die Korrespondenz, die schmeichelhaft für mich ist, aufrecht zu erhalten. Nehmen Sie meine Grüße an und seien Sie versichert, daß ich Ihr respektvoller Freund und gehorsamer Diener bin.
CWPeale[1]

Während Rembrandts zweijährigem Aufenthalt in Paris malte Rembrandt Humboldt und andere, diesem nahestehende Persönlichkeiten, wie Delambre, Cuvier, Gay-Lussac oder Berthollet.

Humboldt war in dieser Zeit besonders mit der Kunst beschäftigt und führte Rembrandt in den Künstlerkreis von Gérard, Denon, Houdon und David ein. Peale malte sie alle. Mehr als 40 Jahre später sagte Rembrandt in seinen Erinnerungen: „Nichts ist interessanter als der Umgang mit hervorragenden Männern von Geist und Talent."[2] Diese Beziehungen waren zugleich sehr herzlich. Als Rembrandt Paris im September 1810 verließ, erhielt er von Humboldt einen französischen Abschiedsbrief:

Ich höre zu meinem großen Bedauern, daß Sie im Abfahren begriffen sind, mein bester Freund. Ich werde nicht versäumen, Sie zu besuchen, um Ihnen noch einmal die Gefühle meiner Wertschätzung und Bewunderung für Ihre Talente auszusprechen und um mich in Erinnerung Ihres ehrenwerten Herrn Vater zu bringen.
Ich schreibe diese Zeilen, weil ich nicht weiß, ob ich das Glück haben werde, Sie zu Hause anzutreffen. Wenn es mir versagt sein sollte, die Reise nach Großindien zu unternehmen, komme ich in Ihre Heimat, um dort meine Tage zu beschließen, da ich die Bewohner, das Land und besonders die weise Verfassung liebe . . .
Soviel ich weiß, haben Sie eine kleine Zeichnung von einem Indianer für mich. Wollen Sie sie bitte einem meiner Freunde übergeben, oder senden Sie sie mir zu: Rue de la Vieille Estrapade, no. 11. Sie wissen, wie beschäftigt ich bin, wie begrenzt meine Zeit ist, daher legen Sie meine seltenen Besuche nicht als Gefühlskälte aus.
Paris, den 15. September 1810   Humboldt[1]

Rembrandt Peale, um 1809–1810
Öl auf Leinwand, sign. *Paris 1812*
Abbildung nach der farbigen Reproduktion
Privatsammlung, USA

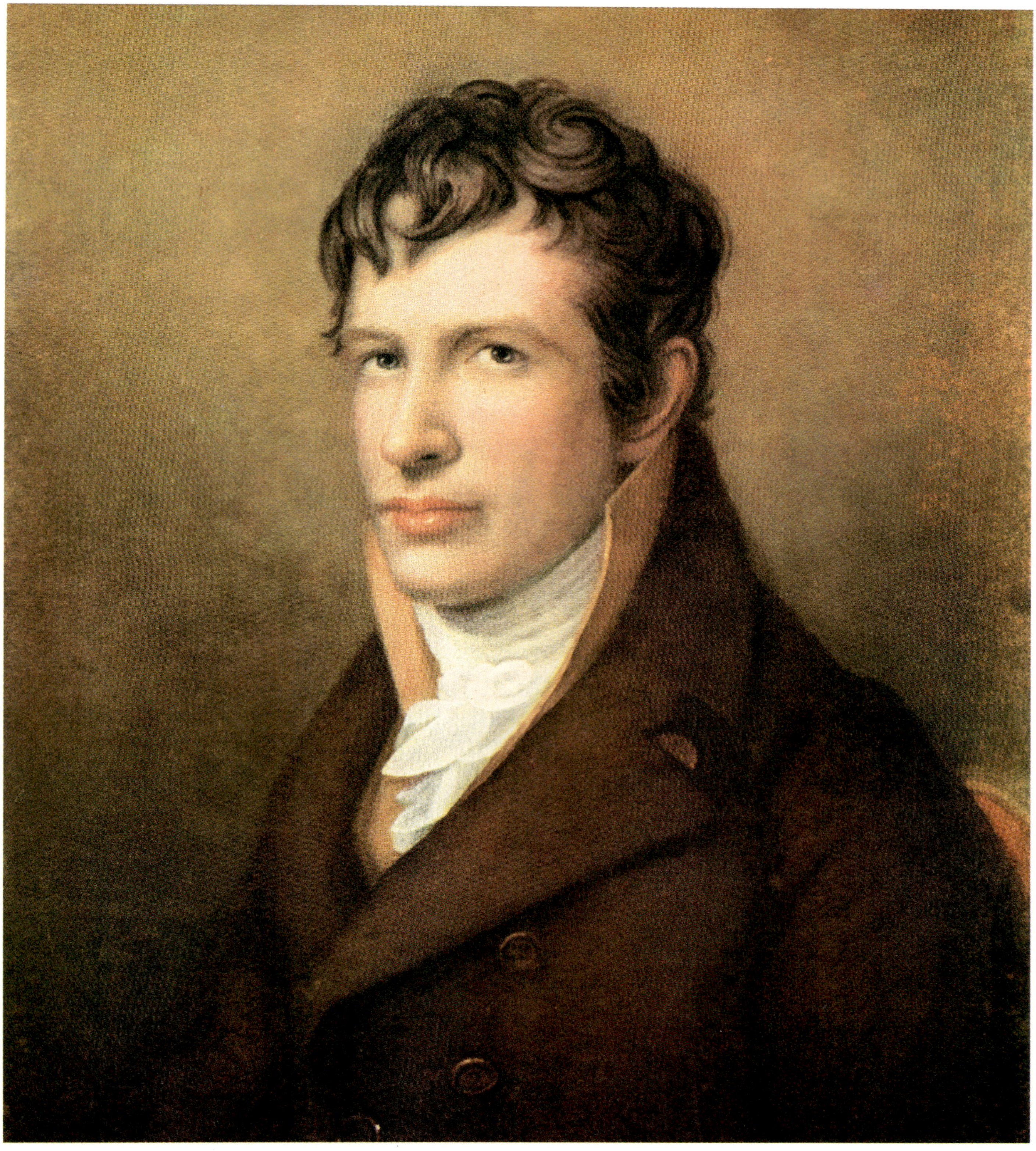

Rembrandts Pariser Parnass von Künstlern und Wissenschaftlern kam unversehrt in Philadelphia an und blieb in der Sammlung Peale, bis diese auf einer Auktion im Jahre 1854 aufgelöst wurde.

Manche Bilder blieben jedoch in Philadelphia. Das Delambre-Bild befindet sich heute in der American Philosophical Society. Denon und David sind in der Pennsylvania Academy of Fine Arts, Cuvier und Gay-Lussac in Gesellschaft ihres guten Freundes Humboldt, den Peale d. Ä. 1804 gemalt hatte, im College of Physicians.

Rembrandts Humboldtporträt ist erst vor kurzem von Philadelphia nach Colorado gekommen. Der gegenwärtige Besitzer hat nicht erlaubt, das Bild zu besichtigen, und war auch nicht bereit, eine Farbphotographie anfertigen zu lassen. Glücklicherweise hat Helmut de Terra das Bild 1958 bei seiner Vorbesitzerin, der verstorbenen Mrs. Ralph L. Colton, Bryn Mawr, Pennsylvania, in deren Familie das Bild fast 100 Jahre gewesen war, sehen können. De Terra hat versucht, das Datum „Paris 1812" zu erklären, obwohl er wußte, daß Rembrandt Peale im November 1810 in die Vereinigten Staaten abgefahren war und Frankreich erst 1830 wieder besucht hatte.

. . . es ist wohl möglich, daß der Maler im Jahre 1812 seinem Bild noch einen letzten Schliff gegeben hat . . . Meiner Meinung nach ist dieses Gemälde das feinste aller Humboldtporträts, die aus dieser Zeit bekannt sind. Seine Eleganz stammt von dem modernen Kostüm; der hohe Kragen aus rot-gelbem Stoff umrahmt ein rosenfarbiges Gesicht, das auch schmaler ist als das anderer Porträts.[3]

Die Abbildung läßt eine auffallende Ähnlichkeit mit Gérards früherem, von Desnoyers gestochenem Humboldtporträt erkennen. Von den vollen Lippen bis zum zerzausten Haar ist es dasselbe schmale, allerdings etwas reifere Gesicht.

---

1 American Philosophical Society, ü. HN/RM
2 Rembrandt Peale, *Reminiscences*, New York 1853, ü. HN
3 de Terra, Helmut, *Humboldt Portraits and Sculpture in the Un. St.*, in *Proceedings of the American Philosophical Society*, vol. 102, Nr. 6, Dezember 1958, ü. HN
Hart, Charles Henry, *Portrait of Jacques Louis David and Jean-Antoine Houdon painted by Rembrandt Peale*, Art in America, vol. 3, Nr. 5, 1915
Rogers, Red B., M. D., *A Dozen Portraits in the College Hall*, Mai 1969

Karl von Steuben (1788–1856)

Steuben entstammte einer altadligen, verarmten Familie in Thüringen. Sein Vater diente als Armeehauptmann in Rußland, wo sein Sohn in St. Petersburg aufwuchs. 1802 wurde er in das Pagenkorps in Weimar aufgenommen, und ein Jahr später ging er auf Empfehlung Friedrich v. Schillers und Steubens Patentante Henriette von Wolzogen nach Paris. Madame de Staël brachte ihn in Gérards Atelier unter, wo er Humboldt begegnete. In Reichtum aufgewachsen, war Humboldt dennoch ungewöhnlich empfindsam und strebsamen jungen Talenten gegenüber aufgeschlossen. Ein Brief an Caroline von Wolzogen zeigt, wie taktvoll er Gutes tat:

28. März
Ich habe in diesen letzten Tagen oft bei Gérard und auch bei mir den jungen Steuben gesehen, der — wenn ich mich recht erinnere — Ihr Bild gemalt. Er spricht mit grosser Anhänglichkeit und Wärme von Ihnen . . . Er lebt in häuslicher Verbindung mit Gérard, der sein Talent und seine Sitten hochschätzt. Ich fürchte dennoch, dass seine äussere (ökonomische) Lage nicht glänzend ist. Die schüchterne Delikatesse dieses trefflichen jungen Mannes verbietet mir alle Nachforschung; und doch wäre es vielleicht möglich, dass ich durch Sie etwas über ihn erführe.[1]

In langen Briefen bat Humboldt immer wieder um Unterstützung für Steuben; so schrieb er an den Freiherrn vom Stein:

Paris, 29. Februar 1818
„Das Talent des jungen Steuben, dem Sie so viel Güte haben zuteil werden lassen, hat sich in überraschender Weise entwickelt. Sein neues Kirchenbild, das den Bischof St. Germain bei der Austeilung von Almosen . . . darstellt, ist in der Farbgebung wie auch in der Art, wie die Dargestellten ihr Haupt erheben, bewunderungswürdig. Leider ist es aber so, daß solche Bilder zwar Ruhm einbringen, aber kaum das Lebensnotwendige. Ich bitte daher Euer Exellenz, den jungen Künstler den Parisreisenden, die ein schönes Porträt haben möchten, zu empfehlen. Sollten Sie Ihre Kirchen oder Ihr Schloß ausschmücken wollen, könnten Sie vielleicht Herrn Steuben den Auftrag erteilen, ein Bild anzufertigen, das ein biblisches Thema oder aber ein Ereignis aus der guten Zeit unserer deutschen Geschichte darstellt. Er würde Ihnen sicherlich eine gemalte Skizze oder wenigstens eine Zeichnung übersenden. Er wohnt immer noch im Hause von Hern Gérard.[2]

Fast zwanzig Jahre später, 1837, wandte er sich wieder an Caroline von Wolzogen:

Wollten Sie nicht bei dem Vertrauen, das Ihnen die Prinzessin (Herzogin Helene von Orléans) schenkt, diese Gelegenheit benutzen, ihr das Glück von Steuben an das Herz zu legen? Glück heisst in Paris Aufmerksamkeit, die ihm die neue Kronprinzessin schenkt. Er hat wunderschöne Porträts in Lebensgrösse von Frauen gemacht. Man beschäftigt ihn wohl bisweilen bei Hofe (der König kennt ihn persönlich), aber man hat ausschliessliche Vorliebe für Horace Vernet, Scheffer und Laroche die (nach Künstlerart) Steuben eben nicht lieben![3]

Humboldt wurde der Pate von Steubens 1814 geborenem Sohn Alexander, mit welchem er fünfzig Jahre später korrespondierte.

Um Steuben auch persönlich helfen zu können, ließ Humboldt sich porträtieren. In zwei Briefen aus derselben Zeit benachrichtigte er seine Schwägerin Caroline:

Paris, Quai Malaquai Nr. 3
le 19. Août 1813
Meine theure, innigst geliebte Schwester... Es ist mir unendlich lieb, dass du mit der Copie der belle ferronnière zufrieden bist. Der Künstler heisst Carl von Steuben, ein Deutscher, der die Wolzogen innigst liebt. Er arbeitet bei Gérard, hat aber in seinem Inneren andere und höhere Kräfte als dieser. Er ist 23 Jahre alt, und von stillem, tiefem, edlem Gemüthe. Ich sehe seit 1½ Jahren ihn täglich, denn ich zeichne und male auch täglich in Gérard's Atelier. Von der Gesellschaft zurückgezogen, ist dies meine einzige Freude. Steuben erhält von seiner Arbeit seine Mutter, die soeben ihren Gatten verloren. Der einliegende Brief ist Geld, ein Wechsel, den der Sohn der Mutter schickt. Ich bitte dich innigst, diesen Brief ja recht sicher und bald nach Petersburg befördern zu lassen. Ich bereite dir und Wilhelm ein wahres Familiengeschenk, das dir gewiss viel Freude macht. Das Geschenk ist mein Bild in Lebensgrösse, 9–10 Fuss hoch, von Steuben. Es ist ganz ébauchiert und von unendlicher Wahrheit und Aenlichkeit im Ausdruck des Kopfes, der Stellung. Ich bin angelehnt an eine niedrige Gruppe Basaltsäulen, den Kopf etwas gesenkt, Papier und Bleistift in den auf einander ruhenden Händen haltend, von sehr einfacher und natürlicher Stellung. Dazu eine schöne Landschaft. Ein tiefes Thal voll Palmen, wo die Packtiere stehen. Schneeberge in der Entfernung. Keine Instrumente, nichts was an die boutique de l'opticien erinnert. Das Ganze hat einen grossen und melancholischen Charakter, und der Kopf ist wie aus dem Spiegel gestohlen. Dies Geschenk von mir, gute Li, ist für dich; aber sollte ein solches Bild nicht auch auf andere Weise dem Künstler nützlich sein können? Sollte es nicht einst in dem beruhigten Deutschland Menschen geben, die, ich sage nicht Copien des grossen Bildes, doch aber den blossen Kopf haben wollten? Du ahndest solch ein Nebenzweck und beschäftigst dich gewiss mit dieser wohlthätigen Idee. Je mehr der öffentliche Jammer zunimmt, desto industrieuser wird man in den Mitteln, andern nützlich zu sein.

Paris, den 24. August 1813
Meine theure innigst geliebte Li!... Ich bereite Dir ein Geschenk, meine Liebe, das Dir gewiss Freude machen wird, mein Bild in Lebensgrösse, vom Scheitel bis zur Sohle, unaussprechlich ähnlich und im edelsten, einfachsten Style, von einem Deutschen Karl von Steuben, unter Gérard's Augen gemalt. Es ist noch fern von der Vollendung. Er ist derselbe Künstler, dessen grosses Talent die Wolzogen sehr schätzt, und der die Copie der belle ferronnière für Dich gemacht hat. Doch musst Du sein Talent nicht nach dieser Copie beurtheilen, sie ist über 4 Jahr alt und seitdem hat er grosse Fortschritte gemacht. Mein Bild ist 9 Fuss hoch und bleibt ein wahres Erbstück; ich werde älter und älter, und um sich noch zwischen Schneebergen malen zu lassen, mußte ich nicht länger warten. Ich zeichne und male mit diesem jungen Steuben seit 14 Monaten täglich und dies ist meine liebste Beschäftigung.[4]

Caroline war nicht allzu begeistert von Alexanders plötzlicher Beschäftigung mit der Kunst, und sogar Wilhelm hatte seine Zweifel an Humboldts „unseliger Neigung für französische Kunst, besonders der von Gérard". Aber 1814 schrieb Wilhelm seiner Frau aus Paris in etwas milderem Ton:

Alexander verspricht sein Bild en pied mit Attributen des halben Erdkreis. Darauf freue ich mich wirklich. Sei es auch nur von Steuben, der doch ein Mensch von Talent scheint, so wird es immer Alexandern einigermassen darstellen, und wir lieben ihn doch sehr und haben sein Bild immer gern... Mit seinen Finanzen scheint es schlimm auszusehen.[5]

Durch die Veröffentlichung seiner umfangreichen *Amerikanischen Reise* aus eigenen Mitteln war Alexander in finanzielle Schwierigkeiten geraten. Wilhelm und Caroline erhielten das Porträt allerdings erst sieben Jahre später. Alexander schrieb an seinen Bruder:

Paris, den 1. April 1820
Da ich etwas Geld verdient habe, lasse ich zur Zeit mein grosses, ganzfiguriges Bildnis für Dich vollenden. Es wird wohl in einem Monat abgehen und ich hoffe, dass Euch dieses kleine Geschenk erfreut. Das Bildnis stellt mich im Jahre 1803 dar, mein Äusseres entspricht dem jener Zeit. Inzwischen beginnt der Schnee aus dem Hintergrund des Bildes auch den Vordergrund zu bedecken. Um es etwas direkter zu sagen: ich werde grau-, ja weisshaarig.

Paris, den 24. August 1821
Endlich ist mein Porträt auf dem Weg nach Berlin. Ich hatte mich geschämt, es Dir zu gestehen. Es ist erst am 1. oder 4. August abgegangen, und zwar aus folgendem Grund: Steuben wollte die Hände auf dem Bild ändern. Drei Monate lang hat er es hinausgezögert, dann endlich hat er es gemacht. Ich konnte Dir nicht im voraus einen so nichtigen

Grund anführen. Du wirst mir deswegen sicher nicht böse sein. Das Werk wurde hier als sehr schön empfunden, besonders vom Aufbau her. Ich denke, dass das Bild mich so darstellt, wie ich 1802 angesichts des Chimborazo wirklich war.[4]

Inzwischen schrieb Wilhelm, der Alexanders Schwierigkeiten und Umstände kannte, an Caroline von ihrem schlesischen Landsitz:

Ottmachau, 9. August 1820
Alexander schreibt mir, dass nun endlich sein von Steuben seit Jahren gemaltes Bild abgehen wird. Er entschuldigt sich sehr, dass er den Rahmen und den Transport mich bezahlen lassen werde. Er versichert aber, dass er sehr arm ist. Das glaube ich nun wirklich, und da ich eben auf dem donjon sitze und weit herum auf mein Reich sehe, so finde ich ganz natürlich, daß ich bezahle. Ich denke, wir hängen das Bild in Tegel auf, wo einmal alle Familienbilder sind.[6]

Bis 1945 hing das Gemälde im Speisesaal in Tegel. Kurz vor Ende des Zweiten Weltkrieges verbrannte es während der Auslagerung auf Schloß Sophienhof.

*

Das Humboldtporträt wurde 1824 zum ersten Mal in der Berliner Akademie ausgestellt und in dem Katalog verzeichnet (Nr. 249). Obwohl Steuben naturalisierter Franzose war, wurde sein Werk dennoch in die Jahrhundertausstellung deutscher Gemälde in Berlin 1906 aufgenommen. Die Porträtbeschreibung in Hugo von Tschudis Katalog ist eine wichtige, wenn nicht sogar die einzige Quelle für eine Formalanalyse, da keine Farbreproduktion zu existieren scheint.

1724. Alexander von Humboldt in ganzer Figur. Rosa Fleisch mit bläulichen Schatten, deren Ton von dem bläulichschwarzen Haar herrührt. Gelbe, braungestreifte Weste. Brauner Rock, olivgrüne Hosen, hellbraune Stulpen an den Stiefeln. Der schwarze Mantel mit kirschrotem Futter. Graue Wolken, grauweisse Schneeberge vor schwachblauem Himmel. Die Landschaft des Vordergrundes in einem gelblich belichteten Blattgrün, fast ohne Lokaltöne, so dass selbst die Steine im Vordergrund im selben Grün gehalten sind, – Bez. unten rechts schwarz: Ch. Steuben 1812.[7]

Die Briefe der Brüder Humboldt geben uns einige Auskünfte und einen Einblick in ihre unterschiedlichen Ansichten: Alexanders Begeisterung für den Künstler und sein Werk, andererseits Wilhelms eher kritische Zurückhaltung. So schrieb dieser an seine Frau:

Paris, 28. April 1814
Alexander hat mich heute in die Werkstatt des jungen Steuben geführt, bei dem er sich hat für uns malen lassen. Er ist wirklich ein sehr hübscher und liebenswürdiger Mensch,

Karl von Steuben, 1812
Öl auf Leinwand, 220 x 146 cm
Signiert rechts unten CH. Steuben 1812

spricht aber so gut wie kein Deutsch. Er ist sehr früh nach Frankreich gekommen. Alexanders Bild ist gewiss von recht viel Verdienst ... Die Ähnlichkeit hat mir auf den ersten Anblick nicht frappant geschienen, sie ist es auch nicht, wenn man das Bild zu nahe ansieht. Aber in einer gewissen Entfernung findet man den Geist und den Charakter der Physiognomie noch mehr als gerade pünktlich die Züge wieder. Wäre es möglich gewesen, damit noch eine mehr in die Augen fallende Ähnlichkeit zu verbinden, so würde eine solche Art, Porträts zu behandeln, sehr lobenswürdig sein.
Ich kann aber übrigens nicht sagen, dass, nach Alexanders Porträt zu urteilen, Steuben gerade französische Manier hat. Die Stellung und Behandlung ist viel natürlicher als in Gérards Bildern und das Kolorit bei weitem lebendiger und besser.[6]

Nach Tschudis Beschreibung zu urteilen, muß Humboldts Porträt auf Grund seiner Farbgebung besonders ansprechend gewesen sein.

Doch entgegen Wilhelms Meinung ähnelt das Gemälde in Farbe und Aufbau durchaus Gérards berühmtem Porträt der *Belle Gabrielle,* einer polnischen Gräfin[8], die er 1803 in einem schwarzen Samtkleid mit tiefrotem Schal gemalt hatte. Steuben folgt Gérards Auffassung, eine einsame Figur in eine Landschaft zu stellen, gedankenvoll an einen Felsen gelehnt. Man findet hier alle Kompositionselemente, die Gérard benutzte, wieder: anstatt des Schals liegt ein Mantel über den Felsen drapiert. In beiden Bildern ist der Hut nachlässig auf den Boden geworfen. Als symbolische Gegenstände dort ein Musikinstrument, hier Papier und Feder. Die Landschaft auf beiden Bildern führt das Auge auf ein tiefes Tal in der Ferne und betont damit die romantische Idee der Weltentrücktheit des Einzelnen, fern aller prosaischen Dinge.

In der Ausführung der Landschaft folgte Steuben allerdings nicht dem Vorbild Gérards. Diese Palmen, Berge und eigenartigen Formationen von Basaltfelsen sind nämlich die getreuen Kopien Humboldts eigener Zeichnungen, die er an Ort und Stelle in Amerika gemacht und 1810-1813 in den monumentalen *Vues des Cordillères* veröffentlicht hatte. Statt einer Phantasielandschaft schuf Steuben eine Synthese verschiedener Humboldtscher Skizzen und führte damit die erste realistische und wissenschaftlich korrekte Darstellung südamerikanischer Landschaft in die europäische Porträtmalerei ein.

François Pascal Gérard (1770–1837)
Katarzyna Starzeńska-Pawlikowska, 1803
(La Belle Gabrielle)

---

1 Löwenberg, Julius, *Briefe Alexander von Humboldts an Frau von Wolzogen,* in Vossische Zeitung Nr. 42, v. 16.–10, 1881
2 Pertz, Georg Heinrich, *Das Leben des Ministers Freiherrn vom Stein,* 7 Bde., Berlin, 1849–1855
3 Bruhns, Karl, *Alexander von Humboldt,* Leipzig, 1872, Bd. 2
4 *Briefe Alexander's von Humboldt an seinen Bruder Wilhelm,* Stuttgart 1880
5 Sydow, Anna von, *Wilhelm und Caroline von Humboldt in ihren Briefen,* Berlin 1910, Bd. 4
6 Sydow, Anna von, *op. cit.* Berlin 1916, Bd. 7
7 Tschudi, Hugo von, *Ausstellung deutscher Kunst aus der Zeit von 1775–1875 in der Königlichen Nationalgalerie, Berlin,* München 1906.
8 Piskor, Alexander, *Siedem Ekscelencji i Jedna Dama,* Warszawa 1959, 3. Auflage

Selbstbildnis

Von allen Gebieten, mit denen Alexander von Humboldt sich befaßte, ist der Bereich der Kunst und der Einfluß, den er auf die Kunst zweier Kontinente ausübte, am wenigsten bekannt. Nur gelegentlich wurde sein Interesse für die Kunst erwähnt; dabei zeigte sich dieses schon in seiner Kindheit und nahm im Laufe seines Lebens verschiedene Formen an.

Den Familienbesitz in Tegel, wo die Mutter und strenge Hauslehrer herrschten, nannte Alexander „Schloß Langweil". Er fand seine Zuflucht in der Natur, indem er Blumen, Pflanzen und kleine Landschaften skizzierte. Seine Mutter hielt die Aquarelle ihres jüngsten Sohnes immerhin für gut genug, um sie in ihrem Schlafzimmer aufzuhängen, obwohl sie allen Berichten nach eine kalte, reservierte und teilnahmslose Frau gewesen sein soll. Da damals Kunst ein Teil der Ausbildung junger Adeliger war, studierte Alexander bei Daniel Chodowiecki in Berlin; seine Amateurbilder wurden 1786 bis 1788 in der Akademie ausgestellt und in den Katalogen erwähnt. Noch 1855 bemerkte er in einem französisch abgefaßten Brief an François Forster: „Ich habe bereits mit siebzehn Jahren Radierungen gemacht."[1]

Obwohl seine Kupferstiche und Radierungen nach Werken von Raphael und Rembrandt als Kunstwerke nicht viel gelten, war diese Art von Übung unter einem berühmten Meister sehr wertvoll für Humboldts spätere Naturstudien. Chodowiecki hatte ein scharfes Auge für das kleinste Detail und verlangte von seinen Schülern äußerste Sorgfalt in der Ausführung. Humboldts Zeichentalent sollte sich auf seiner Amerikareise bestens bewähren.

Seine Skizzen, die 1804 in Paris und 1806 in Berlin ausgestellt wurden, sind leider fast alle verlorengegangen. Ebensowenig hat sich sein Selbstbildnis, in schwarzer Kreide 1814 in Paris gezeichnet, erhalten. In François Gérard fand Humboldt einen engen Freund, in dessen Atelier er zusammen mit Steuben und Mlle Godefroid tüchtig arbeitete. „Ich zeichne und male mit diesem jungen Steuben seit vierzehn Monaten täglich; und dies ist meine liebste Beschäftigung",[2] schrieb Humboldt am 24. August 1813 an seine Schwägerin Caroline, der jedoch Humboldts lebhaftes Interesse für die Kunst nicht sonderlich gefiel. Auch sein Bruder Wilhelm beschwerte sich, daß „Alexander unglückliche Vorurteile für alles Französische in der Kunst, namentlich für Gérard" habe (14. Juni 1814).[3]

Bereits vor seinem Selbstbildnis hatte Humboldt ein Porträt des Botanikers Carl Sigismund Kunth gezeichnet. Dieser war ein Neffe von G. J. C. Kunth, dem Hauslehrer der beiden Brüder Humboldt, und – wie Alexander – Schüler von Willdenow. Schon während seiner Studien in Berlin wurde Kunth von Humboldt sehr gefördert und später nach Paris eingeladen. Sein Porträt – ebenfalls verschollen – ist in Thieme-Beckers *Allgemeines Künstlerlexikon* erwähnt und auch durch ein amüsantes Briefchen an Mlle Godefroid von 1812 dokumentiert: „. . . ich begann ein neues Bildnis meines jungen Botanikers . . . Ihr dreiundvierzigjähriger Schüler, H."[4] Sein Selbstbildnis mit eigenhändiger Inschrift „Alexander von Humboldt von mir selbst vor dem Spiegel. Paris 1814" sollte zu den besten Bildern, die es von ihm gibt, gehören. Er war auch sehr stolz auf sein Werk, nach dem Bericht von Johann Nepomuk Ringseis, den Jakob Grimm 1815 Humboldt in Paris vorstellte:

„Beim Eintreten ins Vorzimmer fiel der Blick sogleich auf ein angelehntes lebensgroßes Brustbild des Inwohners. „Wie finden Sie mein Porträt?", war seine erste Frage, als wir eintraten. „Ähnlich", erwiderte ich. Und er: „Ich habe es selber gemalt."[5]

Viele Jahre später wies Humboldt in einem Brief vom 9. Juni 1843 an Joseph Stieler bescheiden auf sein Selbstbildnis hin:

„Ich bitte, verehrter Herr Professor, daß Sie mit Nachsicht ein kleines Bild von mir betrachten, das ich vor vollen 30 Jahren, vor dem Spiegel, gezeichnet habe. Es gehört einem meiner Freunde, dem berühmten Botaniker, Gartendirektor Kunth in Berlin. Es ist kältlich und kleinlich, ward aber damals für ähnlich gehalten."[6]

1850 schrieb Humboldt, erschüttert über den Tod seines Freundes:

„Professor Kunth, einer der größten Botaniker unter den jetzt Lebenden, dem ich durch die Herausgabe meiner Pflanzen in 10–12 Bänden so viel verdanke, mit dem ich 36 Jahre lang, erst in Paris, dann hier, in der innigsten, selbst häuslichen Freundschaft gelebt, starb diesen Morgen."[7]

Es ist möglich, daß das Bildnis nach dem tragischen Tod von Kunth nach Tegel kam und dort während des Zweiten Weltkrieges verlorenging.

Offenbar gab es noch ein anderes Selbstporträt Humboldts, das Karl von Steuben besaß. Der Sohn, Alexander von Steuben, dessen Pate Humboldt war, erwähnte es nach seines Vaters Hinscheiden. In Beantwortung von Humboldts Beileidsbrief schrieb er am 2. Februar 1856 aus Paris:

„Sie fragen, Monsieur le Baron, ob es möglich sei, Ihnen das von Ihnen gezeichnete Porträt, das bei meinem Vater geblieben war, zu übersenden . . . Mein Vater sammelte alle Stiche und Zeichnungen, die er interessant fand, und wenn er das Porträt hatte, das Sie jetzt zu haben wünschen, wird sich dieses bestimmt in seiner Sammlung finden."[8]

Das lithographierte Selbstporträt, von Lemercier in Paris gedruckt, ist sehr schlecht, wenn man es mit einer Reproduktion der Originalzeichnung von Tegel vergleicht; Nase

Selbstbildnis A. v. H.
Signiert *AlexvH. von mir selbst
im Spiegel Paris 1814*
Photographie,
A. v. H.-Sammlung
Hanno Beck, Bonn

und Mund sind zu klein und in zu großem Abstand voneinander, das Ohr formlos, die rechte Augenbraue zu gerade. Der Stich von Krausse jedoch, der 1872 in Humboldts Biographie von Karl Bruhns erschien, ist sehr gelungen.

Das Selbstporträt scheint der Höhepunkt und zugleich das Ende von Humboldts künstlerischem Schaffen zu sein. Sein Interesse an der Kunst und für die Künstler gab er jedoch niemals auf.

Humboldt war viel mehr als nur der erfolgreichste Förderer und Beschützer von Künstlern und künstlerischen Institutionen. Während seines langen Lebens bewahrte er immer eine unmittelbare Verbindung zur Kunst selbst, in seinen Veröffentlichungen wie in seinen theoretischen Schriften.

Humboldts *Ansichten der Natur* wurden in Berlin im Winter 1806/07 während der napoleonischen Kriege geschrieben. In diesem Werk bringt er viele Gedanken zum Ausdruck, die später im *Kosmos* weiterentwickelt wurden. Sein Aufsatz über die Landschaftsmalerei im zweiten Band des *Kosmos* wird oft zitiert, andererseits ist dieser aber auch eine Art Streitobjekt geworden. Humboldt stand in offenem Widerspruch zu der zeitgenössischen Naturphilosophie, die die Natur *a priori* rein intuitiv sah, fern aller wissenschaftlichen Erforschung. Wie Goethe betrachtete Alexander von Humboldt die Natur wissenschaftlich und ästhetisch zugleich. Beide sahen die Natur als Kunstwerk an. In dem Aufsatz über die Landschaftsmalerei forderte Humboldt „Verkehr mit der freien Natur":

Bei dem immer mehr erkannten und sorgsamer beobachteten Reichtum der Natur konnte das Kunstgefühl sich über eine größere Mannigfaltigkeit von Gegenständen verbreiten; auch vermehrte sich zugleich die Vollkommenheit der technischen Darstellungsmittel. Beziehungen auf die Stimmung des Gemüths wurden inniger, und durch sie erhöhte sich der zarte und milde Ausdruck des Naturschönen, wie der Glaube an die Macht, mit welcher die Sinnenwelt uns anregen kann. Wenn diese Annregung, dem erhabenen Zwecke aller Kunst gemäß, die wirklichen Gegenstände in ein Object der Phantasie verwandelt, sie harmonisch in unserm Inneren den Eindruck der Ruhe erzeugt, so ist der Genuß nicht ohne Rührung; sie ergreift das Herz, so oft wir in die Tiefen der Natur oder der Menschheit blicken...

Alles, was sich auf den Ausdruck der Leidenschaften, auf die Schönheit menschlicher Form bezieht, hat in der temperirten nördlichen Zone, unter dem griechischen und hesperischen Himmel, seine höchste Vollendung erreichten können; aus den Tiefen seines Gemüths wie aus der sinnlichen Anschauung des eigenen Geschlechts ruft, schöpferisch frei und nachbildend zugleich, der Künstler die Typen historischer Darstellungen hervor.

Die Landschaftsmalerei, welche eben so wenig bloß nachahmend ist... hat ein mehr irdisches Treiben. Sie bedarf einer großen Masse und Mannigfaltigkeit unmittelbar sinnlicher Anschauung, die das Gemüth in sich aufnehmen und durch eigene Kraft befruchtet, den Sinnen wie ein freies Kunstwerk wiedergeben soll. Der große Stil der heroischen Landschaft ist das Ergebniss einer tiefen Naturauffassung und jenes inneren geistigen Processes.[9]

Humboldts Skizzen und wissenschaftlich genau beschreibenden Werke entdeckten den Reichtum und die Schönheit der exotischen Natur und fanden Widerhall auf beiden Seiten des Atlantiks. Seine Schriften, die die künstlerische Intuition in der Wissenschaft und wissenschaftliche Klarheit in der Kunst betonten, inspirierten einen der begabtesten amerikanischen Landschaftsmaler, Frederic Edwin Church. Während dessen Lehrer, Thomas Cole, der Begründer der Hudson River School, eine moralische Interpretation der Natur befürwortete, betrachtete Church, der Humboldts *Ansichten der Natur* und den *Kosmos* gelesen hatte, die Natur selbst als das erhabenste Thema. Humboldt regte ihn an, Künstler und Reiseforscher zu werden. 1855 ging er nach Ecuador und lebte in Quito in demselben Haus, das Humboldt ein halbes Jahrhundert vor ihm bewohnt hatte. Dort entwarf Church zahllose Skizzen, die er später in großen Kompositionen benützte. Stets auf der Suche nach „Vistas" der ehrfurchtgebietenden Natur, malte er die Niagara-Wasserfälle und Labrador und reiste aus dem Norden zweimal in die Tropen. Seine Landschaftspanoramen breiten sich mit flackernden Lichteffekten aus, die die Illusion grenzenlosen Raumes erwecken. Drei von Churchs Gemälden (*Cotopaxi*, *Chimborazo* und *Aurora Borealis*), die in London ausgestellt wurden, erhielten eine lange und sehr begeisterte Besprechung in der Kunstschrift *Art Journal* (September 1865). Der Verfasser dieser Kritik, W. P. Bayley, erwähnte Humboldts wissenschaftliche Philosophie, auf die sich eine derartige Landschaftsmalerei gründete:

Mr. Churchs Malerei ist von großartiger Neuheit... Jedes Bild formt eine vollständige Gruppe erhabener Landschaftsszenen, die exotisch wirken und nicht nur unsere Kenntnisse erweitern, sondern die Phantasie auch wunderbar anregen... Hier endlich ist der Künstler, auf den Humboldt gewartet hat...

Ein solcher Künstler sollte der Kunst und unserem Wissen ein ganz neues Reich der Natur hinzufügen.[10]

Humboldts größter und dauerhaftester Beitrag zur Kunstanschauung war seine Einführung in die präkolumbianische Archäologie. Seine Skizzen veranschaulichten nicht nur die exotische Landschaft, Flora und Fauna des tropischen Regenwaldes, sondern auch die Kordilleren und die Denkmäler der amerikanischen Hochkulturen. Als erster wies er auf die Bedeutung der vergangenen Kulturen und Zivilisationen hin, wenn er an Ort und Stelle die Monumente der Eingeborenen sorgfältig skizzierte.

Obwohl von Winckelmanns Theorie der klassisch-griechischen Überlegenheit in künstlerischer und intellektueller Hinsicht geprägt, verachtete Humboldt die Altertümer der Inkas und Azteken nicht, wie sehr sie sich auch vom klassischen Schönheitskanon unterschieden. Diese Denkmäler erschienen ihm für vergleichende Studien der Kunst und menschlichen Kulturentwicklung als ebenso wichtige Quellen wie die der Ägypter, der Griechen oder die des Orients. Die südamerikanischen monumentalen Kunstwerke fügten sich völlig in ihre natürliche Umgebung ein und bestätigten nur Humboldts Theorie der Einheit von Natur, Mensch und Werk. Ihre Verschiedenheit bedeutete für Humboldt einen Vorteil in dem Mosaik der mannigfaltigen menschlichen Kulturen. So schrieb er an Bertuch über das Werk *Mercurio peruano:*

In einer gewissen gelehrten Zeitung las man über diese Schrift, sehr abentheuerlich: „die Aufsätze hätten etwas Fremdes, man möchte sagen, Uneuropäisches." Welch ein Vorwurf! – Europäisch ist freilich in Lima nichts.[11]

Humboldts Werk *Vues des Cordillères, et monumens des peuples de l'Amérique,* das schon 1814 auch in englischer Übersetzung in London erschien, erweckte die Erforschung der Überreste altamerikanischer Zivilisationen.
Humboldts Schriften regten in Amerika John Lloyd Stephens an, die alten Maya-Tempel in Yucatan zu erforschen und veranlaßten William H. Prescott, *The History of the Conquest of Mexico* (1843) und *The History of the Conquest of Peru* (1847) zu schreiben. Der Verfasser übersandte Humboldt ein Exemplar seines Buches mit einem Brief vom 23. Dezember 1843:

Ich habe einen halben Band der aztekischen Zivilisation gewidmet; und da mich in diesem Dunkel das Licht Ihrer Forschungen so oft geleitet hat, fühle ich mich besonders in Ihrer Schuld und wünsche sehr, daß die Art und Weise meiner eigenen Forschungen Ihren Beifall finden möge...

Ich habe eine große Sammlung von unveröffentlichten Originaldokumenten über die Eroberung von Peru, mit deren Bearbeitung ich unverzüglich beginnen werde. Doch schon zu Beginn fehlt mir Ihre freundlich leitende Hand. Denn obwohl Ihr großartiges Werk, der Atlas pittoresque, so vieles erhellt, andererseits Ihre Voyage aux régions équinoxiales Peru nicht einschließt, muß ich meinen Weg allein ertasten, ohne diese Meisterhand, die mich so sicher durch die Nouvelle Espagne geführt hat."[12]

In seinem Werk über Peru erwähnte Prescott auch Humboldts Zeichnungen in *Vues des Cordillères,* worin er sich als „ebenso großer Maler wie Philosoph ausweist".
Das systematische Studium der Überreste altamerikanischer Kulturen, das Humboldt angeregt hatte, wurde weitergeführt und fand seinen Höhepunkt um die Jahrhundertwende in der starken Anerkennung sogenannter „primitiver Kunst". Afrikanische und präkolumbianische Skulpturen, Textilien und Keramik wurden in europäischen Museen ausgestellt. Sie weckten das lebhafte Interesse vieler Künstler, riefen grundsätzliche Wandlungen hervor und trugen zur Entwicklung moderner Kunst unserer Zeit bei. Heute nimmt man es als selbstverständlich hin, daß diese uralten Kunstwerke vergessener, vernichteter Zivilisationen in unseren Museen neben den großen Meistern der Moderne – Picasso, Brancusi oder den deutschen Expressionisten – stehen. Die Kluft, die Jahrhunderte, Kulturen und Kontinente trennte, wurde im Sinne von Humboldts Einheit des Kosmos in einem vollkommenen Kreis geschlossen.

Lemercier, nach Humboldts gezeichnetem Selbstbildnis Lithographie

---

1 Landesarchiv Berlin, Brief an François Forster, Potsdam, 4. 1. 1855
2 *Briefe Alexander's von Humboldt an seinen Bruder Wilhelm,* Stuttgart 1880, ü. HN
3 Anna von Sydow, *Wilhelm und Karoline von Humboldt in ihren Briefen,* Berlin 1910
4 *Correspondance de François Gérard*... Paris 1867, ü. HN
5 Lange, Fritz G., *Bildnisse Alexander von Humboldts,* Gedenkschrift... Berlin 1959,
6 Ruhmer, Eberhard, *Zu den Bildnissen Alexanders von Humboldt* in *Die Kunst,* 1959, 10
7 *Briefwechsel und Gespräche Alexander von Humboldt's mit einem jungen Freunde.* Aus den Jahren 1848–1856, Berlin 1861; auch in *Alexander von Humboldt und das Preußische Königshaus,* Leipzig 1928
8 Staatsbibliothek Preußischer Kulturbesitz, Berlin (West), ü. AA/HN
9 Humboldt, Alexander von, *Kosmos,* Stuttgart und Tübingen 1847, Bd. 2
10 *Art Journal,* London, September 1865
11 *Allgemeine Geographische Ephemeriden.* Weimar 1807
12 *Briefe von Alexander von Humboldt an Varnhagen von Ense...,* Leipzig 1860, ü. HN

Bruhns, Karl, *Alexander von Humboldt*... Leipzig 1972, II
Nelken, Halina, *Humboldt and Art* in *Humboldtiana at Harvard,* Cambridge, Massachusetts, 1976
Beck, Hanno, *Alexander von Humboldt,* Wiesbaden 1961, II
Holzapfel, Bettina / Balmer, Heinz, *Antlitze Großer Schöpfer,* Basel 1961
Thieme-Becker, *Allgemeines Lexikon*... Bd. 17
Prescott, William, *The Conquest of Peru,* Boston 1847

Dominique Vivant Denon (1747–1825)

Denon war vielseitig begabt wie die meisten Intellektuellen der Aufklärungszeit. Er gehörte zu denen, die alle politischen und sozialen Änderungen überleben und immer glücklich und mit der Welt zufrieden wieder auftauchen. Unter Ludwig XV. verwaltete er die Königliche Gemmensammlung und 1814, unter Napoleon, wurde er Generaldirektor aller Museen. Diplomat seit 1772, kam er nach Rußland, dann in die Schweiz und nach Italien. Er bezauberte Madame de Pompadour, Katharina die Große und Josephine de Beauharnais, die ihn Napoleon als Illustrator für die ägyptische Expedition empfahl. Denons zahlreiche Zeichnungen der pharaonischen Kunstwerke wurden eine unschätzbare Quelle der frühen Ägyptologie. 1787 wurde Denon als „Genrekünstler" Mitglied der Pariser Akademie. J. L. David erkannte sein Zeichentalent, und Denon radierte Davids Kostümskizzen und den *Serment du Jeu de Paume.* Graphik interessierte Denon besonders; die Technik der Lithographie hatte er bei Senefelder in München gelernt.

Humboldts Porträt, von zwei verschiedenen Künstlern nach Denons Original gefertigt, wirkt eigenartig. Man findet seine lächelnden Augen wieder, seine vollen Lippen, die hohe Stirn und die schwere Kinnlade. Jeder Zug ist klar erkennbar, und dennoch ist der Gesamteindruck anders als der aller gleichzeitig entstandenen Porträts. Humboldt sieht wohlgenährt aus, und auch sein Bruder schreibt an Caroline: „Alexander ist stärker geworden und sieht sehr gesund aus. Er scheint mehr Ruhe gewonnen zu haben und ist doch gleich amüsant." (Paris, 18. April 1814).[1]

Denon und Humboldt hatten die gleichen künstlerischen und wissenschaftlichen Interessen. Sie verkehrten in denselben Kreisen. Die Freundschaft war nicht nur für Denon von Vorteil, sondern wirkte sich auch günstig für die Pariser Museen aus, als es darum ging, die von Napoleon auf seinen Feldzügen erbeuteten Kunstwerke zurückzugeben. So konnte der Louvre aufgrund von Humboldts Intervention bei Friedrich Wilhelm III. einige der dort inzwischen eingebauten Säulen, die Napoleon seinerzeit aus dem Aachener Dom nach Paris verbracht hatte, behalten. (Einunddreißig Säulen wurden zurückgeschickt.)

Der Dank für Humboldts Vermittlung in der französischen Presse trug ihm bittere Anklagen seiner Landsleute ein, die ihm fast Landesverrat vorwarfen. Humboldt war tief verletzt, besonders durch seinen deutschen Kollegen, den Physiker J. F. Benzenberg, der in einer deutschen Zeitung anonym einen hinterhältigen Angriff auf ihn veröffentlichte. Humboldt schätzte zwar Benzenberg als Wissenschaftler auch weiterhin, vergaß ihm aber den Angriff nicht, wie aus einem zwanzig Jahre später an ihn französisch geschriebenen Brief hervorgeht:

Anonym
Lithographie auf China, 17,8 x 15 cm, auf dem Stein beschriftet:
Dv. Del: LP. Bas: Scul: A. Humboldt
Bibliothèque Nationale, Paris

. . . Es war nicht nötig, an Ihre früheren kosmologischen Beobachtungen zu erinnern um darzulegen, wieviel die Forschung Ihnen verdankt . . . Leider kann ich Ihren schmeichelhaften Vorschlag, meinen Namen Ihrem Werk voranzustellen, nicht annehmen, habe ich es mir doch vierzig Jahre lang zur festen Regel gemacht, meinen Namen für solche Werke zu reservieren, die ich selbst veröffentliche.[2]

---

1 Sydow, Anna v., *Wilhelm und Caroline von Humboldt in ihren Briefen,* Bd. II.
2 M. De la Roquette, *Correspondance inédite scientifique et littéraire.* Paris 1869, ü. HN/RM
Beck, Hanno, *Alexander von Humboldt,* Wiesbaden 1961, II

Emil Vernier (?–1884),
nach Dominique Vivant Denon
Lithographie auf China,
23,5 x 18 cm,
auf dem Stein signiert
E. Vernier

Inschrift: *Al. Humboldt,
Par son ami Denon, 1814;
Naturam amplecitur omnem.
Nach einer Zeichnung im Kabinett
von Herrn Walferdin*
Bibliothèque Nationale, Paris

Thomas Phillips (1770–1845)

Alexander von Humboldt und sein Bruder, der preußische Gesandte, begleiteten König Friedrich Wilhelm III. im Juni 1814 nach London. Thomas Phillips fertigte vermutlich dort die Zeichnung an, die später von Miss Dawson Turner gestochen wurde. Wegen der Inschrift auf der Platte wurde das Porträt irrtümlich als Werk des Joseph Mallord Turner angesehen.

Miss Harriet Gunn (1775–1858), Tochter des Antiquars Dawson Turner, von Nagler als „nur eine Dilettantin" bezeichnet, war eine geschickte graphische Künstlerin. Der leichte Zug ihrer Radierung gibt so recht den skizzenhaften Charakter des spontan gezeichneten Humboldtporträts wieder.

Dawson Turner (Miss Harriet Gunn, verzeichnet in Nagler XIX, 160, als „Mistress Dawson Turner"), nach Thomas Phillips
Stahlstich, 15,2 x 11,5 cm
Inschrift: *Alexander von Humboldt, Etched by M^s T. from an original sketch by T. Phillips Esq. R. A. 1815*
Gray Herbarium Library, Harvard University, Cambridge, USA

Christian Daniel Rauch (1777–1857)

Rauchs Talent formte sich an den Werken von Gottfried Schadow, Bertel Thorvaldsen und an der Antike in Italien. Wilhelm von Humboldt, der preußische Ministerresident am Vatikan, lebte seit 1802 in Rom, wo er und seine Frau Caroline lebhafte Beziehungen zu Fürsten und Staatsmännern, zu Gelehrten, Dichtern und vor allem zu aufstrebenden jungen deutschen Künstlern unterhielten. Dort hatte Rauch Alexander von Humboldt 1805 kennengelernt. Der junge Bildhauer, der Wilhelm von Humboldt seine ersten wichtigen Aufträge verdankte und für den er bei der Ausstattung von Schloß Tegel arbeitete, war mit der Familie in einer Lebensfreundschaft verbunden, die mit Alexander besonders herzlich war. Wenn auch dessen finanzielle Lage in Paris großzügige Gesten schon nicht mehr erlaubte, hatte er doch in seiner taktvollen Weise Rauch in Berlin zu helfen versucht:

Verzeihen Sie es meiner Armuth, wenn ich in den jetzigen Zeiten es wage, Ihnen eine Summe zu überreichen, die ich mich in jeder andern Zeit Ihnen anzubieten schämen würde. So klein sie auch ist – 10 Louisdors –, so erkennen Sie mein Theurer, darin den guten Willen eines Freundes, der Ihren liebenswürdigen Charakter, Ihre ausgezeichneten Talente und Ihre edle Liebe zur Kunst zu schätzen weiß und der in ähnlichen Lagen, wenn ihm das Schicksal sein kann, gern von Ihnen ähnliche kleine Dienste annehmen würde.[1]

Caroline, immer um das Geld besorgt, schrieb an Wilhelm aus Rom 1808:

Ich habe noch einen Brief von Alexander bekommen, sehr komisch. Er schreibt, er lebt bloß von seiner Hände Fleiß; bloß von Tinte und von dieser Tinte schickt er einen Wechsel von 500 Franken, die dem armen Rauch wohl sehr zu statten kommen. Wie steht es denn mit Alexanders Pension in Berlin, bekommt er gar nichts mehr?[2]

Rauch, einer der bekanntesten Bildhauer seiner Zeit, verdankte den Ruhm seinen Monumentalskulpturen; seine besten Arbeiten waren jedoch die Bildnisschöpfungen. Alexander von Humboldts Büste ist ein Werk seines frühen klassizistischen Stils, den man als „zeichnerisch" bezeichnet. Rauch modellierte sie während Humboldts kurzem Aufenthalt in Berlin am 20. Februar 1823. Ein Jahr später wurde sie in der Berliner Akademie ausgestellt und im Katalog aufgeführt (No. 341).

Den Quellen nach sah Alexander immer viel jünger aus, als er in Wirklichkeit war; darüber hinaus erscheint die Büste, die Rauch von dem 54jährigen anfertigte, dem klassischen Schönheitsideal entsprechend ausgeführt.

Friedrich Eggers, der erste Biograph von Rauch, zitierte Herrn von Stein, dem Rauch einen Abguß geschenkt hatte und der in seinem Dankschreiben treffend findet, daß „die Naivität einer glücklichen Sinnlichkeit mit einem gebildeten Geist verbunden, sich gar heiter in diesem Bilde ausspricht."[3]

Ein Gipsmodell hatte Rauch nach Paris geschickt. Wahrscheinlich ist es dieses, das sich jetzt als Humboldts Geschenk im Archivsaal des *Institut de France* befindet. Erst 1833 wurde die Büste in Carrara-Marmor vollendet und in Tegel aufgestellt. Dieselbe Skulptur ist 1850 in Marmor wiederholt worden für die Akademie der Wissenschaften in Berlin, die mit einer besonderen Sitzung das fünfzigjährige Jubiläum der Ernennung Humboldts zu ihrem Mitglied feiern wollte. Humboldts Büste sollte im Sitzungssaal neben der von Leibniz aufgestellt werden. Gegen diese Auszeichnung wehrte sich Humboldt — dem man oft Eitelkeit vorgeworfen hat — mit aller Entschiedenheit in Briefen an die Akademie:

3. Mai 1850

Ihr Zartgefühl, teurer Freund, wird Ihnen schon gesagt haben, was mich heute betrübt. Leopold von Buch hat in seinem Enthusiasmus für mich vergessen, daß man im Geben auch den schonen muß, der empfangen soll. Der 14. September des letzten Jahres (Humboldts achtzigster Geburtstag) hat mich schon krank gemacht; und die Schreckensnachricht, die man mir heute mitteilt (Aufstellung der Büste!!), betrübt mich dermaßen, daß ich monatelang an aller Arbeit gehindert sein würde. Retten Sie mich, teurer Freund! Selbst Staatsmännern setzt man erst Büsten in den Conferenzzimmern nach ihrem Tode... Sie trauen mir Geist genug zu, um die klarste Idee von dem zu haben, was man ein wissenschaftliches Verdienst nennt.

3. Mai 1850

Eine Büste gesetzt in meinem Leben, dazu der Schreckensnachbar Leibniz!... Neben jeder Ehre ist auch Hohn... Lassen Sie mich doch still absterben.

4. Mai 1850

Die Büste eines an demselben Orte lebenden Gelehrten, von der Akademie decretirt, die seit mehr als einem Jahrhundert, währenddess Kant, Euler, Lagrange, Lessing, Bessel dahingestorben sind, nur die Büste des unsterblichen Entdeckers der Infinitesimalrechnung (nach seinem Tode aufgestellt) besitzt, kann einem 81jährigen, selbst dem Tode so nahen Manne nur Trauer und Beschämung erregen. Die tiefe und ehrerbietigste Dankbarkeit, die derselbe seinen Collegen schuldig ist, wird ihn nie abhalten, die Individualität seiner Gefühle, von der seine innere Ruhe und seine Arbeitslust abhangen, zu verteidigen und zu schützen.[4]

Es gelang Humboldt, die Akademie zu überzeugen, und in der Tat hat man ihn nur durch eine Deputation und ein Festmahl am 4. August 1850 in Potsdam geehrt. Erst nach seinem Tode fand am 7. Juli 1859 eine öffentliche Sitzung statt, auf der August Böckh, der Sekretär der Akademie der Wissenschaften, folgendes sagte:

Indem wir nun von Humboldts Brustbild in der Nähe des Leibnizischen aufgestellt haben, dem kein anderes würdiger zur Seite steht, und zugleich damit das seines innigsten Freundes, des hochverdienten Leopold von Buch, der uns allen theuer war, ehren wir mehr uns als ihn...[5]

Einen Bronzeabguß der Büste hatte Ernst Rietschel 1855 angefertigt. Hundert Jahre später wurden von derselben Gußform weitere Abgüsse im Auftrag der Bundesrepublik Deutschland anläßlich des 200. Geburtstages von Alexander von Humboldt hergestellt. Einer davon wurde der Harvard University in Cambridge, Massachusetts, überreicht und steht jetzt in der Cabot Science Library. Ein anderer Abguß wurde 1970 der Stadt Cleveland, Ohio, geschenkt und dort in den Cultural Gardens aufgestellt.

---

1 Burg, Paul, *Christian Daniel Rauch und Alexander von Humboldt*, Berliner Hefte (7) 1947
2 Sydow, Anna v., *Wilhelm und Caroline von Humboldt in ihren Briefen*, Berlin 1907, III.
3 Eggers, Friedrich, *Christian Daniel Rauch*, Berlin 1873
4 Bruhns, Karl, *Alexander von Humboldt*, Leipzig 1872, II
5 *Blätter der Erinnerung* ... Berlin 1860
Eggers, Karl, *Rauch und Goethe*, in Urkundliche Mitteilungen, Berlin 1889.
Wächter und Anzeiger, Sonderausgabe, 13. Sept. 1970, Cleveland, Ohio.

Christian Daniel Rauch
Bronze, 1823
Godfrey Lowell Cabot
Science Library
Harvard University

François Forster (1790–1872)

Steuben malte einige weitere halbfigurige Bildnisse von Alexander von Humboldt, die in verschiedenen graphischen Techniken reproduziert wurden. Manchmal waren es auch Kopien von bereits vorhandenen Stichen. Der Kupferstich von François Forster wurde wahrscheinlich nach dem Bildnis von 1812 hergestellt, er ist jedoch nicht ein Ausschnitt aus dem bekannten ganzfigurigen Porträt des gleichen Jahres. Trotz gewisser Ähnlichkeiten sind z. B. die Locken im Stich wohl geordnet und nicht, wie auf dem Bild, vom Wind der Cordilleren zerzaust. Statt einer gelösten Haltung ist es im Stich eine steife Pose. Dieser Kupferstich wurde in der Berliner Akademie 1822 ausgestellt und im Katalog aufgeführt (No. 186). Nach Forsters Werk stellten Gustav Leybold (1794–?) in Wien einen Stahlstich und der holländische Künstler B. van Howe (1790–1880) 1821 eine hervorragende Lithographie her. Keiner von diesen Künstlern konnte sich jedoch mit Forster vergleichen, der in seinem Leben einen beachtlichen Erfolg errang.

Politische Umstände veranlaßten Forster, einen Franko-Schweizer von Geburt, im Jahre 1828 die französische Staatsbürgerschaft durch Naturalisierung wieder zu erwerben. Er war in Neuchâtel, das unter französischer Herrschaft stand, geboren. Er studierte in Paris in enger Verbindung mit den Künstlerkreisen um Gérard und Steuben, deren Gemälde er stach. 1814 erhielt er für seine hervorragende Graphik den begehrten Grand Prix, der ihm einen Aufenthalt in Rom erlaubte. Es war das Jahr von Napoleons Sturz. Forsters Heimat Neuchâtel fiel an Preußen zurück, und da er nun plötzlich wieder Deutscher war, ging ihm das französische Stipendium verloren. Trotzdem kam Forster nach Italien. Durch Humboldts Vermittlung hatte er das von Gérard gemalte Porträt seines neuen Königs, Friedrich Wilhelm III., stechen können, wofür er mit der Goldmedaille und einem Stipendium ausgezeichnet wurde.

Die lebenslange Freundschaft zwischen Humboldt und Forster schlug sich in der herzlichen, französisch geführten Korrespondenz der beiden nieder. Humboldt empfahl Forster junge Künstler mit der Bitte, ihnen „weisen, väterlichen" Rat zu geben. Er interessierte sich im übrigen lebhaft für Forsters Karriere. Anläßlich der Wahl Forsters in die Académie des Beaux-Arts schrieb Humboldt am 20. September 1844:

Ich bin beglückt, daß Ihnen endlich die Tore des Olymps geöffnet worden sind. Dies wird Ihren Ruhm in der Öffentlichkeit kaum vermehren können, aber es erhöht die Freuden des gesellschaftlichen Lebens.[1]

Zehn Jahre später wurde Forster Präsident der Académie des Beaux-Arts; auf den preußischen Orden *Pour le Mérite* für Wissenschaften und Künste mußte er allerdings länger

François Forster, nach Karl von Steuben
Stahlstich, 32 x 23 cm, 1817/18
Inschrift: *Steuben pinxt. Forster sculp. Alexander von Humboldt*
Bibliothèque Nationale, Paris

warten. Humboldts Bemühungen um Forster in dieser Angelegenheit zeigen sich in den nachfolgenden Briefauszügen:

Potsdam, 4. Januar 1855
... Männer ungleichen Talents, die die Berliner Akademie ausmachen, von der Sie ein Mitglied sind, haben das Verdienst Ihr bewundernswürdiges Talent anzuerkennen ...
Ich weiß, daß Ihre Ernennung in kurzer Zeit kommen wird ... Ich höre mit dem größten Vergnügen, daß Sie einen Aufsatz vorbereiten über Theorie und Praxis der edlen Kunst, der Sie so schöne Siege verdanken. Sie werden in dem Aufsatz Männer, die ihren Ruf nicht verdienen, an ihren Platz stellen und andere ebenfalls, die ungerechterweise vergessen worden sind. Ich werde das Buch lesen, wenn es gestattet ist, in einem so unglaublichen Alter im Futurum zu

ALEXANDER VON HUMBOLDT.

B. van Hove (tätig 1816, Paris)
Lithographie, 32,5 x 24 cm, nach François Forster
sign. *Auf Stein gezeichnet, Lithograph. v. van Hove.*
Inschrift: *Alexander von Humboldt,*
Bibliothèque Nationale, Paris

sprechen, sobald es gedruckt ist, und ich werde es mit derselben Freude lesen, die mir alles, was von Ihnen kommt, bereitet. Meine traurigen Umstände zwingen mich, fast 3000 Briefe mit der Hand zu schreiben (immer habe ich gehaßt, einen Sekretär zu halten) . . .
Gesundheitlich halte ich mich recht gut, vor allem wegen meiner meist nächtlichen Arbeit. Alle Bände, die seit 1827 erschienen sind, als der verstorbene König mich ins Land rief, sind zwischen 11 und 3 in der Nacht geschrieben worden. Ich stehe zwischen 7 und 8 Uhr auf . . .
*Ich schließe, mein exzellenter Forster, Ihnen stets wiederholend, wie gerührt ich von Ihrer treuen Freundschaft bin . . .*²

Berlin, 30. April 1897
*Ich glaube, mein lieber und berühmter Freund, daß Sie nicht einen Moment im Zweifel sein sollten, daß Sie der Nachfolger von Bn. Desnoyers als Träger des Roten Adler-Ordens für Künste und Wissenschaften sein werden, von denen es in ganz Europa nur dreißig Ritter außerhalb Deutschlands gibt, und unter denen nur zehn Künstler . . . Des Königs Ernennungen und die Veröffentlichung in den offiziellen Zeitungen wird am 31. Mai stattfinden. Ich kann Ihnen nicht sagen, wie glücklich ich bin, zu leben und die Erfüllung eines lang genährten Wunsches zu sehen. Nicht allein wegen Ihres allgemein anerkannten großen Talents, sondern auch für Ihren unabhängigen, moralischen Charakter. Bitte, hochgerühmter Herr Kollege, nehmen Sie meinen Respekt und meine liebevolle Ergebenheit, die nun schon mehr als 45 Jahre dauert, entgegen . . .*¹

Das positive Ergebnis der offiziellen Wahl, die zwei Wochen später stattfand, wurde Forster von Humboldt sofort mitgeteilt. In seinem Brief erwähnte er auch die „traurige Affäre von Neuchâtel". Im gleichen Jahr 1857 wurde der Kanton Neuchâtel an die Schweiz zurückgegeben. Wichtige Ereignisse in Forsters Leben fielen eigenartigerweise mit politischen Veränderungen in seiner Heimat zusammen. Wäre Forster nicht französischer Staatsbürger gewesen, hätte er wahrscheinlich den Orden viel früher bekommen. Die höchste Auszeichnung Forsters aber, die französische Ehrenlegion, die ihm 1863 verliehen wurde, erlebte Humboldt nicht mehr.

Ambroise Tardieu
Stahlstich, 19 x 12 cm, oval
Sign. *Dessiné d'après Nature à Paris en 1823*
Inschrift: *F.ᴵᶜ H.ⁱ ALEX.ᵈᵉʳ B.ᵒⁿ DE HUMBOLDT (Polygraphe), Associé étranger de l'Académie des Sciences, Né à Berlin le 14 Septembre 1769.*
Bibliothèque Nationale, Paris

---

1 *Alexander von Humboldt, The Free Progress of Intelligence.* Caracas 1974
2 Landesarchiv Berlin, Arch.-Zug. 623, Nr. 14, ü. HN/RM
Winkler, Arnim R., *Die Frühzeit der deutschen Lithographie.* Katalog der Bilddrucke von 1796–1821, No. 357, München, o. D.
Naef, Hans, *Schweizer Künstler in Bildnissen von Ingres,* Zürich 1963

Ambroise Tardieu (1788–1841) nach Karl von Steuben
Stahlstich, 22 x 14 cm, oval
Sign. *Dessiné d'après le Portrait original de Steuben et Gravé par Ambroise Tardieu.*
Inschrift: *Fic. Hi. ALEXANDER B^{on} DE HUMBOLDT (Polygraphe)*
Deutsche Staatsbibliothek, Berlin (Ost)

Ambroise Tardieu (1788–1841)

Im Jahre 1821 veröffentlichte das Institut Royal de France ein Porträt Humboldts, der am 14.5.1810 zum „associé étranger" der *Académie des Sciences* gewählt worden war. Die Lithographie von Jules Boilly (1796–1874) aus dem gleichen Jahr ähnelt dem Bildnis von D. V. Denon aus dem Jahre 1814, dessen Zeichnung auch diesmal als Vorlage gedient haben könnte. 1823 fertigte Ambroise Tardieu nach Boillys Lithographie einen Stich mit kleinen Änderungen, jedoch mit demselben atmosphärischen Hintergrund, den er in seinem früheren, nach Steuben gefertigten Humboldtporträt verwendet hat. In Tardieus meisterhaftem Stich sind der scharfe Blick und die feinen Fältchen erhalten geblieben, die dem Antlitz Humboldts in reifem Alter eine ausdrucksvolle Mischung von Empfindsamkeit und Kühnheit verliehen. Schon im Oktober 1811 äußerte sich Caroline von Humboldt dem Philologen F. G. Welcker gegenüber zu diesem Erscheinungsbild:

Alexander ist immer derselbe. Man kann ihn nicht beschreiben. Er ist ein solches Composé von Liebenswürdigkeit, Eitelkeit, weichem Sinn, Kälte und Wärme, wie mir noch nie ein zweites vorgekommen ist.[1]

Tardieus Stich wurde 1824 als Lithographie von Henri Grevedon (1776–1869) reproduziert. Ducarme fertigte eine weitere, hinsichtlich der Kleidung leicht abgeänderte Reproduktion für die *Galerie Universelle* an.

Ambroise Tardieu zählte im übrigen zu den vielen Künstlern, die Humboldts *Reisewerk* nach dessen eigenen Zeichnungen illustrierten. Humboldt schätzte ihre Arbeit sehr, wie aus seinem Brief an Pierre A. Tardieu (Bruder von Ambroise Tardieu) hervorgeht:

„Ich bin überwältigt von der Schönheit Ihrer gezeichneten Landkarte... Ich hoffe, daß der Stich, den ich Sie anzufertigen bitte, genau so herrlich wird. Ich mußte die Karte M. Vendoyer zeigen... Daß ich meinen König stets überall hin begleiten mußte, störte mich in meiner Arbeit, doch jetzt bin ich schon wieder ganz in sie vertieft.
        Ihr sehr ergebener Humboldt
P.S. Ich möchte Sie bitten, mir den Preis für Zeichnen und Stechen der Karte von Guanaxuato mitzuteilen... Sie wissen ja, daß meine Verleger nicht großzügig sind.*[2]

---

[1] *Karoline von Humboldt und Friedrich Gottlieb Welcker. Briefwechsel 1807–1826*, 1936, hrsg. v. Erna Sander-Rindtorff
[2] *The Wellcome Institute for the History of medicine, London*, ü. RM.

Demanne,
nach Karl von Steuben
Lithographie, 33,5 x 26 cm
Sign. *H. Grevedon,* 1824
Inschrift: *Steuben pinx.*ᵗ
Lith. de Demanne
ALEXANDRE DE HUMBOLDT
Bibliothèque Nationale, Paris

Extrait des Minutes de la Secrétairerie d'État

Institut de France
Classe des Sciences Physiques et Mathématiques
Paris, le 14 Mai 1810.

Le Secrétaire perpétuel pour les Sciences naturelles Certifie que ce qui suit est extrait du procès verbal de la séance de lundi 14 mai 1810.

La Classe a procédé à la nomination d'un Associé étranger, pour remplir la place vacante par la mort de Mr. Cavendish.

Le résultat du Scrutin ayant donné la majorité des Suffrages à Mr. de Humboldt, il est élu par la Classe, et cette élection sera soumise à l'approbation de Sa Majesté l'Empereur et Roi.

Certifié conforme.
Le Secrétaire perpétuel
Signé: G. Cuvier

S. M. I. et R. a donné son approbation au choix que la Classe a fait de Mr. Humboldt pour remplir la place vacante par la mort de Mr. Cavendish.

au Palais de St. Cloud le 11 Juin 1810.

Signé: Napoléon
Par l'Empereur,
Le Ministre Secrétaire d'État

Ducarme nach Karl von Steuben
Lithographie 28 x 17 cm
Inschrift: *Lith. de Ducarme LE Bn. A. DE HUMBOLDT. Membre de l'Institut*
Galerie Universelle Nr. 64
Publiée par Blaisot
Bibliothèque Nationale, Paris

F. Goulu
Kupferstich, 19 x 12 cm
Sign. *F. Goulu*
Inschrift: *HUMBOLDT (Le Baron Frédéric Henry Aléxandre de) Associé Etranger de l'Institut de France*
Deutsche Staatsbibliothek, Berlin (Ost)

Jules Boilly (1796–1874)
Lithographie 31 x 23 cm
Sign. *Jul. Boilly 1821*
Inschrift: *Institut Royal de France Acadie. des sciences.*
LE BARON DE HUMBOLDT, (Frédéric-Henry-Alexandre) Associé étranger
Né à Berlin, le 24 Septembre 1769, élu en 1810
Bibliothèque Nationale, Paris
Das Datum von H.'s Geburtstag ist falsch, es ist der 14. Sept.

links
T. . let
Kupferstich, 15 x 10 cm
Sign. *AIT. . let aq. 1824*
Inschrift: *DE HUMBOLDT. Galerie des Contemporains Illustres*
Imp. de Pernel. René et Cie.
Bibliothèque Nationale, Paris

rechts
Ambroise Tardieu
Stahlstich
Schiller-Nationalmuseum, Marbach a. N.

100

Als Alexander von Humboldt 1827 durch den König nach Berlin zurückberufen worden war, kündigte er in der Berliner Universität eine Vorlesung über „Physikalische Geographie" an; als Mitglied der Preußischen Akademie der Wissenschaften (seit 19. 2. 1805) war er dazu berechtigt. Der große Erfolg dieser Vorträge drängte ihn zu einem zweiten Kursus in der Singakademie, dem größten Saal Berlins. Ganz Berlin, Handwerker, Frauen, Offiziere, Mitglieder des königlichen Hauses und oft der König selbst, lauschte ihm. Die Zeichnung des unbekannten Künstlers zeigt Humboldt am Rednerpult. An der Tafel sind zwei Planigloben zu erkennen. Rechts sitzt Carl Ritter, der mit Humboldt zusammen die führende klassische deutsche Geographie begründet hat. Humboldt wendete sich in freier Rede den Hörern zu und sah nur hin und wieder auf wenige Blätter mit knappen Stichwörtern. Eine unmittelbare Aufzeichnung seiner Rede als Grundlage eines möglichst schnell zu publizierenden Buches lehnte er entschieden ab — und so dauerte es bis 1845, ehe der erste Band des „Kosmos" im Verlag Cotta in Stuttgart und Tübingen erscheinen konnte. In diesem seinem bekanntesten Werk erweiterte er die Physikalische Geographie zur Physischen Weltbeschreibung.

Am 6. November 1827 schrieb Caroline v. Humboldt ihrer Tochter Adelheid:

„Alexanders Kollegium hat mit einem großen allgemeinen Beifall, mit einem gewissen Staunen über die namenlose Größe der berührten Gegenstände angefangen".

Am 7. Dezember meinte sie:

Alexanders Vorlesungen, die zweiten, in der Singakademie, haben gestern ihren Anfang genommen. Alexander war so befangen die erste Viertelstunde lang, daß es mich tief rührte. Auch sein Vortrag hatte für mich Anklänge der tiefsten Wehmut. Ein so wahrhaft guter, so grenzenlos gelehrter Mensch, daß, wie er einem die unermeßlichen Räume des Weltalls mit der Gewalt seines Geistes erschließt, man zugleich in die wunderbare Tiefe des menschlichen Fassungsvermögens blickt und einen die Ahndung lichthell überfliegt, nach außen und nach innen gleiche Unendlichkeit — ach, und doch nicht glücklich!

An Rennenkampff schrieb sie begeistert:

11. Dezember
Wie möchte ich, Sie hörten mit uns Alexanders Vorlesungen! Die Umrisse eines kolossalen Gegenstandes weiß er mit wahrhaft großartiger Einfachheit zu umschreiben und gerade dadurch ein Bild dem inneren Sinn zu geben. Bei den ersten Vorlesungen, deren (bis jetzt) ungefähr zehn stattfanden, sind nur Studenten und einige wenige andere, ältere Männer; bei den zweiten, von denen er erst eine Stunde gab, etwa unter achthundert Zuhörern vierhundert Frauen. Er spricht frei, nicht unvorbereitet, aber ex tempore und ist gerade in dem Grade öffentlich aufzutreten befangen, wie es sich aus wahrer innerer Bescheidenheit erklärt und er einem ordentlich lieber noch dadurch wird.[1]

In ihrem überschwenglichen Entzücken vergaß Caroline das eigentliche Ziel von Humboldts Vorträgen, der in offenem Widerspruch zu der zeitgenössischen Naturphilosophie stand.

Humboldt sagte einst: „In Deutschland gehören netto zwei Jahrhunderte dazu, um eine Dummheit abzuschaffen; nämlich eins, um sie einzusehen, das andere aber, um sie zu beseitigen." Er unternahm es, die Kluft zwischen Materialismus und Idealismus in Deutschland zu überbrücken. Ganz besonders lag ihm daran, den Einfluß der antirationalen Tendenz in seinen öffentlichen Vorlesungen zu widerlegen. Hegels und Schellings Idealismus setzte Humboldt den Begriff der Einheit und Harmonie der Natur entgegen. Er betonte die Bedeutung der auf Wissenschaft beruhenden Kenntnisse, welche sich auf nachweisbare und von Erfahrung geprüfte Tatsachen berufen konnten.

Seine Vorlesungen hatten einen Riesenerfolg, denn Humboldt hatte den Verstand des Wissenschaftlers, das Auge und die Empfindsamkeit des Künstlers und die Sprache des

Anonym
A. v. H. am Rednerpult während seiner Vorlesungen über physische Geographie („Kosmos-Vorlesungen"), 1827/28
Radierung, 7 x 5 cm
Schiller-Nationalmuseum, Marbach a. N.
Ausschnitt

Dichters. Er besaß auch die seltene Fähigkeit, die kompliziertesten Ideen mit einfachen, für jeden leicht zu verstehenden Worten auszudrücken. Es waren die ersten derart erfolgreichen Vorlesungen, die wissenschaftliche Probleme einem breiten Publikum nahebrachten. Humboldt war sicherlich stolz auf seine Leistung. Viele Jahre später, 1842, schrieb er an den Historiker Friedrich von Raumer:

Das Wenige, was ich vor 1000 Zuhörern von dem gemischten Publikum (König und Maurermeister) in der Sing-Akademie geleistet habe, sichert mich vor dem Vorwurfe, den Popular Macher des Wissens zu tadeln; mit dem Wissen kommt das Denken und mit dem Denken der Ernst und die Kraft in die Menge. [2]

A. v. H. im Kolleg Carl Ritters in der Berliner Universität, Wintersemester 1834/35, Photographie
Alexander von Humboldt-Sammlung Hanno Beck, Bonn

Die Vossische Zeitung über die Eröffnungsvorlesung
Besprechung vom 7. Dezember 1827

Während des Wintersemesters 1834/35 besuchte Humboldt die Vorlesungen Carl Ritters an der Preußischen Friedrich-Wilhelms-Universität zu Berlin. Ein Hörer, der damalige Student Ernst Kossak, hat die zeitgenössische Atmosphäre lebendig geschildert:

Auch das Kollegium Ritters über allgemeine Erdkunde besuchte abends Alexander von Humboldt, und das Wetter konnte noch so schlecht sein, der greise Gelehrte fehlte nur höchst selten. War er ausnahmsweise aber einmal nicht da, so hieß es unter uns in dem Studentenjargon: ‚Alexander schwänzt heute das Kolleg, weil er bei Königs zum Tee ist.' Einstens zitierte ihn Carl Ritter bei Gelegenheit einer wichtigen geographisch-physikalischen Frage; alles sah auf Humboldt, und er schmunzelte wieder mit seiner gewohnten Bonhomie, wodurch eine höchst gemütliche Stimmung unter den jungen Leuten entstand. Man fühlte sich gehoben durch die Nähe des großen Denkers und fleißigsten Menschen; man sah sich gleichsam mitarbeitend und strebend in ein großes wissenschaftliches Treiben versetzt. So imponierte diese unscheinbare Persönlichkeit durch ihren ruhmvollen Strahlenkreis. [3]

Über Humboldts Vorlesungen wurde auch Goethe brieflich informiert:

*17. Dezember
Ein solches Publikum ist – glaub' ich – in Deutschland noch nicht vor dem Katheder eines Gelehrten versammelt gewesen ... Achthundert Menschen atmen kaum, um den Einen*

zu hören. Es gibt keinen grossartigeren Eindruck, als die irdische Macht zu sehen, wie sie dem Geiste huldigt; und schon deshalb gehört Humboldts jetziges Wirken in Berlin zu den erhebendsten Erscheinungen der Zeit.

*28. Januar
Nun will ich denn auch des grossen Vergnügens gedenken, das mir von Humboldts prächtig-reiches Naturwunderkollegium gewährt vor einem respektabelsten Auditorio, das an die tausend geht.*[4]

Als der Vortragszyklus zu Ende ging, beschlossen die Zuhörer, Humboldt eine Ehrenmedaille zu widmen. Ein Komitee, dem Herzog Karl von Mecklenburg, General von Witzleben, die Professoren Leopold von Buch, Levetzow und Lichtenstein, sowie die Künstler Rauch und Friedrich Tieck angehörten, akzeptierte Levetzows Vorschlag, daß die Hauptidee von Humboldts Vorlesungen allegorisch angedeutet sein sollte. Christian Rauch berichtet darüber in dem Brief an Goethe:

Gleich nach dem Beginn des Cursus der Vorlesungen in der Singakademie des Herrn Alex. v. Humboldt ging einmüthig von den Zuhörern des höchsten und jedes Standes der Wunsch aus, das Andenken dieser grossen Lehre, des Genusses, und des gefeyerten Mannes, auf eine würdige Weise zu ehren und zu fixiren, und es ist beschlossen eine grosse Medaille am Schlusse der Vorlesungen d. H. v. Humb. in Golde zu überreichen, wozu ich vor einigen Tagen die Skizze (das Modellchen) für den Medailleur Hr. Brandt beendigt habe, und Freund Tieck den Kopf nach meiner Büste und dem Leben entwerfen wird. Prof. Levezow hat die Inschrift und Hauptidee dazu angegeben.

Unten im Rund ist Gäa und der Oceanus nebst Löwen und Seeungeheuer angegeben, drüber in Mitten des Rundes, wölbt sich über ihnen das Firmament, durch einen Theil des Thierkreises worauf die Bilder der Monde sind in welchem Humb. Vortrag zu Berlin gehalten wird, über diesen, ist Helios mit seinem Viergespann gebildet Himmel und Erde beleuchtend, und so füllt sich auch oben die runde Scheibe der Medaille. Der Rand ist mit folgender Inschrift geziert:

*Illustrans Totum Radiis Fulgentibus Orbem
Unten im Abschnitte unter Gäa und Oceanus
Berolini MDCCCXXVIII*

In Bronce wird gedachte Ehrenmedaille an die beitragenden Zuhörer gleichzeitig vertheilt, später tritt dann unter Professor Lichtensteins Versorgung der Verkauf dieser Medaille für alle und jeden ein.

Einen Abguss meiner Skizze habe ich schon zur Seite gesetzt, und es bedarf nur des Winkes Eurer Excellenz, um diese Kleinigkeit Ihnen zur Ansicht zuzusenden.[5]

Henri François Brandt (1789–1848),
nach Christian Rauch und Friedrich Tieck, 1828
Bronze, 6,4 cm
A. v. H.-Sammlung W.-H. Hein, Bad Soden

Die Inschrift wurde etwas geändert, (*splendentibus,* statt *fulgentibus*). Am 18. Mai 1828 wurde diese Medaille Humboldt offiziell überreicht. Er dankte Rauch in einem Brief, die „großartig antiken" Figuren sowie das meisterhaft klare Arrangement des Tierkreises und den Triumph des Apollo lobend, und fügte hinzu: „Nach so einer Vergleichung bleibt nichts übrig als zu sterben."[5]

Während Humboldt der Allegorie Rauchs auf der Rückseite der Medaille so viel Lob widmete, quittierte er die von Tieck gearbeitete Obverse mit trockenen Worten: „Der Kopf ist auch sehr schön, aber gewiss in solchem Relief sehr schwer zu prägen." Das Profil mit der Umschrift *Alexander ab Humboldt* ist identisch mit dem großen Medaillon, das Tieck im gleichen Jahr in Marmor anfertigte. Es scheint, daß Humboldt mit seinem (dem Tieckschen) Porträt nicht zufrieden war.

Medaille von C. Pfeuffer ∅ 4,2 cm 1829
A. v. H.-Sammlung W.-H. Hein, Bad Soden

1 Stauffer, Albrecht, *Karoline von Humboldt in ihren Briefen an Alexander von Rennenkampff,* Berlin 1904
2 Alexander von Humboldt-Stiftung, Bonn, transkr. HB
3 Beck, Hanno, *Gespräche Alexander von Humboldts,* Berlin 1959
4 Borch, Rudolf, *Alexander von Humboldt,* Berlin 1948
5 Eggers, Karl, *Rauch und Goethe, Urkundliche Mitteilungen,* Berlin 1889
Hildebrandt, Edmund, *Friedrich Tieck,* Leipzig 1906

Franz Krüger (1797–1857)

Franz Krüger malte ein Ölbild Alexander von Humboldts, das jedoch nur als Lithographie von Karl Wildt, Angelo Gentili, Fr. Stöver, M. Hoffmann, L. Brand und E. Simon bekannt geworden ist. Adolf Menzels Holzschnitt zeigt beide Brüder, Alexander und Wilhelm, nach den Bildnissen von Krüger.

Adolf Menzel (1815–1905) nach Franz Krüger
Holzstich, 12 x 19 cm, dat. 1836
Kupferstichkabinett, Berlin (West)

E. Simon fils, nach F. Krüger
Alexandre de Humboldt, 1829
Lithographie 33 x 24 cm
Bibliothèque Nationale,
Paris

ALEXANDRE DE HUMBOLDT

Pierre Jean David d'Angers (1788–1856)

David d'Angers ging im Jahre 1808 nach Paris, um bei Ph. Laurent Roland Bildhauerei und im Atelier seines großen Namensvetters Louis David Zeichenkunst zu erlernen. Wie die meisten jungen Künstler ging er bald nach Rom, wo er von Antonio Canova stark beeinflußt wurde. Dieser Einfluß verblaßte jedoch, als er in London die Parthenon-Skulpturen (Elgin-Marbles) sah. Ein Jahr später, 1817, stellte er im Pariser Salon die Statue von Condé aus, durch die er sich sofort einen Namen als Bildhauer machte. In der französischen Skulptur seiner Zeit hat er eine bahnbrechende Bedeutung, weil er die überlebten Formen des klassizistischen Stils in freien Realismus verwandelte. Als erster französischer Künstler schuf er seine Monumentalskulpturen in spontaner Bewegung und in der Kleidung seiner Zeit. David ging über die klassizistische Auffassung hinaus, indem er die geistigen Eigenschaften der dargestellten Individuen und deren emotionalen Ausdruck betonte. Beeinflußt durch die Schriften von J. K. Lavater und F. J. Gall versuchte David, die Persönlichkeit durch die Schädelform auszudrücken. Von einem Profil konnte er fasziniert sein:

Ich bin immer von einem Profil tief bewegt worden. Das Vordergesicht blickt uns an; das Profil steht mit anderen Wesen in Verbindung. Es entzieht sich uns und sieht uns nicht einmal. Das Vorderantlitz zeigt mehrere Züge und ist schwer zu analysieren. Das Profil ist die Einheit.[1]

Seine flüchtig, doch geistvoll hingeworfenen Reliefporträts waren meist im Profil. Es gab etwa 500 solcher Medaillons. Im übrigen war David ein überaus produktiver Bildhauer; es existieren darüber hinaus noch etwa 300 weitere Werke. Er war Mitglied des *Institut de France* sowie der Akademien von Rom, Berlin, London und New York.

Humboldt und David hatten sich in Paris kennengelernt, wo sie in den gleichen Salons verkehrten. 1831 führte David ein großes Medaillon von Humboldt aus, das von Achilles Collas (1794–1859) reproduziert wurde. Collas war der Erfinder einer Reliefkopiermaschine, mit der sich getreue Nachbildungen von Münzen und Medaillen auf mechanischem Wege herstellen ließen.

Gewöhnlich schenkte David seinen Modellen einen Bronzeguß seiner Arbeit; bedeutenden und ihm besonders nahestehenden Menschen schenkte er jedoch das Original. Humboldt erhielt zu seinem Geburtstag im Jahre 1843 von David seine Büste als Geschenk.

Am nächsten Tag bedankte sich Humboldt mit einem Brief:

Berlin, 15. September 1843
Im Zeichen des nicht absolut übelwollenden großen Kometen des Jahres 1769 geboren, habe ich gestern (14. September) meinen 74. Herbst erlebt. Die Feier wurde verschönert durch Ihre Freundschaft, mein lieber und geschätzter Kollege, sowie durch Ihre Freigebigkeit. Die Künstler, Literaten, Gelehrten, alle gratulierten sie mir – so wie die etwas neidischen Kollegen Jules Janin zum Gewinn der „Villa" in der Lotterie gratulierten – und füllten mein Haus. Ihr herrliches Geschenk, der „trésor", ist einige Tage vor meinem Geburtstag wohlbehalten hier eingegangen. Der Jahrestag meiner Geburt in vorsintflutlicher Zeit ist ein großes Los, das ich nicht dem Zufall verdanke: Mein großes Glück ist Ihr Wohlwollen mir gegenüber. In der schönen, knappen Inschrift „à A... de H..., David d'Angers" vermisse ich jedoch zu meinem Bedauern etwas. Es fehlt, was ich als eine besondere Gunsterweisung betrachet hätte, es fehlen die drei für mich so bedeutungsvollen Worte „à mon ami H..., David d'Angers". Ich beneide M. Arago um seine zahlreichen hervorragenden und edlen Eigenschaften, seine Geistes- und Herzensgaben. Muß ich denn wirklich in meinen Beziehungen zu Ihnen, die von Ergebenheit und Anerkennung geprägt sind, hinter ihm zurückstehen? Als ältester Verfechter der Gleichheit will ich als erster davon profitieren und mich selbst erhöhen...

Rauch, einer Ihrer ergebensten und glühendsten Bewunderer in Deutschland, hat das Meisterwerk auspacken wollen. Die Büste befand sich noch in der Kiste, da bewunderte er schon die Ähnlichkeit, die Anmut und die vollendete Ausführung der Arbeit, die Großartigkeit, die Ihre Arbeiten kennzeichnet und ihnen eine Überhöhung ins Geistige verleiht, die den größten Epochen der Bildhauerkunst würdig ist. Unsere Zeitungen werden das, was Sie, mein berühmter Kollege, aus Bescheidenheit ausließen, nachholen; sie müssen schreiben, daß David d'Angers geruht hat, „à son ami Alexander von H..." ein Denkmal zu setzen und ihm damit die gleiche Ehre zuteil werden läßt wie Arago, Goethe und Rauch...

Nachdem ich Ihnen von der Ankunft des „trésor", einem Beispiel Ihres schönsten Pyrenäenmarmors, erzählt habe, möchte ich Ihnen für Ihren freundlichen Brief danken, mit dem Sie mir die Sendung ankündigten. Ich möchte Sie, wenn es möglich ist, um einen Stich Ihres herrlichen Philopoemen bitten; will Ihnen sagen, daß die beiden Reiterstatuen von Friedrich II., die Rauch und Kiss für Berlin und Breslau geschaffen haben, nun gegossen werden können; daß die Monumentalgruppe von Kiss „Amazone zu Pferde im Kampf mit einem Tiger" im Treppenhaus des Museums aufgestellt wurde, das von Cornelius ausgemalt wird; daß Rauch an einem Gegenstück arbeitet (Kampf mit einem Löwen); daß wir aus Petersburg zwei Kolossalstatuen erhalten haben, die „Pferde" in Bronze von M. Klot, der – wie Sie wissen – durch seine anatomischen Studien der schönsten Pferderassen unserer Zeit wie auch durch die lebendige Bewegtheit, die er seinen Werken zu verleihen versteht, berühmt wurde. Aber ich muß mir das Glück, mich mit Ihnen,

Achille Collas (1794–1859), nach P. J. David d'Angers
Stahlstich, 24,8 x 21,8 cm
Inschrift: Alexandre De Humboldt, David 1831
Staatliche Graphische Sammlung, München

mein teurer Freund, zu unterhalten, versagen. Seit der Ankunft des Kaisers, der kaiserlichen Familie und einer wahren Milchstraße von deutschen Prinzen leben wir zwischen Berlin und Sans-Souci in einem Pflichtenkreis, der nicht nur literarisch geprägt ist und von Kavalleriemanövern bis zu den Tragödien von Sophokles und Euripides („Antigone" und „Medea") reicht, vom Sauerkraut, das die Ehre hatte, eine Rolle zu spielen in den Mysterien ... bis zu Calderon- und Shakespearelesungen des unermüdlichen Tieck.[2]

Ein Jahr später ernannte die Berliner Akademie David zum Mitglied. Beiläufig informierte er seinen Freund, den Dichter Victor Pavie, in einem post scriptum darüber:

Paris, 5. April 1844
... Aus Berlin erhielt ich soeben die Nachricht von meiner Ernennung zum Mitglied der Akademie. Humboldt hatte mich gefragt, ob ich mit dieser Ernennung auch den Orden haben möchte. Ich antwortete ihm, daß für mich lediglich die Ernennung zum Mitglied der Akademie von Bedeutung sei. Es gibt genügend Menschen, die nach Ordensbändern streben; ich überlasse ihnen mit Vergnügen diesen Unsinn.[2]

Davids Ruhm hatte keine negativen Auswirkungen auf seine bescheidene Haltung oder auf seine künstlerische und politische Einstellung. Ruhelos wie alle Romantiker wanderte er durch Europa und porträtierte große, berühmte Persönlichkeiten. Er war Idealist und betrachtete seine Kunst als Berufung:

Ich bin ein Geschichtsschreiber, der die Aufgabe hat, die Physiognomien der großen Männer der Nachwelt zu überliefern.[1]

Er war jedoch wählerisch bei seinen Modellen, wie aus einem Brief an Christian Rauch hervorgeht:

Paris, 1. Juni 1845
... Sie sind erstaunt darüber, meinen Namen nicht öfters in den Zeitungen erwähnt zu finden. Ich befinde mich, lieber Freund, in einer absolut außergewöhnlichen Lage. Meine republikanische Einstellung, die ich bei jeder Gelegenheit offen vertrete, ist der Grund dafür, daß ich bei der Vergabe staatlicher Aufträge übergangen werde. Ich bin somit mein eigener Souverän und mein eigener Innenminister. Ich gebe mir selbst die Aufträge für die Statuen bedeutender Persönlichkeiten, die die öffentlichen Plätze unserer Städte schmücken. Wenn jemand durch seine geistigen Fähigkeiten bedeutend ist, errichte ich ihm im Rahmen meiner Mittel ein Denkmal; ich wende mich niemals an diejenigen, die an der Macht sind. Im übrigen findet man bei hochgestellten Persönlichkeiten selten den großen und edlen Geist, dem ich huldigen will. Es gibt zwar zuweilen eine Ausnahme, aber das ändert nichts an der leider sehr allgemeinen Regel. Damit meine Werke errichtet werden können, muß ich sie zum Geschenk machen. Dadurch werde ich zwar nicht reich, aber ich befriedige auf diese Weise ein starkes Herzensbedürfnis und diene zugleich meiner Sache, die die der Zukunft ist. Ich betrachte die Kunst nicht als ein Mittel, Reichtümer und Ruhm zu erwerben, sondern vielmehr als dazu dienend, die Menschen zu verbessern, indem sie ihnen nur das zeigt, was in sich die Lehre des Erhabenen und Großzügigen trägt ...
In Kürze werde ich Herrn von Humboldt eine kleine Replik seiner Büste übersenden.[2]

David war bekannt für seinen glühenden Patriotismus und seine revolutionären Ansichten. Er war Mitglied der Constituante von 1848.

Humboldt schrieb darüber an den König:

Berlin, 2. März 1848 (2$^{1}/_{2}$ Uhr).
Während daß Lamartine in seiner Geschichte der Girondins die Terreur und „ce bon Mr. de Robespierre" zu rechtfertigen wagt, hat Arago in zwei öffentlichen Sitzungen des Instituts in seinen Eloges von Monge und Condorcet die Zeit der Terreur auf eine Weise gebrandmarkt, daß er deshalb in den Oppositionsblättern heftig angriffen wurde. Der exaltierte

Bildhauer David war darüber so wütig, daß er vielleicht deshalb aus Rache mir in meiner Büste den Invalidendom zur Stirn gegeben hat.[3]

Mit dem Staatsstreich vom 2. 12. 1851 wurde Frankreich wieder eine reaktionäre Monarchie und David wurde verbannt. Als Friedrich Althaus Humboldt am 2. 5. 1852 besuchte, meinte dieser traurig:

Und doppelt gehässig, erscheint diese Rachsucht, wenn sie unter dem heuchlerischen Schein einer höheren Pflicht auftritt, oder den ehrgeizigen Plänen eines gewissenlosen Abenteurers dient, wie jetzt in Frankreich. Ich selbst erwarte heute einen Refügié bei mir zu Tische, den bekannten Bildhauer, der mit so vielen Andern, in Folge des zweiten Dezembers Frankreich hat verlassen müssen. Er ist ein exaltirter, aber ein sehr edler Mensch, ähnlich wie sein Namensvetter aus der ersten Revolution; Kosmopolit in seinen Ansichten; in seinen künstlerischen Vorstellungen, wie er mir selbst öfter auseinandergesetzt, überzeugt von der Nothwendigkeit dessen was man Kultus des Genius genannt hat und enthusiastischer Anhänger der Gall'schen Schädellehre. Sie haben gewiß die Kolossalbüste im Nebenzimmer bemerkt. Sie ist nicht nur sein Werk, sondern auch sein Geschenk. Ich weiß daß er in dieser Art viele der von ihm angefertigten Büsten an die Inhaber der Originalköpfe verschenkt hat. Er spricht davon als von seinem ex voto im Tempel der Menschheit. Eine Kolossalstatue des Markus Bozzaris, zu deren Anfertigung philhellenische Sympathieen ihn veranlaßten, steht auf einem öffentlichen Platze in Athen. Für solche Menschen ist allerdings Frankreich, wo jetzt die ganze Türkei ausgebrochen ist, kein Aufenthalt. Er beabsichtigt eine Reise nach Griechenland und Kleinasien und ich war eben beschäftigt ihm Empfehlungsbriefe zu schreiben.[4]

Ein undatierter Brief Humboldts aus dem Jahre 1852 an Ignaz von Olfers, Generaldirektor der Berliner Museen, könnte eine Einladung zu dem gleichen Essen gewesen sein, zu dem auch der Kunsthistoriker G. F. Waagen und der Bildhauer Rauch gebeten waren:

Möchten Sie, verehrter Freund und Kollege, mir nicht die Bitte abschlagen, morgen Freitags um 4 Uhr bei mir mit dem Bildhauer David und Rauch und Waagen an einem sehr engen Tische zu speisen. Der Exilierte geht nach Griechenland mit seiner jungen Tochter, um dann später sich in Nizza zu etablieren, wo er, bei der Größe seiner titanischen Büsten bald mit Carraras nahen Felsen fertig sein wird.
Donnerstag[5]   *Ihr A. v. Humboldt*

Während seines Aufenthaltes im Exil wurde David schwer krank. Er erhielt erst kurz vor seinem Tod die Erlaubnis, nach Frankreich zurückzukehren.

Humboldt schrieb in seinem Beileidsbrief an Davids Witwe:
Berlin, 11. Januar 1856
... Wenn ein großes Talent sich gepaart findet mit einem edlen Charakter, einer Erhabenheit der Gefühle, einem unerschütterlichen Festhalten an den Grundprinzipien, einer wohlwollenden Freundlichkeit in jeder Hinsicht seines gesellschaftlichen Lebens, dann ist die Wirkung eines solchen Verlustes für einen 86jährigen Greis doppelt schmerzlich, der diese Welt nach jenen verlassen wird, denen er nach den Gesetzen der Natur schon längst glaubte vorangehen zu müssen. Ich fühle Tränen der Rührung in mir aufsteigen, wenn ich mich an die Gedankenfrische, diese edle und ganz philosophische Gelassenheit erinnere, die seine geistreiche Unterhaltung prägten, als ich das Glück hatte, ihn bei seinem Aufenthalt in Berlin zum letzten Male zu umarmen...[2]

Die große Marmorbüste wurde 1846 in der Berliner Akademie ausgestellt und in den Katalog aufgenommen. Abgesehen von dieser Ausstellung hat die Büste Humboldts Haus bis zu seinem Lebensende nie verlassen. Sie ist in einem Brief von Balduin Möllhausen erwähnt, der im Juni 1859, bald nach Humboldts Tod, dessen Nachlaß W. W. Corcoran in den Vereinigten Staaten zum Kauf anbot.[6]

---

1 Rosenberg, Adolf, *David d'Angers* in *Grenzboten* III, 1884
2 *David d'Angers et ses relations littéraires.* Correspondance, Paris 1890, ü. HN/RM
3 Müller, Conrad, *Alexander von Humboldt und das preußische Königshaus.* Leipzig 1928.
4 Althaus, Friedrich, *Briefwechsel und Gespräche Alexander von Humboldt's mit einem jungen Freunde.* Aus den Jahren 1848–1858. Berlin 1869
5 *Briefe Alexander v. Humboldt's an Ignaz v. Olfers,* Nürnberg – Leipzig 1913
6 Corcoran, William W., *A Grandfather's Legacy...* Washington 1879,
Œuvres Complètes de P. J. David d'Angers Statuaire... Paris 1856;
Schazmann, Paul-Emile, *David d'Angers Profils de L'Europe,* Genf 1973;
Valotaire, Marcel, *David d'Angers...* Paris 1932
Schoenwaldt, Peter, *Das Schicksal des Nachlasses Alexander von Humboldts,* Jahrbuch Preußischer Kulturbesitz 1969, Köln und Berlin 1970

Henry William Pickersgill (1782–1875)

Pickersgill, Mitglied der englischen Königlichen Akademie (1826), malte fast alle bekannten Persönlichkeiten seiner Zeit, meist auf Bestellung von Sir Robert Peel (1788–1850), dem Staatsmann und Reorganisator der Londoner Polizei (nach ihm wurden die „Bobbies" benannt). Peels Sammlung – heute in der National Gallery – enthielt holländische und flämische Gemälde sowie eine Anzahl Porträts von Freunden und europäischen Persönlichkeiten. Pickersgill malte in einem „stillen, angenehmen Stil seine zuverlässigen und ausdrucksvollen Porträts ... seinen Modellen einen intelligenten Ausdruck verleihend, fraglos ähnlich, ohne Verniedlichungen, ohne Schmeicheleien. Seine Farben sind lebhaft, aber dennoch nicht aufdringlich. Die Bilder sind voller Kraft."[1] Einige dieser Porträts befanden sich im Parlamentsgebäude, wo auch heute noch das des Herzogs von Newcastle zu sehen ist. Der Herzog ist dargestellt vor dunklem Hintergrund, auf demselben rot-schwarzen Lehnstuhl und in der gleichen Pose wie Humboldt, neben dem Tisch, der mit demselben oliv-goldbraunen Tischtuch bedeckt ist. Pickersgill malte Humboldt in Paris im Herbst 1831 und stellte das Bild in der Royal Academy 1833 aus. Ein amüsanter Brief Humboldts an eine unbekannte Person aus dem Jahre 1842 oder später, bezieht sich direkt auf dieses Porträt:

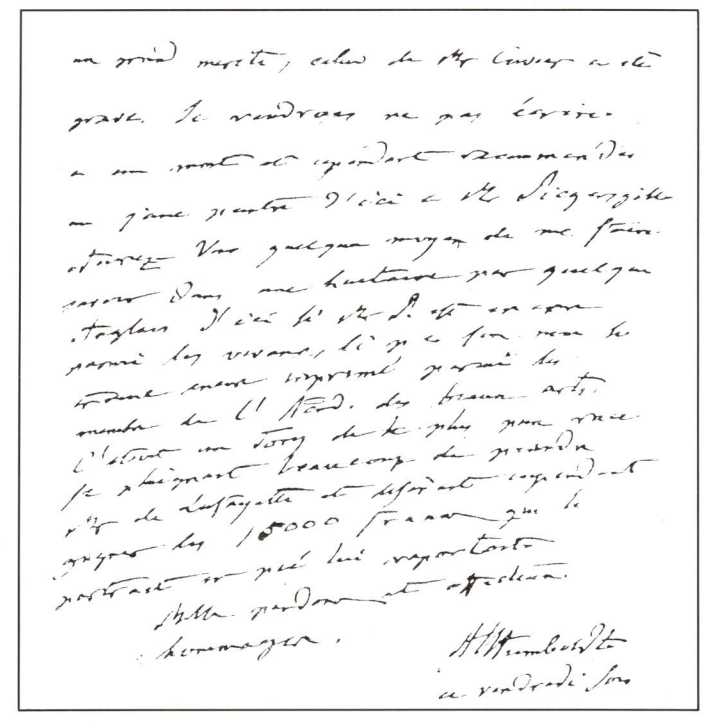

Henry William Pickersgill, 1831
Öl auf Leinwand, 122 x 110 cm
Gegenwärtiger Eigentümer unbekannt
Photographie
National Portrait Gallery, London

American Philosophical Society Library,
Philadelphia, USA

Ich muß Sie, bester Freund, um eine kleine Gunst bitten. Als ich noch in London in Begleitung des Königs bei der Taufe des Kronprinzen war, befand sich dort der höchst berühmte Porträtmaler Pickersgill. Man hatte ihn viele Jahre früher nach Paris geschickt, damit er dort drei Porträts in Lebensgröße von Cuvier, von Lafayette und von mir für ein Parlamentsmitglied malte, welches eine große Gemäldesammlung besaß. So saß ich für Pickersgill. Die Bilder waren sehr gut, und das von Cuvier wurde auch gestochen. Ich möchte nun Herrn Pickersgill einen jungen Maler von hier empfehlen, möchte aber nicht gern an einen Toten schreiben. Sehen Sie eine Möglichkeit, mir in einer Woche oder so durch irgendeinen Engländer hier Mitteilung zukommen zu lassen,

ob Mr. P. sich noch unter den Lebenden befindet (ob sich sein Name überhaupt noch gedruckt findet unter den Mitgliedern der Akademie der Schönen Künste)? Er war ein Tory reinsten Wassers, der sich sehr beklagte, daß er M. de Lafayette zu malen hatte, immerhin aber gütig genug war, die 15.000 Franken für das lebensgroße Porträt anzunehmen. Ich bitte tausend Mal um Verzeihung und versichere Sie meiner ehrerbietigen Anhänglichkeit.

AvHumboldt, Freitag abend[2]

Das Humboldtbildnis wurde von Gustav Friedrich Waagen in seinem umfangreichen Werk über die Kunst in Großbritannien, der *Bilder- und Skulpturen-Sammlung von James Morrison, Basildon House, Berkshire* zugeordnet:
Das Oktogon, ein großer, wohlproportionierter Saal, ist reich mit einer Reihe von Bildern der hervorragendsten englischen Maler geschmückt ... Pickersgills Porträt des berühmten Naturwissenschaftlers Alexander von Humboldt: Er sitzt in Gala mit Stern und dem breiten Band des Roten Adlerordens, eine Hand auf einer Landkarte. Auf Leinwand. 4 f. 8 in. hoch, 3 f. 7 in. breit. Das Bild vereint Ähnlichkeit mit einer lebhaften Auffassung, klarer Farbgebung und sorgfältiger Ausübung.[3]

Als Direktor der Bildergalerie in Berlin, der mit Humboldt persönlich befreundet war, konnte Waagen die Ähnlichkeit des Bildnisses bestens beurteilen.
Aus der Morrison Estate wurde das Bild bei Sotheby's in London am 22. März 1972 für einen anonymen Sammler gesteigert.
Humboldt, der Peel in London persönlich begegnet war, schenkte ihm *Asie Centrale* und bat um eine Unterstützung für einen bekannten englischen Gelehrten. Peels Antwort gab Humboldt an Varnhagen von Ense weiter:
Man hatte von Oxford aus an mich geschrieben, dass der erste Botaniker von Europa, Robert Brown, plötzlich in grosser Geldverlegenheit wäre und dass Peel auf mein Gesuch ihm eine der vier einzigen kleinen Pensionen verschaffen würde, die das Parlament für Gelehrte ausgesetzt. Es ist mir geglückt.
Berlin, den 1. April 1844[4]

---

1 Sandby, William, *The History of the Royal Academy of Arts*, London 1862, II, ü. HN
2 American Philosophical Society Library, Philadelphia, ü. HN
3 Waagen, Gustav F., *Treasures of Arts in Great Britain*, London 1857, IV–2, ü. HN
4 *Briefe von Alexander von Humboldt an Varnhagen von Ense*, Leipzig 1860

William Brockedon
National Portrait Gallery, London

William Brockedon
Graphit mit rotem Pastell auf Karton, 35,5 x 26 cm
Inschrift: Bn. Al. de Humboldt, souvenir d'affection pour Mr. Henry Pickersgill en l'invitant de suivre les traces de son Père. Paris en Sept. 1831
British Museum, London

William Brockedon (1787–1854)

Diese Zeichnung, eine Schenkung des Kustos Mr. J. Ceci, ist im Print Room Register Nr. 6 des British Museum als Humboldts signiertes Selbstbildnis aufgeführt.
Ohne Inschrift und leicht verändert ist dieses Porträt in William Brockedons Album in der *National Portrait Gallery*, London.
Brockedons Album berühmter Persönlichkeiten war für seinen Sohn Phillip gedacht. Der Künstler, Mitglied der Kunstakademien von Rom, Florenz und London, war auch Schriftsteller und Erfinder. Sein wissenschaftliches und geographisches Interesse kommt in der Wahl seiner Modelle zum Ausdruck, die sämtlich hervorragende Persönlichkeiten waren. Zwei große Bände dieses Albums umfassen 104 Zeichnungen aus den Jahren 1823–1849, mit begleitenden Autographen. Die Briefe beziehen sich nicht immer auf die Bildnisse. Humboldts liebenswürdiger französischer Brief ist vom 7. Februar 1841, während man sein Porträt auf 1831 oder noch früher datieren kann.

Ormond Richard, *Early Victorian Portraits*, London 1973, I

*Mr. A. de Humboldt,
souvenir d'affection pour
Mr Henry Siegerszell en l'
invitant de suivre les
traces de Son Père.
Paris, en Sept. 1831*

AL.ᵈʳ DE HUMBOLDT.

Charles Louis Bazin (1802–1859)
nach François Gérard, Lithographie 47 x 32,5 cm, auf dem Stein signiert:
Gérard pinx. 1832, Ch. Bazin 1832. Inschrift: Lith. de Delpech.
Al^dre De Humboldt, mit Humboldts Faksimile: *Alexandre de Humboldt*
American Philosophical Society, Philadelphia, USA

Dieses Humboldt-Bildnis mit dem begleitenden Schreiben vom 15. 9. 1832 erschien zwischen den Porträts von Gérard und Ingres in den renommierten *Célébrités Contemporaines aux portraits des personnes de notre époque, les plus illustres par leur rang, leurs dignités, leur savoir et leurs talents, avec und fac-simile de leur Ecriture.*

François Gérard (1770–1837)

Im Jahre 1832 malte Gérard seinen Freund als reifen Mann auf dem Höhepunkt seiner Karriere. Der Druck des vielbändigen *Amerikanischen Reisewerks* war fast beendet, die Asienreise wurde noch zum Druck vorbereitet. Humboldts Ruhm war über alle Kontinente verbreitet, und überall hatte er Freunde. Mit königlicher Erlaubnis verbrachte er einige Zeit in Paris, wo er intensiv arbeitete. ,,Ich kann nur da gut arbeiten, wo andere in meinem Umkreis noch besser arbeiten," schrieb er schon 1807 an Gérard aus der ,,moralischen Wüste" Berlin.

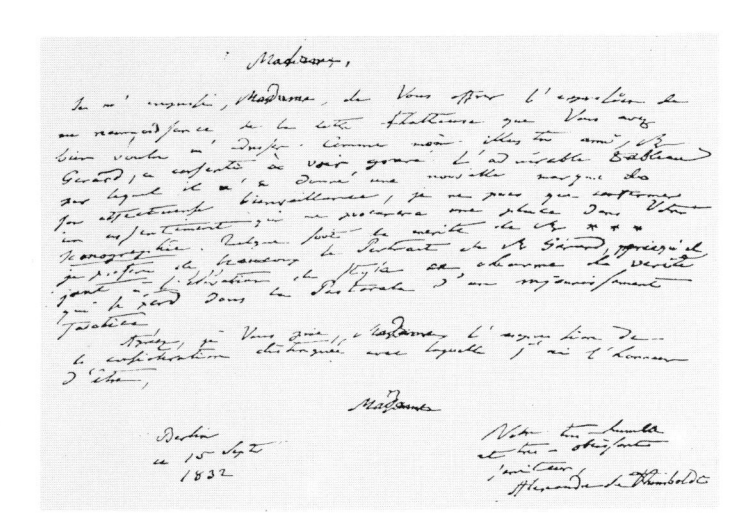

Gérard stellte Humboldt in all seiner Pariser Eleganz dar, den Zylinder in der Hand. Alle kompositorischen und dekorativen Elemente von Gérards bekanntem Porträt der Madame Récamier sind hier wiederzufinden: Die schwellende Drapierung, die Andeutung einer gewölbten Loggia im Hintergrund über einer Landschaft mit hohen Bäumen.
Da Gérard die Gewohnheit hatte, von seinen Bildern graphische Reproduktionen herstellen zu lassen, verzögerte sich der Transport des Bildes nach Berlin:

Ihr Bild wäre längst in Berlin, wenn ich nicht einen Stich nach dem Original hätte anfertigen lassen wollen...
Ich kann Ihnen versichern, daß das Gemälde seinen Bestimmungsort innerhalb von drei Monaten erreichen wird.
F. Gérard
Paris, Dezember 1832[1]

Charles Bazin führte denn auch eine großartige Lithographie, ein Brustbild, aus, auf dem Stein signiert: *Gérard pinx. 1832, Ch. Bazin 1832.* Bazins Arbeit verwendete Auguste Bouquet im Jahre 1842 als Vorlage für eine weitere Lithographie, die in der *Galerie des Contemporains Illustres* in Brüssel gedruckt wurde. 1853 stach Charles Bazin das vollständige Bild für das *Oeuvre de François Gérard;* hier steht jedoch als Inschrift: *F. Gérard pinx. 1833.* Diese Datierung ist falsch, es sei denn, Gérard hätte 1833 eine Replik seines Gemäldes gemacht.
Die Ankunft des Bildes in Berlin wurde ein bedeutendes künstlerisches Ereignis, das sich in Humboldts Brief an Gérard widerspiegelt:

Potsdam, 19. Oktober 1833
Verzeihung, tausendmal Verzeihung, mein lieber und ehrenwerter Freund, wenn ich mich erst so spät meiner Dankespflicht für Ihre edle Großzügigkeit entledige. Diese Zeilen sind nur ein schwacher Ausdruck meiner lebhaften

Dankbarkeit. Es ist eine Beglückung, die Sie in die Nachwelt begleiten soll. Gottlob lebe ich in einem Land, wo Ihre Werke, durch ausgezeichnete Stiche vervielfältigt, in der Meinung des Publikums höher stehen als irgendetwas, das von heutiger Kunst produziert wird. Ihr wundervolles Porträt ist frisch, gesund, wohlbehalten, schön gerahmt angekommen, ganz wie es Ihre Werkstatt verlassen hat, dank Ihrer Sorgfalt und Freundschaft. Ich konnte gerade noch einen Blick auf die ausgepackte Leinwand werfen, als ich mich auch schon auf eine 160-Meilen-Reise begeben mußte, um eine überflüssige Rede vor einer Versammlung nomadisierender Naturforscher in Breslau zu halten, die kein Jota intellektueller ist als eine Versamlung seßhafter Akademiker. Ich bin nicht an dramatischen Effekten interessiert, aber mir liegt viel an der Idee der geistigen Einheit Deutschlands, das politisch zerrissen ist. Vorläufig ist das Bild in der Restaurationswerkstätte des Königlichen Museums aufgestellt, wo es ausgezeichnet beleuchtet ist und die Bewunderung von Künstlern und einer kleinen Zahl von Auserwählten genießt. Ich habe keine andere Möglichkeit, lieber, ausgezeichneter Freund, Ihnen meine Dankbarkeit zu beweisen, als Künstler und Connaisseurs sich an einem Werk erfreuen zu lassen, das so grandios gemalt ist. Sie bewundern den Lichteinfall auf das Haupt, die Freiheit der Ausführung sowie den vollendeten Eindruck der Einzelheiten, die Schönheit der Zeichnung der Augen und besonders des Mundes, die schlichte Pose, die unnachahmliche Kunstfertigkeit in dem Arrangement des Vorhangs wie auch der Landschaft: „Was für ein großer Meister!" „Hier kann man etwas lernen!" hört man alle Augenblicke. Sie bemerken, daß ich mich mit dem guten Geschmack meiner Landsleute brüste... Herr Rauch, der nur seinen eigenen Beruf kennt, versichert jedem, daß man solch einen Kopf, solche Hände nur machen kann, wenn man in einem Bildhaueratelier angefangen habe. Er fügte hinzu, daß ein solches Formgefühl und ein solcher Farbensinn eine verschwenderische Gabe der Natur seien.

Wir haben den ganzen Sommer Besuche von ausländischen Prinzen gehabt. Jeder Tag hatte seinen König oder Kaiser.

Das gegenseitige Furchteinflößen, das man Politik nennt, wird den Frieden erhalten. Die Heere werden nicht länger marschieren, und dennoch gibt es alle halbe Jahre ein anderes unruhiges Land... Eine Welt in ewigem Aufruhr, ohne Vertrauen in ihren Fortschritt, sich über die Einrichtungen mockierend, für die sie am Tage zuvor noch gekämpft hat, zu keiner Begeisterung fähig, ist ungemütlich.

Ich hoffe, Herrn Waagen, den Direktor der Gemäldeabteilung unseres Museums, bald wiederzusehen, der Sie mit seiner Begeisterung für die Byzantiner zum Lachen gebracht haben wird. Möge er mir gute Nachrichten über Ihre

Charles L. Bazin, nach François Gérard
Kupferstich auf gefärbtem China, 40 x 26,5 cm, beschriftet: *F. Gérard pinx. 1833 Ch. Bazin sc. 1853 LE BARON ALEXANDRE DE HUMBOLDT Oeuvre de F^{ois} Gérard*
Bibliothèque Nationale, Paris

Gesundheit und die der verehrten Frau Gérard bringen! Ich bitte Sie, die Versicherung meiner unwandelbaren Bewunderung entgegenzunehmen.   A. H.
Bitte entbieten Sie Mademoiselle Godefroid meine Ehrerbietung und meine Grüße an Steuben. Trotz der Kälte lebe ich zwischen Berlin und dem Potsdamer Schloß... Der König hat in Rom ein wunderbares großes Gemälde von Tizian gekauft (seine Tochter mit einem Korb mit Früchten auf dem Kopf). Eine Tempera von Raphael aus Ancona ist auf dem Wege zu uns, die echt und sehr schön sein soll. Ich fürchte, es handelt sich dabei lediglich um ein akademisches Stück, das keine Freude bereitet, wohl aus den ersten Jahren des Künstlers, von dem übrigens gerade ein zweiter Totenschädel gefunden worden ist, nachdem Herr Gall erklärt hatte, daß der erste nicht seiner gewesen ist.[1]

---

1 *Correspondance de François Gérard*, Paris 1867 ü. HN/RM
Oeuvre de François Gérard... Paris 1852–1857

Eduard Gärtner
Berlin-Panorama, 1834/1835, Öl auf Leinwand, 91 x 581 cm
signiert: *Panorama von Berlin aufgenommen im Jahre 1835 von E. Gärtner*

Eduard Johann Philipp Gärtner (1801–1877)

Eduard Gärtner malte 1834/35 dieses große sechsteilige Panorama von Berlin, das sein Hauptwerk wurde. Seine Landschaften und Architekturbilder wurden mit denen von Canaletto verglichen. Die Behandlung des Atmosphärischen hatte Gärtner während seiner Studien in Paris gelernt. Er verfeinerte danach seine Technik in Berlin, wo er schon zu Beginn der 30er Jahre Pleinair-Studien ausführte.
In einer schwungvollen Komposition erscheint die Silhouette von Berlin. Die genaue Wiedergabe architektonischer Einzelheiten wird belebt durch den reizvollen Charme der Biedermeierstaffage. Unter den kleinen Figürchen auf den Dächern befindet sich auch Alexander von Humboldt in einem langen Pelzmantel. Es könnte sich dabei um den Pelzmantel aus Rußland handeln, den Alexander in einem französischen Brief an seinen Bruder Wilhelm beschrieben hatte: „ . . . Ich erhielt einen Pelzrock aus Zobel, der 5000 Rubel wert ist." (Petersburg, 9. Dezember 1829).[1] Er steht neben einem Fernrohr, und – lebhaft gestikulierend – spricht er zu einem eleganten jungen Herrn und einer würdigen dunkelhaarigen Dame. Es könnte die Herzogin de Dino sein, die die lehrreichen Besichtigungen mit ihrem Freund Humboldt oft in ihren Memoiren erwähnt.[2]
Der Künstler hat sich auch selbst dargestellt neben einem grünen Portfolio mit der Inschrift: *Panorama von Berlin aufgenommen im Jahre 1835 von E. Gärtner.*

Eduard Gärtner
A. v. H. und zwei Herren (Skizze zu Panorama von Berlin, 1834)
Bleistift auf Papier, 22,1 x 17,8 cm
Märkisches Museum, Berlin (Ost)

---

1 *Briefe Alexander's von Humboldt an seinen Bruder Wilhelm,* Stuttgart 1880
2 de Dino, *Memoirs,* London 1910
Pundt, Hermann G., *Schinkels Berlin,* Cambridge, Mass. 1972
Tschudi, Hugo von, *Ausstellung deutscher Kunst aus der Zeit von 1775–1875 in der Königlichen Nationalgalerie,* Berlin 1906, München 1906

Eduard Johann Philipp Gärtner
Ausschnitt aus Berlin-Panorama, 1834–35
Schloß Charlottenburg, Berlin (West)

115

Heinrich Lehmann (Henri), 1814–1882

Heinrich Lehmann (Henri) arbeitete seit 1831 bei Ingres in Paris und war einer seiner besten Schüler. Der deutsche Künstler wurde 1847 als Franzose naturalisiert und im Jahr 1865 als Henri Lehmann Mitglied des *Instituts*. Wie sein jüngerer Bruder Rudolf war er ein bedeutender Historienmaler und Porträtist der aristokratischen internationalen Elite in Kunst und Wissenschaft.

Lehmanns Bildnis diente 1853 als Vorlage für eine Humboldt-Karikatur und wurde – fast 150 Jahre nach seiner Entstehung – in dem Buch „Große Deutsche" wieder verwendet.

---

de Terra, Helmut, *Studies of the documentation of Alexander von Humboldt in Proceedings of the American Philosophical Society,* vol 102, No. 6 December 1958

H. König, Karikatur
Ein deutscher Bürger beider Welten
Xylographie aus *Europa,* Nr. 51, 23. 6. 1853
Foto: A. v. H.-Sammlung W.-H. Hein, Bad Soden

H. E. Köhler
Karikatur aus *Große Deutsche,* München 1973

Auguste Charles Lemoine (1822–1869) nach Henri Lehmann
ca. 1836 in Paris, Lithographie, auf China 23 x 18,5 cm,
mit Faksimile der Unterschrift A. v. Humboldts *Av Humboldt*
Bibliothèque Nationale, Paris

Dessiné par Henri Lehmann   Lith par A Lemoine

Samuel Friedrich Diez (1803–1873)

S. F. Diez (im Katalog des British Museum irrtümlich „Diaz" genannt) bereiste zwischen 1840 und 1851 Rußland, Frankreich, England und Belgien und zeichnete Angehörige des europäischen Adels und berühmte Persönlichkeiten. Dreihundert dieser Porträts sind in seinem *Album europäischer Notabilitäten* als Stahlstiche herausgegeben worden. Sein Werk wurde auch in anderen Techniken reproduziert.
Hahns Humboldtporträt ist der Diez-Zeichnung erstaunlich ähnlich, wenn auch durch seine glatte Perfektion die Frische und Direktheit des Originals etwas verlorengegangen ist.

Christian Georg Hahn (1820 – ?) nach Samuel Friedrich Diez
Lithographie auf China, 27 x 20 cm, auf dem Stein signiert:
Diez n. d. N. gez. C. Hahn lith,
in Faksimile: *Alexander v. Humboldt.*

Samuel Friedrich Diez, 1839, Bleistift und Tusche auf Papier, 30 x 25 cm, signiert: *S. Diez f. 1830, Alexander v. Humboldt* (mit Tinte)
Nationalgalerie, Berlin (Ost)

Alexander v. Humboldt.

Franz Krüger
Huldigung, 1844 (Detail)
Öl auf Leinwand, 295 x 433 cm
Staatliche Museen zu Berlin, Berlin (Ost)

Franz Krüger, um 1840
Bleistift, Wasserfarbe und Gouache auf Papier,
18,2 x 8,5 cm
Staatliche Museen zu Berlin, Berlin (Ost)

Franz Krüger (1797–1857)

Die Huldigung für König Friedrich Wilhelm IV. von Preußen fand am 15. Oktober 1840 statt. Der Berliner Bürgermeister von Rathenow regte an, das historische Ereignis in einem Bild festhalten zu lassen und es dem König im folgenden Jahr als Geschenk seiner treuen Untertanen zu überreichen. Krüger bekam den Auftrag, das Gemälde für 15000 Reichstaler auszuführen. Die „Huldigung" war im Stil von Krügers großen Paradebildern gemalt und enthielt zahllose Porträts von Zeitgenossen. Berlins Elite aus Kunst und Wissenschaft erschien auf einem Podest auf der rechten Seite des Bildes; Humboldt in der ersten Reihe, geschmückt mit dem Stern und dem breiten Band des Roten Adlerordens.
Eine der beiden ausgezeichneten Vorstudien zeigt Humboldt mit einem Zylinder, der 1840 gerade Mode war. Insofern ist dieses Porträt einzigartig unter allen Darstellungen Humboldts.

Cohn, Margarete, *Franz Krüger, Leben und Werke* Breslau 1909
Weidmann, Walter, *Franz Krüger, der Mann und das Werk* Berlin, o. D.

Franz Krüger, ca. 1840
Wasserfarbe und
Gouache auf Papier,
18 x 14,9 cm
Staatliche Museen
zu Berlin,
Berlin (Ost)

Karl Joseph Begas (1794–1854)

Karl Joseph Begas lernte von 1813–1818 im Atelier von J. A. Gros in Paris. Von 1822 bis 1824 hatte er in Italien enge Verbindung mit den Nazarenern. Begas wurde Professor an der Berliner Akademie und hat als Porträtist erstaunlich viel gearbeitet. Besondere Erwähnung verdient seine Bildnisserie von den Rittern der Friedensklasse des Ordens *Pour le Mérite,* die Friedrich Wilhelm IV. stiftete und deren Inhaber der König porträtieren ließ. Im Hohenzollernmuseum zu Berlin enthält das dem Andenken Friedrich Wilhelms IV. geweihte Zimmer folgende Bildnisse: A. v. Humboldt, Schadow, Jakob Grimm, v. Buch, Ritter, Meyerbeer, Cornelius, Rauch und Schelling.

Das Bildnis zeigt Humboldt als ersten Kanzler des Ordens, aufrecht und würdig, mit Bleistift und Papier in der Hand, etwas unvermittelt postiert vor sich im Hintergrund auftürmenden Felsmassen, die wohl eine Anspielung auf seine südamerikanische Reise sein sollen.

Während Begas im August 1846 Humboldt porträtierte, fertigte sein junger Sohn Oskar eine Zeichnung von Humboldt, die er mit O. B. signierte und die später als Kupferstich reproduziert wurde.

Der Ausstellungskatalog der Berliner Akademie führt 1846 Begas' Humboldt-Porträt und dessen Kopie durch Friedrich Droege (1801–?) sowie Droeges „vier Miniaturporträts nach dem Leben" auf.[1] Humboldt empfahl den Miniaturmaler Droege seinem Freund François Forster:

Herrn Prof. Forster   *zu Berlin*
4, rue St. Dominique   *diesen 23. Sept. 1846*
Paris

Sie sind mir gegenüber so gut, mein bester Freund und Kollege, dass ich, statt Ihnen von meiner Dankbarkeit für Ihre Verse zu sprechen, die ich Ihrer Freundschaft verdanke, es wagen kann, Sie um einen Gefallen zu bitten. Ein Künstler, der Ihnen ein sehr ähnliches Bild meines voradonischen Antlitzes zeigen kann, (Miniaturkopie eines sehr schönen Porträts von Begas, das der König machen liess) wird von Ihnen gut empfangen. Ich sage dies im Vertrauen auf Ihre Zuneigung. Ich bitte Sie, einem ehrbaren Mann, Herrn Drocque, Miniaturmaler am Hof, mit Ihren Ratschlägen behilflich zu sein. Er kommt durch Paris auf seinem Weg nach London. Ich bin sehr betrübt, Sie dieses Jahr nicht mehr umarmen zu können. Tausend Ehrerbietungen dank Ihres großen und schönen Talents.   *A. v. Humboldt*[2]

Der Auktionskatalog vom 22. 9. 1970 des Dorotheum in Wien führt eine Aquarellminiatur auf Karton als Humboldts Selbstporträt mit rückseitiger eigenhändiger Unterschrift auf (Nr. 200). Es ist höchst unwahrscheinlich, daß Humboldt nach mehr als 30 Jahren wieder ein Selbstporträt malte, und

Carl Wildt (tätig 1830–1860), nach Karl J. Begas
Lithographie auf China Papier, 41,5 x 32 cm
Inschrift: *Gem. von C. Begas Lith. von C. Wildt*
Druck des Königl. lith. Instituts zu Berlin (von Berndt)
ALEXANDER von HUMBOLDT
Ibero-Amerikanisches Institut Preußischer Kulturbesitz, Berlin (West)

Aquarellminiatur auf Karton,
7 x 5,5 cm
Sign. rücks. eigenh. mit
Humboldts Unterschrift.

Anonym nach F. Krüger
Xylographie 12,1 x 8,9 cm
A. v. Humboldt-Sammlung W.-H. Hein, Bad Soden

Stiftungsurkunde der Friedensklasse des Ordens Pour le Mérite

wenn doch, daß er es in seiner umfangreichen Korrespondenz nirgendwo erwähnte. Bisher ist über eine solche künstlerische Betätigung Humboldts im hohen Alter nichts bekannt. Obwohl die Schwarzweißabbildung der Dorotheum-Miniatur Humboldts Gesichtszügen wenig ähnelt, könnte sie möglicherweise von Droege stammen und zur gleichen Zeit wie das Begasporträt entstanden sein.
Begas' Humboldt-Porträt wurde von mehreren Künstlern in verschiedenen Techniken und Variationen direkt oder indirekt (nach einer Lithographie von Carl Wildt) mit oder ohne Landschaftshintergrund kopiert. Zum Beispiel stellte der englische Kupferstecher D. J. Pound Humboldt neben einem Tisch dar. August Weger (1823–1892) veränderte die Haltung der Hände und fügte ein Buch hinzu; Johann Leonhard Raab (1825–1899) führte nur ein Brustbild aus, und P. Wurster fertigte einen eindrucksvoll kolorierten halbfigurigen Stahlstich an.

---

1 Börsch-Supan, Helmut, *Die Kataloge der Berliner Akademie-Ausstellungen...* Berlin 1971
2 *Alexander von Humboldt, The Free Progress of Intelligence,* Asociacion Cultural Humboldt, Caracas 1974
Dorotheum 589. Kunstauktion, 22.–25. September 1970, Wien
The Drawing Room, Portrait Gallery of distinguished Persons, 1859/60

Joseph Stieler, Studie, Öl auf Papier, 25,3 x 19,5 cm
Sign. *Alexander Humboldt gem. Js. Stieler 1843 Bild Schloss zu Potsdam*
Schloß Charlottenhof, Potsdam, DDR

deren gesuchtester Porträtmaler in jener Zeit gerade François Gérard war. Seinem Beispiel folgend, versuchte Stieler die französische Tradition der klar definierten Formen mit der weniger strukturierten Aufgelockertheit der englischen Auffassung zu vereinen und so eine neue Art des repräsentativen Porträts zu schaffen. Um die Mitte des 19. Jahrhunderts deuteten sich die realistischen Tendenzen in der mehr intimen, biedermeierlichen Atmosphäre von Stielers Bildnissen an.

Um diese Zeit, 1843, malte er ein Porträt von Humboldt, der an ihn schrieb:

Ich bitte, verehrtester Herr Professor, dass Sie mit Nachsicht ein kleines Bild von mir betrachten, das ich vor vollen 30 Jahren, vor dem Spiegel, gezeichnet habe. Es gehört einem meiner Freunde, dem berühmten Botaniker, Gartendirektor Kunth in Berlin. Es ist kältlich und kleinlich, ward aber damals für ähnlich gehalten.
Ich lege auch zur Ansicht bei den seltenen Kupferstich von Dunoyer (sic!) nach dem Bilde, das Gérard in den ersten Monaten nach meiner Rückkunft 1805 machte.
Mit inniger Verehrung Ihres grossen Talentes, Ihrer geistigen und geschmackvollen Auffassung jeglicher Individualität
Ihr AlHumboldt[2]
Berlin 9. Jun. 1843

Joseph Stieler (1781–1858)

Joseph Stieler ging nach Studien an der Wiener Akademie und einem Aufenthalt in Polen 1807 nach Paris. Obwohl er schon ein fertig ausgebildeter Künstler war, gestand er sich selbst ein, daß er in Gérards Atelier das Malen zum zweiten Mal lernte:

Gérard war der erste, welcher mir sagte, dass ich in allen Dingen die Natur vor Augen haben muss. Denn bisher hatte ich in der Wiener Schule gelernt, alles, ausser dem Gesicht, aus der Idee zu malen...[1]

Stieler wurde noch während des Aufenthaltes in Polen mit der französischen Malerei bekannt, die bei der polnischen Aristokratie überaus beliebt war und gesammelt wurde und

Joseph Stieler
Studie, Kreide mit Weißhöhungen auf braunem Papier, 48 x 35 cm
Sign. *Stieler 1843*
Privatbesitz, München

Joseph Stieler
Öl auf Leinwand,
107 x 87 cm
Sign. *Fr. Alexander
v. Humboldt
n. d. Leben
gemalt von
J. Stieler 1843*
Schloß
Charlottenhof,
Potsdam,
DDR

Das Bild Stielers ist besonders gut durch Briefe und zwei Vorstudien dokumentiert.

Die erste Skizze, eine lebensgroße Kreidezeichnung, erfaßt Humboldts Persönlichkeit besonders einfühlsam. Sein Intellekt, seine Weisheit und Güte strahlen aus den klar gezeichneten, edlen und heiteren Zügen. Die schwungvoll freie Ölskizze ist das genaue Gegenteil der linearen Zeichnung. Da wird schon das fertige Bildnis in starken Farben hingeworfen. Die malerisch in impasto angedeuteten Formen erinnern an Manet und ergeben einen überraschend modernen Effekt.

Das endgültige Porträt folgt Gérard sehr genau in der glatten, geschmeidigen Technik und auch in der Ähnlichkeit der Pose. Humboldt sitzt in natürlicher Vornehmheit in einem Lehnstuhl neben dem großen Globus. Wäre nicht das warme Licht, würde das Interieur in seiner klassischen Einfachheit kalt erscheinen. Wenige Formen, ungestört durch Details, die in ihrer milden Tonalität einen ruhigen Hintergrund bilden, tragen zu der vornehmen, würdigen Atmosphäre des Bildes bei. Humboldt, einer der meist geehrten und dekorierten Männer seiner Zeit, trägt hier keinen Orden. Statt dessen hält er ein Manuskript des *Kosmos* in der Hand. Der erste Band kam in der Tat 1845 heraus und ein Jahr später wurde Stielers Porträt zum ersten Mal in der Berliner Akademie ausgestellt.

---

1 Hase, Ulrike von, *Joseph Stieler,* München 1971
2 Ruhmer, Eberhard, *Zu den Bildnissen Alexanders von Humboldt,* in *Kunst* 10, 1959
Börsch-Supan, Helmut, *Die Kataloge der Berliner Akademie-Ausstellungen 1786—1850,* Berlin 1971

Friedrich Wilhelm IV. selbst entwarf 1847 die Zeichnung zu der schönen Medaille, deren Ausführung Cornelius übernahm. Die Vorderseite zeigt Humboldts Kopf in hohem Reliefprofil, die Rückseite, umringt von den Bildern des Thierkreises und einem dichtem Kranze tropischer Gewächse, den Genius mit Fernrohr und Senkblei, der mit der Rechten die verschleierte Natur enthüllt; zu ihm auf blickt die Sphinx, als harre sie der Lösung ihrer Räthsel. Unter der Gruppe spielen elektrische Fische, über ihr steht in griechischen Schriftzügen das Wort zu lesen, welches dem Zeitalter zur Losung geworden war, an der es sich selbst erkannte: KOSMOS.
Karl Bruhns, AvH, Leipzig 1872, II

Karl Fischer (1802—1865), nach Cornelius
Kosmos-Medaille,
Silber, 6,3 cm, 1847
A. v. H.-Sammlung W.-H. Hein, Bad Soden

Louis Jacques Mandé Daguerre (1787–1851)

Louis Daguerre, Panoramenmaler und Bühnenbildner, war kein Wissenschaftler, aber ein genialer Amateur, der nach zahllosen praktischen Experimenten die Photographie erfand. Gegen Ende des Jahres 1838 wandte er sich an Humboldt und seine berühmten Freunde Biot, Gay-Lussac und Arago. Die großen Gelehrten erkannten sofort die Bedeutung dieser Erfindung und begannen Wissenschaftler und Künstler dafür zu interessieren.

Über astronomische Photographie berichtete Humboldt in einem Privatbrief am 7. Februar 1839:

... Selbst die Mondscheibe, die durch ungeheure Tschirnhausische Linsen nie im Horn (Chlor-)Silber eine Schwärzung hervorbringt, läßt ihr Bild in Daguerre's mysterieusem Stoffe. Noch den Morgen, an dem ich Paris verließ, brachte der kunstreiche Mann vor Arago's Bette (mein radicaler! Freund, einer der liebenswürdigsten Menschen der Erde war unwohl) triumphirend das Mondbild, dessen Ränder darum etwas unbestimmt waren, weil die Camera obscura nicht schnell genug verschoben worden war, um der Bewegung des Mondes zu folgen ...[1]

Daguerre konnte sich keinen energischeren Fürsprecher wünschen als Arago, den Direktor des Pariser Observatoriums und den idealistischen Führer des radikalen Flügels in der Deputiertenkammer.

Am 3. Januar 1839 mußte Humboldt nach Berlin zurückkehren und konnte an der Sitzung der *Académie des Sciences* am 7. 1. 1839 nicht teilnehmen, auf der Arago das Verfahren der Daguerreotypie erläuterte und der Erfindung mit der folgenden Erklärung einen offiziellen Status gab:

M. Daguerre hat drei Mitgliedern der Académie des Sciences, den Herren von Humboldt, Biot und mir, einige Ergebnisse des von ihm entwickelten Verfahrens vorgeführt ... Diese Erfindung wird Physikern und Astronomen ein wertvolles Forschungsinstrument sein. Auf Bitten der bereits genannten Akademiemitglieder hat M. Daguerre den Mond photographiert ...

Es erscheint unerläßlich, daß der Staat M. Daguerre direkt entschädigt und daß Frankreich die ganze Welt großzügig an dieser Erfindung teilhaben läßt, die in so starkem Maße zum Fortschritt in Kunst und Wissenschaft beitragen könnte.'[2]

Tatsächlich erhielt Daguerre vom französischen Staat eine Pension auf Lebenszeit. Auf Humboldts Empfehlung wurde er als einer der ersten mit dem preußischen Orden *Pour le Mérite* der Friedensklasse ausgezeichnet.

Auf einer gemeinsamen Sitzung der *Académie des Sciences* und der *Académie des Beaux Arts* am 19. August 1839 im Institut de France wurde die Erfindung öffentlich bekanntgegeben. Von diesem Zeitpunkt ab stand die neue Kunst der Photographie im Dienste der Menschheit.

Robert Trossin (1820–1869), nach Herman Biows Daguerreotypie 1847, Stahlstich, 37,5 x 26,5 cm, Ausschnitt
American Philosophical Society, Philadelphia, USA

Der Anfang der Photographie in Deutschland ist mit dem Namen Hermann Biow (1810–1850) verbunden. Er war bekannt geworden durch seine Gemälde und Schriften wie auch durch seine Veröffentlichungen zur Naturgeschichte und von Bilderserien, die die Säugetiere entsprechend der Cuvierschen Klassifizierung darstellen. Berühmt jedoch wurde er durch die Daguerreotypie, die er 1841 als erster berufsmäßig in Hamburg einführte. In seinen Zeitungsanzeigen für Monochrom- und kolorierte Daguerreotypien, groß- oder kleinformatig (z. B für Ringe und Broschen) nannte er sich stets „Hermann Biow, Porträtmaler". Nach einem Besuch in Paris im Jahre 1845 verbesserte er seine Geräte und stellte die ersten photographischen Porträts auf Papier her. Danach nannte er sich in seinen Anzeigen: „Maler und Photograph".

Herman Biow
Daguerreotypie 1847
Plattengröße 21,6 x 16,2 cm

Im Mai 1847 lud Friedrich Wilhelm IV. Biow nach Berlin ein, um Bilder der königlichen Familie machen zu lassen. Zur gleichen Zeit photographierte er Alexander von Humboldt sowie Minister, Generäle und die Berliner geistige Elite. Es waren großformatige Photographien von angeblich treffender Ähnlichkeit. Biow stellte die Bilder in seinem Atelier aus und veröffentlichte, nachdem seine Sammlung ständig gewachsen war, nach zwei Jahren *Die Männer des deutschen Volkes* mit Lithographien nach seinen Arbeiten. Die nächste Publikation, *Deutsche Zeitgenossen* (Leipzig 1850, R. Weigel & T. O. Weigel), kam kurz nach Biows frühzeitigem Tod heraus.

Beide Publikationen, die frühere mit Lithographien, die spätere mit Kupferstichen, enthielten Arbeiten der besten deutschen Künstler jener Zeit, aber keine war vergleichbar mit der erlesenen Qualität von Biows Originaldaguerreotypien. Alexander von Humboldts Daguerreotypie gehört dem Museum für Kunst und Gewerbe in Hamburg.

Es gibt mehrere Photographien aus Humboldts letzten Jahren von verschiedenen Photographen. Später wurden die Photographien, seien es die vollständigen Bilder oder nur Büste oder Kopf, als Lithographie oder Stich reproduziert. Danach wurden diese Reproduktionen wiederum photographiert, und da manchmal kein Name auf dem Druck erscheint, ist es oft schwer, die Quelle festzustellen.

Der Ausstellungskatalog von 1850 der Berliner Akademie führt zwei Porträts von Humboldt nach einer Daguerreotypie auf: Trossins Stahlstich (Nr. 1092) und Paul Habelmanns Zeichnung als Vorlage für einen Druck (Nr. 1004).

Trossins Stich wurde schon 1851 von Fr. Eggers besprochen:

...bei dem zweiten Bilde, dem Alexander's v. Humboldt,... hat K. Trossin, der das zweite Blatt unter Prof. Mandels Leitung gestochen hat, hier die volle Weichheit und Milde im Stich entwickelt, welche das Bild des ehrwürdigen Greises so anziehend machen, ohne es jedoch an der nöthigen Wirkung mangeln zu lassen. Der Kopf und seine nächste Umgebung ist sorgfältig und mit Verständniss des Einzelnen ausgeführt. Nach unten zu beschränkt sich die Arbeit mehr auf die ersten Andeutungen der Nadel, welche durch angemessene Zartheit des schwächer geätzten Tones nur dazu dient, die Hauptpartieen mehr hervortreten zu lassen. Meisterhaft ist der Ausdruck des Auges wiedergegeben, dem sich so viele Geheimnisse der Natur haben enthüllen müssen und das den Beschauer anforscht, als ob auch sein Inneres vor ihm nicht verborgen bleiben könne. Und dabei liegt eine Ruhe und Einfachheit über der ehrwürdigen Gestalt des Verfassers des Kosmos, die recht an Lepel's Worte in seiner Ode an Humboldt erinnern:

Robert Trossin, nach Herman Biows Daguerreotypie
Stahlstich, 37,5 x 26,5 cm
Bibliothèque Nationale, Paris

*Beruhigend träuft Dein Wort Erkenntnis
Und vollen Genuss
Dem Suchenden zu,
Das riesige Ganze sieht er entstehn gemach,
Sieht tief in des Ganzen spiegelnden Schein sich selbst,
Und wehen durch das ernste Schauspiel
Fühlt er den labenden Hauch der Schönheit.*

Das Bild macht den wohlthuensten Eindruck und nur der genauesten Untersuchung ist eine kleine Unsicherheit in der Modellirung der linken Schläfe, und der Mitte der Stirne bemerkbar.[3]

---

1 Stenger, E., *Alexander von Humboldt und die beginnende Photographie*, Zeitschrift für wissenschaftliche Photographie, Bd. 31, Heft 1 u. 2, 1932
2 Gernsheim, Helmut und Alison, *L. J. M. Daguerre,* Cleveland und New York 1956
3 Eggers, Fr., *Kupferstichwerk,* Dtsch. Kunstblatt, Nr. 1, 6. Jan. 1851
Stenger, Erich, Prof. Dr., *Siegeszug der Photographie...*, Seebruck am Chiemsee 1950
Weimar, Wilhelm, *Die Daguerreotypie in Hamburg (1839–1860),* Hamburg 1915

Rudolf Lehmann (1819–1905)

Rudolf Lehmann studierte erst bei seinem Bruder in Paris, dann bei Cornelius und Kaulbach in München. Er war ein angesehener Künstler in Rom und später in London, wo er sich niederließ und als Engländer naturalisiert wurde. In seinem Buch *An Artist's Reminiscences* (Erinnerungen eines Künstlers), London 1894, das 2 Jahre später erweitert auch in Deutschland herauskam, bezieht sich Lehmann ausdrücklich auf dieses Porträt und seine Ausführung:

Alexander von Humboldt war ein häufiger Gast in dem Hause meines Onkels, des Banquier Leo in Paris. Seine Studien riefen ihn öfter in das „Institut", dessen Mitglied er war. Um ganz ungestört zu arbeiten, pflegte er in der Nähe desselben in einer bescheidenen möblierten Wohnung in der Rue des Beaux-Arts sich zu verstecken. Der Eigentümer war ein braver Schweizer, über dessen übertriebene Ehrlichkeit der große Gelehrte lachend zu klagen pflegte. Er könnte den Mann nicht bewegen, ihn auf seinen Wunsch gegen Besuchende zu verleugnen, sondern er antwortete auf ihre Frage, ob der Baron zu sprechen: „Er befiehlt mir zu sagen, daß er nicht zu Hause sei – aber er ist zu Hause". Humboldt pflegte sich zu beklagen, daß seine Beziehungen zum preußischen Hofe und insbesondere zu seinem Könige Friedrich Wilhelm IV., dessen Kammerherr er war (er hatte bei Hofe in blauem Frack mit rotem Kragen zu erscheinen), ihn in seinen Arbeiten störten – einer der Gründe, die ihn von Zeit zu Zeit nach Paris zu entfliehen veranlaßten. Mit verbindlicher Zuvorkommenheit erklärte er sich bereit, mir auf den Wunsch meiner Tante zu einer Portraitzeichnung zu sitzen, und erkletterte zu diesem Zwecke zweimal die fünf Treppen zu meinem benachbarten Atelier. Erst neuerdings ist es mir gelungen, diese Zeichnung meinem Album berühmter Zeitgenossen einzuverleiben. Von seiner Unterhaltung erinnere ich mich nur des Spottes, mit dem er meine zufällige Äußerung verhöhnte, „daß der Mond einen gewissen Einfluß auf unsern Planeten zu üben scheine." „Was kann es", sagte er, „für die Erde bedeuten, ob der Mond von rechts oder links oder von hinten beleuchtet ist?" Die Erfahrung scheint die italienischen Priester auf dem Lande eines anderen belehrt zu haben. Sie hüten sich wohl, wenn sie mit einem Madonnen- oder Heiligenbilde einen feierlichen Umzug durch die Felder halten, um eine Wetteränderung zu erflehen, ihn zu einer anderen Zeit als bei Mondwechsel vorzunehmen.

Humboldt schrieb seinen Namen schräg aufwärts unter meine fertige Zeichnung (eine Nachbildung befindet sich in diesen Blättern) und fügte erklärend hinzu, daß dies die Folge einer Lähmung seines rechten Armes sei, welche er sich durch Schlafen unter einem giftigen Baum auf seinen Reisen in Südamerika zugezogen. Als ich im Jahre 1850 zum ersten Male London zu besuchen beabsichtigte,

Ludwig Ferdinand
Schnorr von Carolsfeld
(1788–1853)
Zeichnung 16,5 x 12 cm
Alexander von Humboldt
im Vorzimmer des Königs
Berlin-Museum,
Berlin (West)

schrieb ich an ihn von Hamburg aus um einführende Zeilen an einen oder den anderen seiner zahlreichen englischen Freunde. Mit liebenswürdiger Pünktlichkeit erhielt ich folgende Antwort:

Berlin, den 13. May 1850
Ich bin leider nicht in der Lage an den Prinzen Albert zu schreiben – da ich dort wegen der bewußten Färbung meiner Meinungen und Gefühle keine persona grata *bin – aber Sie erhalten, theuerster Herr Lehmann, eine sehr warme Empfehlung an den edeln Herzog von Sutherland. Ich habe diesem wahr und lebendig ausgedrückt, was ich von Ihrem seltenen Talente, Ihrer zarten und doch so characteristischen Darstellung weiblicher Schönheit und der großen Liebenswürdigkeit Ihrer Formen weiß.*
Mit freundschaftlicher Hochachtung
Ihr Alexander von Humboldt.

Meine Gesundheit und Arbeitslust sind fester, als meine Heiterkeit. Der Andrang, von dem ich leide, ist grenzenlos, in diesem schreibseligen, dogmatischen, characterlosen, provisorischen Lande. Der Friede wird nach Innen und Außen nicht gestört werden, am wenigsten wegen Ausfuhr der Bonnes de Neuchâtel.

Rudolf Lehmann, 1848
Zeichnung 18,5 x 22 cm
signiert unten rechts:
R. Lehmann
Inschrift: *Alexandre de Humboldt, à Paris le 7 janv. 1848*
Bleistift und Kreide, mit Kreide aufgehöht, auf Karton
British Museum, London

Wilhelm von Kaulbach (1805–1874)

Kaulbach, der berühmte Historienmaler, hat Humboldt 1847 in Berlin kennengelernt, wohin er aus München berufen worden war, um die Fresken im Neuen Museum zu malen. In den Briefen an seine Frau Josephine berichtete er über die Freundschaft, die Humboldt ihm erwies. Im August 1847 lud dieser ihn nach Tegel ein:

Es ist für mich ein unvergesslicher Nachmittag!! Dieser ausserordentliche Mann war sehr freundlich, gütig und sehr gesprächig. Er erzählte mir vieles von seinen Reisen in Amerika, Asien, zu Wasser und zu Lande, am Himmel (als Astronom) und unter der Erde (er studierte in seiner Jugend auch Bergwissenschaft), von den alten Baudenkmalen in Amerika usw. Ja! er ist ein wunderbarer Mann. Er ist 74 Jahre alt und immer noch frisch und rüstig zum arbeiten. In Tegel angekommen, speisten wir in Gesellschaft sehr kluger, aber nicht schöner junger Damen und einiger Herren, alles Familienmitglieder — es wäre auch zu viel von der guten Mutter Natur verlangt, wenn zu der geistigen Schönheit dieser Leute auch noch körperliche Schönheit käme — so freigebig ist die Natur selten!![1]

Ein Jahr später zeichnete Kaulbach den Gelehrten in einem seiner Briefe:

Den 12. August
…ich bekomme viel Besuch. Humboldt war auch gestern wieder hier.
So sieht er aus, so unscheinbar ist dieser ausserordentliche Mann.[1]

Seine Verehrung für Humboldt brachte Kaulbach auch künstlerisch zum Ausdruck in seinen allegorischen Fresken; die *Germania* liest in einem Band des *Kosmos*.
1849 wurde Kaulbach zum Direktor der Königlichen Kunstakademie in München ernannt. Im selben Jahr erhielt er den Orden *Pour le Mérite*, worüber Humboldt an ihn schrieb:

Berlin, den 31. Januar
Es ist mir eine süsse Pflicht, verehrter Herr Professor und Kollege, als unwürdiger Kanzler eines Ordens, der mehr eine gelehrte und artistische, echt europäische Institution, als ein Orden ist, an Sie diese Zeilen richten zu dürfen. Ihre Wahl ist fast einstimmig gewesen; wir haben nie eine solche Harmonie unter Männern erlebt, die nicht mit einander kommunizieren konnten. Ich bin ganz besonders von unseren vortrefflichen Monarchen beauftragt, Ihnen, teurer Herr von Kaulbach, zu sagen, dass seine Wünsche erfüllt worden sind: ich sage die Wünsche, denn Sie wissen, dass nach den Statuten des Ordens der König nur die ersten Ernennungen hat selbst machen können. Das herrliche, grosse Werk, das wir von Ihnen besitzen, wächst mit jedem Tage

Wilhelm von Kaulbach
Zeichnung, 1848
Photographie aus:
A. v. H.-Sammlung
Hanno Beck, Bonn

Friedrich Wilhelm IV.
Zeichnung, 1850
Alex v. Humboldt als Ritter des
St. Mauritius- und St. Lazarus-Ordens

mehr und mehr in der Bewunderung aller ... Es ist ein Luxus der vielspendenden Natur, dass sie Ihnen dazu noch edle Anmut und Einfachheit der Sitten und den liebenswürdigen Charakter verliehen hat. Meine Gesundheit ... und meine nächtliche literarische Arbeitswut erhalten sich trotz meines urweltlichen Alters und vieler unpoetischer Störungen wundervoll ...
Mit innigster Verehrung und Freundschaft Ihr
Alexander Humboldt[1]

Im September des gleichen Jahres schrieb Humboldt einen weiteren Brief an Kaulbach:

Es ist Sonntag, den 14. September, mein fast unwahrscheinlicher 80jähriger Geburtstag, den ich allein mit Ihnen und unserem Rauch in Tegel feiern möchte, ... Sie werden Frau v. Bülow und ihre zwei lieben Kinder unendlich beglükken, wir haben in unserer Familie immer gewusst, welcher Genuss und welche Ehre es sei, die hochbegabtesten und edelsten seiner Zeitgenossen als Hausfreunde betrachten zu dürfen. Das hebt und erfrischt. Mit inniger Bewunderung und Liebe
Ihr ergebenster Alexander von Humboldt[1]

Kaulbach an seine Frau Josephine im September:

Vor einigen Tagen habe ich einem sehr interessanten Feste beigewohnt: nähmlich Humboldt feierte sein 80jähriges Geburtsfest. Ich wurde von ihm eingeladen auf seinem Landsitz Tegel im Kreise seiner Familie den Tag zuzubringen. Der König und die Königin mit wenigem Gefolge, der alte Rauch und meine Wenigkeit waren die einzigen Gäste ... Es war in der Tat ausserordentlich schön und merkwürdig. Der alte Humboldt war in der geistreichsten und witzigsten Laune, der König sehr heiter. Er hat sogar eine Arie gesungen ... Die Speisen waren köstlich und dazu die herrlichsten Weine. Mündlich werde ich Dir alle Gespräche wiederholen ... Der Anzug der Damen, wie schön der Salon geschmückt war, die herrlichen Tafelaufsäze bis herab zu den sechs Bedienten in schwarzem Livree und goldenen Schnallen an Knien und Schuhen – alles, ja sogar den ganzen Küchenzettel werde ich Dir erzählen, und das ist keine kleine Aufgabe.[1]

John Sartain (1808–1897) nach Eduard Hildebrandt
Schabkunst, 14,1 x 11,5 cm
aus *Eclectic Magazine*
A. v. H.-Sammlung W.-H. Hein, Bad Soden

---

1 Dürck-Kaulbach, Josefa, *Erinnerungen an Wilhelm von Kaulbach...*, München 1917
Die Gartenlaube, September 1869
Woltmann, Alfred, *Wilhelm von Kaulbach,* Unsere Zeit, Neue Folge, X, 2

Alfred Krausse (1829–1894) nach Hildebrandt, 1850
Kupferstich (Stahlstich), oval 10 x 8 cm, signiert auf der Platte:
„A. Krausse sc."
Inschrift auf der Platte: *Alexander von Humboldt aged 80 (1850)*
Im Besitz der Autorin

Eduard Hildebrandt, 1850
Öl auf Leinwand, oval 34,7 cm Ø, signiert: „E. Hildebrandt 1850"
Nationalgalerie Berlin (Ost)

Eduard Hildebrandt (1818–1869)

Naturdarstellung in der Kunst war stets von großer Wichtigkeit für Humboldt, der über Landschaftsmalerei ausführlich im zweiten Band des *Kosmos* geschrieben hat. Ungefähr im Jahre 1843 wurde er in Berlin mit Hildebrandt bekannt und war sofort von dessen Arbeiten begeistert. Der junge Künstler war gerade aus Paris zurückgekehrt, wo er bei Eugène Isabey studiert hatte, nachdem er zuvor durch Skandinavien, England, Schottland und Frankreich gereist war. Humboldt empfahl ihn König Friedrich Wilhelm IV., der von da an seine Reisen finanzierte, ihn später zum Hofmaler machte und seine Aquarelle und Zeichnungen für die königliche Sammlung ankaufte. Fortwährende Reisen führten Hildebrandt fast um die ganze Welt. Humboldt bewunderte besonders seine farbenkräftigen Aquarelle aus den Tropen. Es war nur natürlich, daß sich eine enge Freundschaft zwischen Humboldt und seinem Schützling entwickelte.

Obwohl Hildebrandt ein Landschaftsmaler war, porträtierte er Humboldt dreimal. Humboldt beglückwünschte ihn wegen der Ähnlichkeit des ovalen Ölbildes aus dem Jahre 1850 und schrieb: „Alle, die den Kopf bei mir sehen, sagen, er sei aus dem Spiegel gestohlen. April, 1850."[1]

Hervorragend von Krausse gestochen, erschien dieses Bild mit einer englischen Inschrift in einer posthumen Biographie Humboldts in England und Amerika.

Zwei Aquarelle Hildebrandts wurden die bekanntesten Darstellungen Humboldts. Das erste, aus dem Jahre 1845, wurde bald in Farbe reproduziert mit Faksimile einer eigenhändigen Inschrift Alexander von Humboldts: „Ein treues Bild meines Arbeitszimmers, als ich den zweiten Theil des ‚Kosmos' schrieb. A. v. Humboldt."

Wie getreu die Darstellung von Humboldts Arbeitszimmer war, läßt sich an den Reaktionen der vielen Besucher – ob sie aus der Berliner Nachbarschaft oder auch aus Amerika kamen – ablesen.

Der Ägyptologe Heinrich Brugsch-Pascha (1827–1893), der durch Alexander von Humboldt sehr gefördert wurde, besuchte ihn zum ersten Mal im Jahre 1847:

... Mein Herz klopfte fast hörbar, als ich den Klingelzug neben der großen Glasthür im ersten Stocke anzog und bald darauf einem kräftigen Fünfziger von herkulischer Gestalt gegenüberstand, der mir den Eingang öffnete und nach meinem Begehren fragte. Es war „der alte Seifert", der treue Kammerdiener und ehemalige Begleiter A. von Hum-

boldts auf dessen letzten Reisen nach dem Ural und Sibirien. Ich nannte ihm meinen Namen und der unbekannte schüchterne Primaner wurde sofort zu dem grossen Manne geführt.

Der ehrwürdige Greis sass wie immer im schwarzen Leibrock und in weisser Binde vor seinem Tische am Fenster, umgeben von Büchern und von offenen Pappkasten, die seine wohlgeordneten Kollektaneen zum „Kosmos" enthielten. Seine Feder schrieb in schräger Zeilenrichtung auf das Papier. Bei meinem Eintritt erhob er sich, bat mich, auf dem einfachen, mit grünem Wollenstoff überzogenen Sofa meinen Platz einzunehmen, und setzte sich mir gegenüber auf einen Stuhl neben dem von Schriften und Büchern überladenen Sofatisch. Ich war befangen wie einer, dem es an Kopf und Kragen gehen soll, stammelte Worte der Entschuldigung, aber bald schmolz das Eis meiner innersten Furcht und Angst vor den milden, freundlich lächelnden Zügen des Greises, die jedem unvergesslich blieben, dem auch nur einmal das Glück beschieden war, sich in seiner Nähe zu befinden.[2]

Der amerikanische Forschungsreisende James Bayard Taylor (1825–1878), Naturwissenschaftler und Dichter, u. a. Übersetzer von Goethes „Faust", besuchte Humboldt zweimal in dessen letzten Lebensjahren:

Berlin, 25. November 1856
Ich ging nach Berlin, nicht um seine Museen und Galerien, die schöne Strasse Unter den Linden, Opern und Theater zu sehen, noch um mich an dem munteren Leben seiner Strassen und Salons zu erfreuen, sondern um den grössten jetzt lebenden Mann der Welt zu sprechen – Alexander von Humboldt ... Ich war auf die Minute pünktlich und kam in seiner Wohnung in der Oranienburger Strasse an. Die Glocke schlug. In Berlin wohnt er mit seinem Bedienten Seifert, dessen Name allein an der Thür steht. Das Haus ist einfach und zwei Stock hoch, von einer fleischfarbigen Aussenseite, und wie die meisten Häuser in deutschen Städten, von zwei bis drei Familien bewohnt. Der Glockenzug oberhalb Seiferts Namen ging nach dem zweiten Stock. Ich läutete: die schwere Hausthür öffnete sich von selbst und ich stieg die Treppen hinauf, bis ich vor einem zweiten Glockenzuge stand, über welchem auf einer Tafel die Worte zu lesen waren:
Alexander von Humboldt.
Ein untersetzter vierschrötiger Mann von etwa Fünfzig, den ich sogleich als Seifert erkannte, öffnete: „Sind Sie Herr Taylor?" redete er mich an und fügte auf meine Bejahung hinzu: „Se. Excellenz ist bereit, Sie zu empfangen."

Seifert führte mich in ein Zimmer voll ausgestopfter Vögel und anderer Gegenstände der Naturgeschichte; von da in eine grosse Bibliothek, die offenbar die Geschenke von Schriftstellern, Künstlern und Männern der Wissenschaften enthielt. Ich schritt zwischen zwei langen, mit mächtigen Folianten bedeckten Tischen zu der nächsten Thür, welche sich in das Studirzimmer öffnete. Diejenigen, welche die herrliche Lithographie von Hildebrandt's Bild gesehen, wissen genau, wie dieses Zimmer aussieht. Da befanden sich der einfache Tisch, das Schreibpult, mit Papieren und Manuscripten bedeckt, das kleine grüne Sopha, und dieselben Karten und Bilder auf den sandfarbenen Wänden. Die Lithographie hat so lange in meinem eigenen Zimmer zu Hause gehangen, dass ich sofort jeden einzelnen Gegenstand wiedererkannte.[3]

Viele andere Besucher, jung und alt, saßen auf dem bekannten grünen Sofa und unterhielten sich mit dem gütigen Weisen, der sie mit seiner Herzlichkeit erfreute, die in so starkem Gegensatz zum Verhalten seines Dieners stand. Viele Besucher hatten kein gutes Wort für „den alten Seifert", einen widersprüchlichen Menschen in Humboldts Haushalt. Es ist schwer zu beurteilen, ob er für Humboldts letzte Jahre ein Segen war oder ob er die Güte und das Vertrauen des alten Mannes geschickt ausnutzte. Humboldt hatte sein Vermögen auf Forschungsreisen und für die luxuriös ausgestattete Ausgabe seines Reisewerks ausgegeben und stand nun in Seiferts Schuld. Daher hinterließ er ihm in seinem Testament alle seine Bücher und seinen persönlichen Besitz, darunter sogar Hildebrandts Aquarell von 1856: *Humboldt in seiner Bibliothek.*

Dieses Bild wurde als Farblithographie gedruckt und enthielt eine lange Faksimile-Schrift von Humboldt, wegen deren Formulierung er Varnhagen von Ense um Rat gefragt hatte:

Berlin, den 20. November 1856
Ich bedarf Ihrer literarischen Hülfe, mein edler Freund. Unser grosser Landschaftsmahler Hildebrandt, der in Brasilien, Kanada, Ägypten, Palästina, Griechenland und neuerdings am Nordkap war, hat ein wunderschönes Aquarell meines „Innern Haushalts" angefertigt, um ein kleineres zu vielen hundert Exemplaren nach Amerika Verkauftes zu ersetzen. La renommée, fruit d'une longue patience de vivre, augmente avec l'imbécilité. Ich bin gezwungen, zu diesem meinem Bilde eine Inschrift zu machen mit eigner Hand. Das ist nicht leicht ... Sie sollen mich leiten. Ihr dankbarster
A. v. Humboldt.
Donnerstags.[4]

Zwei Tage später schrieb Varnhagen in sein Tagebuch:

... Er freute sich meines Kommens, und führte mich bald in ein Nebenzimmer, wo Hildebrandt's grosses Aquarellbild eingerahmt hing; wirklich ein vortreffliches Gemählde, in dessen reicher Mannigfaltigkeit die sitzende Gestalt Humboldt's bedeutend vorherrscht. Nun kam die Frage wegen der dafür zu wählenden Inschrift; ich hatte richtig geahndet,

dass er nicht sowohl Vorschläge von mir erwarte, als vielmehr meine Billigung der von ihm schon gewählten... Das Gemählde hat Hildebrandt nicht Herrn von Humboldt, sondern dessen Kammerdiener Seiffert geschenkt. Es soll gestochen werden.[4]

Varnhagen verfaßte einige hochgestochene Hexameter auf dieses Bild, das mit anderen Werken Hildebrandts im *Kunstverein* ausgestellt wurde. Die 5 Silbergroschen Eintritt waren zur Unterstützung der Armen bestimmt.

Zu der Farblithographie mit der Humboldtinschrift gab es Broschüren auf deutsch, französisch und englisch. Sie enthielten die genaue Beschreibung von allem, was auf dem Bild dargestellt war, sowie eine Liste der Kunstwerke, ihren Standort und den Namen des Eigentümers von Hildebrandts Aquarell.

... die bronzene Büste des Königs von unserem grossen Meister Christian Rauch; die Statuette ihrer Majestät der Königin, sitzend in classischem Style; die sehr seltene Büste des berühmten Seefahrers und Entdeckers Don Enrique... das Modell des Obelisk von Luxor... Unter den Ölbildern zeichnen wir aus nach der Natur mit glücklicher Treue gemalt von Ferdinand Bellermann, den pittoresken Eingang der Höhle von Caripe (Cueva del Guacharo) in Südamerika... von Humboldt zuerst beschrieben; die Skizze zu der grossen historischen Komposition: der Tod von Leonardo da Vinci, ein Geschenk des berühmten Dominique Ingres; das anmuthige Bild der Sgra. Emma Gagiotti-Richards, von ihr selbst gemalt in Ancona, Geschenk der geistreichen Künstlerin... Der Durchblick auf das geöffnete kleine Gemach vor der Bibliothek, dessen Hinterwand mit dem grossen Panorama von Rom (Kupferstich von Giuseppe Vasi) geziert ist, lässt einen Theil der Vögelsammlung sehen... Ein Theil der selben magnetischen, astronomischen und meteorologischen Apparate, welche die treuen Begleiter des Reisenden im Flussnetze des Orinoco und Amazonenstroms, in den Cordilleren, im mexicanischen Hochlande und im nördlichen Asien waren, erinnern an die lange Thätigkeit eines vielbewegten Lebens... Das Original ist in der Wohnung von Alexander von Humboldt zu Berlin (Oranienburger Strasse Nr. 67, in dem 1844 von Joseph Mendelsohn gekauften Hause) seit dem 14. September 1856 (Humboldts 85. Geburtstag!) aufgestellt und als freundliches Geschenk des Künstlers im Besitz von Johann Seifert, welcher den Reisenden auf seiner sibirischen Expedition... begleitet hat. Das Vervielfältigungsrecht ist mit dem Eigenthum zugleich übertragen worden.[5]

Hildebrandts Bild wurde *das* Dokument für Humboldts eigene, friedliche Welt weit ab vom Glanz und Lärm des Hofes. Die Landkarten, Bilder, Skulpturen, ausgestopften Vögel, die ihn bis zu seinem Ende umgaben – er wurde in seiner Bibliothek aufgebahrt – waren bald verstreut.

Kaum einen Monat nach Humboldts Tode bemühte sich Seifert über seinen Schwiegersohn, den Reiseschriftsteller und Künstler Balduin Möllhausen, den gesamten ungeteilten Nachlaß in die Vereinigten Staaten zu verkaufen. Dabei hatte Alexander von Humboldt zeitlebens Möllhausen in jeder möglichen Weise gefördert. Er empfahl ihn dem König Friedrich Wilhelm IV., der Möllhausen zum Bibliothekar in Potsdam ernannte, eine Sinekure, die ihm weite Reisen ermöglichte. Humboldt schrieb ein Vorwort für Möllhausens Buch *Tagebuch einer Reise vom Mississippi nach den Küsten der Südsee,* Leipzig, 1857.

Als der Künstler 1857 zum zweiten Mal zu einer Expedition nach Amerika aufbrach, gab Humboldt ihm einen Brief an William Wilson Corcoran mit:

Potsdam, 18. Sept. 1856
Lieber Herr und sehr verehrter Freund!
Das freundliche Wohlwollen, das Sie mir seit Ihrem kurzen Aufenthalt bei uns entgegengebracht haben, gibt mir die Hoffnung, dass Sie diese Zeilen, in Eile geschrieben im Moment, da Herr Mullhausen aufbricht zum Rio Grande, Colorado, in den der Rio Gila mündet mit all den Wundern aztekischer Altertümer, entgegennehmen werden als kleines Zeichen von Freundschaft und Erinnerung... Ich bin sehr gerührt von dem freundlichen und gütigen Interesse, das Ihr edles, freies Land mir gegenüber erweist, in all dem Trubel, der untrennbar ist von allem Grossen, das zugleich seiner Macht bewusst ist.

Sie wissen, wie verbunden ich diesem ehrenwerten Herrn Mullhausen bin, dessen künstlerisches Talent und Training letzthin sich sehr entwickelt haben. Er lässt eine reizende Frau und ein Kind hier zurück, um sich in ein neues Unternehmen einzulassen, in der gefälligen, aber unsicheren Hoffnung, sich eines Tages mit seiner Familie in den Vereinigten Staaten niederzulassen. Er verlässt sich vielleicht allzusehr auf das mir entgegengebrachte Interesse. Er hat zu seinem angeborenen Talent und unantastbar moralischen Charakter auch einen starken Willen. Mit 88 Jahren kann mein Leben nicht mehr viel länger dauern, und ich bitte Sie herzlich und offenherzig aus Freundschaft zu mir ihm mit Ihrem Rat und starker Unterstützung beizustehen...[6]

Nach Humboldts Tod schrieb Möllhausen an W. W. Corcoran:

Potsdam, 1. Juni 1859
Sehr geehrter Herr,
durch Alexander von Humboldts letzten Willen und durch legale Schenkung ist Herr Seiffert, zuletzt Hausmeister bei Alexander von Humboldt, königlicher Kastellan in Berlin, der einzige Erbe des Gesamtbesitzes seines verstorbenen Herrn geworden.

Alexander von Humboldt in seiner Bibliothek, 1856
Farblithographie nach einem Aquarell von Hildebrandt, 62 x 75 cm
Am unteren Rand Faksimile-Schrift von Humboldt (s. Seite 139)
Kunstbibliothek Berlin (West)
The Royal Geographical Society, London

Alexander von Humboldt in seinem Arbeitszimmer 1848. Farblithographie nach einem Aquarell von Hildebrandt. *„Ein treues Bild meines Arbeitszimmers, als ich den zweiten Theil des Kosmos",* schrieb. A. v. Humboldt. Gray Herbarium Library, Harvard University, USA

Herr Seiffert, mein Schwiegervater, autorisiert mich, durch die Vereinigten Staaten bekannt zu machen, was folgt, indem es unser wärmster Wunsch ist, dass die Erbschaft von A. v. H. nicht durch Auktion über die Welt verstreut wird, da wir dieselbe in einer Weise bewahren wollen, die seiner Erinnerung Ehre macht und in einer Weise, dass jedes Mitglied der menschlichen Gesellschaft die Möglichkeit habe, mit Verehrung jene Dinge zu betrachten, die einen der grössten und besten Männer der Vergangenheit und kommender Jahrhunderte während seiner Lebensjahre umgeben haben. Und da ich ferner Beweise in der Hand habe, dass der erlauchte Verstorbene mit ganzem Herzen einverstanden gewesen wäre, dass „sein Nachlass der Besitz der Vereinigten Staaten" würde, und da er angeordnet hat, dass „nichts aus irgendeiner Empfindsamkeit heraus unverkauft bleiben solle", nehme ich mir die Freiheit, Ihnen mitzuteilen, dass Herr Seiffert bereit ist, durch Verkauf, über seine gesamte Erbschaft zu verfügen. Hierin inbegriffen ist die Bücherei von etwa 15000 Bänden, Landkarten, Tabellen, Chronometer aus Gold, Uhren, astronomische Instrumente jeder Beschreibung, meteorologische Instrumente, Kupfer- und Steingefässe zur Benutzung, Kunstwerke, unter anderem eine Kolossalbüste Alexander v. Humboldts von David d'Angers aus Marmor, sein Porträt von Schrader, zahlreiche Büsten, Statuetten, Radierungen, Zeichnungen, Ölgemälde, Porträts, Edelsteine, Gold-, Silber- und Platinmedaillen, naturgeschichtliche Sammlungen, alles Mobiliar, Kleidungsstücke, kurz alles, was Alexander v. H. seinem alten getreuen Diener hinterlassen hat. Falls die Bürger der Vereinigten Staaten geneigt sind, im Interesse ihrer selbst und ihrer Nachkommen die Erbschaft anzutreten in einer Weise, die der Erinnerung A. v. H.s würdig ist, können sie ihre Unterhändler sogleich bestimmen und ihnen die notwendige Vollmacht erteilen, um diese Angelegenheit schnellstens zu erledigen. Es ist unmöglich den Wert des ganzen ungeteilten Eigentums zu nennen, aber es wird wohl zwischen 18 und 100000 Dollar liegen. Versichert ist es 90000 preussische Thaler wert.

Da Herr Seiffert gezwungen ist, bis zum Herbst dieses Jahres über den Besitz zu verfügen, bitte ich Sie respektvollst, mir so schnell wie möglich über die Angelegenheit Mitteilung zu machen. Bis zum Erhalt Ihrer Antwort versprechen wir keine endgültigen Verfügungen zu treffen, weder mit Preussen noch mit irgendeinem andern Land, vorausgesetzt, dass Ihre Antwort uns vor dem ersten September erreicht. Ich verbleibe, mein Herr, respektvollst Ihr gehorsamer Diener H. B. Mollhausen.[6]

Die Antwort aber kam viel später und war nicht befriedigend. Humboldts Nachlaß wurde bald in alle Winde zerstreut. Die Bibliothek, die nach England verkauft wurde, ging zum größten Teil durch einen Brand am 29. Juni 1865, kurz vor der Auktion, zugrunde.

Ein Exemplar der sehr großen Farblithographie hängt heute in der Bibliothek der Royal Geographical Society in London. Sir Douglas Busk, dessen Vorfahr, Professor Joy, die Lithographie nach England gebracht hatte, schenkte sie 1968 der Gesellschaft.[7]

Zwei Inschriften befinden sich am unteren Rand, eine in Faksimile von Humboldt, tief philosophisch und poetisch. Es ist ergreifend zu sehen, wie Humboldt sich bemühte, seine sonst schräg ansteigende Handschrift gerade und leserlich zu machen.

Wenn der Mensch mit empfänglichem Gemüthe, in jugendlich vermessener Hoffnung den Sinn der Natur zu errathen, Gottes erhabenes Reich forschend und ahndungsvoll durchwandert, so fühlt er sich angeregt in jeglicher Zone zu einem geistigen Genuß höherer Art: sei es, daß er aufrichtet den Blick zu den ewigen Lichtern der Himmelsräume, oder daß er ihn niedersenkt auf das stille Treiben der Kräfte in den Zellen organischer Pflanzengewebe. Diese Eindrücke, eben weil sie so mächtig sind, wirken vereinzelt. Wird nun nach einem langen und vielbewegten Leben durch Alter und Abnahme physischer Kräfte Ruhe geboten, so vermehrt und bereichert der Gehalt des Eingesammelten die Aneinanderreihung der selbstgewonnenen Resultate, wie ihre mühevolle Vergleichung mit dem was frühere Forscher in ihren Schriften niedergelegt haben. Es bemächtigt sich der Geist des Stoffes und strebt die angehäufte Masse empirischer Erfahrung wenigstens theilweise einer Vernunfterkenntniß zu unterwerfen. Das nächste Ziel ist dann, in dem Naturganzen das Gesetzliche aufzufinden. Vor dem wissenschaftlichen Bemühen nach dem Verstehen der Natur schwinden allmälig, doch meist erst spät, die langgepflegten Träume symbolisirender Mythen.
Berlin, im Nov. 1856.

Alexander v. Humboldt.

Die andere ist eine Widmung in Tinte von ungeschickter Hand in großen Buchstaben:

Mögen Sie geehrter Herr Professor bei Ansicht dieses Bildes sich stets der Wohnung Alexander von Humboldt erinnern welche Sie kurz nach seinem Hinscheiden besuchten.

Johann Seifert der langjährige Reisebegleiter dieses grossen Mannes
Berlin, den 24. August 1859.

---

1 Lippky, Gerhard, *Eduard Hildebrandt, der Maler des Kosmos aus Danzig*, in *Westpreussen-Jahrbuch,* Bd. 19, 1969
2 Brugsch, Heinrich, *Mein Leben und mein Wandern*, Berlin 1894
3 Taylor, James Bayard, *At Home and Abroad.* New York 1860
4 *Letters of Alexander von Humboldt to Varnhagen von Ense,* London 1869
5 Hahlbrock, Peter, *Alexander von Humboldt und seine Welt*, Berlin 1969
6 Corcoran, William W., *A Grandfather's Legacy...* Washington 1879, ü. EM
7 *Die Information über die Herkunft der Lithographie verdanke ich der Archivarin der Royal Geographical Society in London, Mrs. Christine Kelly.*
Drost, Wolfgang, *Eduard Hildebrandt in Paris,* in *Westpreussen-Jahrbuch,* Bd. 19, 1969
Nelken, Halina, *Humboldtiana at Harvard,* Cambridge, Massachusetts 1976
Schoenwaldt, Peter, *Das Schicksal des Nachlasses Alexander von Humboldts*, in *Jahrbuch Preußischer Kulturbesitz* 1969, Köln und Berlin 1970

Karl Harras, 1853/54
Staatl. Porzellanmanufaktur, Berlin
A. v. H.-Sammlung W.-H. Hein, Bad Soden

Wolgast, 1851
Bronze, Höhe 50 cm
A. v. H.-Sammlung Hanno Beck, Bonn

H. Bubert und Georg Friedrich Loos
Bronze, 6,1 cm, um 1850
A. v. H.-Sammlung W.-H. Hein, Bad Soden

Carl Wolgast (tätig in Berlin 1840–60)

Aus einem undatierten Brief Humboldts an Ignaz von Olfers aus dem Jahre 1851:

Dem König und der Königin hat meine Statuette von dem jungen Bildhauer Wolgast (Münzstr. No. 15) so gefallen als ein Rauch und Kaulbach. Der König hat mir befohlen, bei Wolgast die Statuette in Bronze zu bestellen, und das Ihnen, teurer Freund zu melden, damit Sie gütigst die Bezahlung einst angeben, ich hoffe zum Vorteil des recht ausgezeichneten Künstlers, der bei Rauch gearbeitet hat.[1]

---

1 *Olfers, Ernst W. M. v., Briefe Alexander v. Humboldt's an Ignaz v. Olfers,* Nürnberg und Leipzig 1913

Stephen Alonzo Schoff (1818–1905), nach Moses Wight
Stahlstich, 25, 15,7 cm
Sign. *Wight pinx. Schoff sc.*
Facsimile *AvHumboldt*
Fogg Art Museum, Harvard University, USA

Moses Wight (1827–1895)

Moses Wight studierte Malerei in seiner Geburtsstadt Boston, von 1851 bis 1854 hielt er sich in Frankreich und Italien auf. Wenige Jahre später besuchte er noch einmal Europa und ließ sich 1865 in Paris nieder. Während seiner ersten Europareise fuhr Wight auch nach Berlin in der Hoffnung, Humboldt porträtieren zu können. Obwohl er bereits ein Empfehlungsschreiben für Humboldt von dem hervorragenden Autor und Präsidenten des Harvard College, Edward Everett, hatte, wandte er sich an Daniel D. Barnard, einen amerikanischen Diplomaten in Berlin, mit der Bitte, einen Sitzungstermin zu vermitteln. Da dieser Wight anscheinend für zu unerfahren hielt, ließ er zunächst einmal ein Porträt von sich selbst anfertigen. Wight bestand diese Prüfung sehr gut und durfte dann Humboldt porträtieren. Fast zwei Jahrzehnte später beschrieb Wight die Sitzungen in einem Brief an Reverend Robert C. Waterston, der anläßlich der Feiern zur 100. Wiederkehr von Humboldts Geburtstag der *Boston Society of National History* eine Replik dieses Porträts überreichte.

An Rev. R. C. Waterston:

Dear Sir,
Sie baten mich, Ihnen über Humboldt zu berichten, dessen Porträt zu malen ich die Ehre hatte. Ich sah ihn 1852 in Berlin. Er war zu dieser Zeit 83 Jahre alt. Unser erstes Gespräch fand bei der Sitzung für das Porträt im Februar des gleichen Jahres statt. Ich fand ihn eher untersetzt, sehr schlicht in Schwarz gekleidet. Sein Gang war gemächlich, doch fest und sicher; den Kopf hielt er leicht nach vorne geneigt. Im Gespräch strahlte Begeisterung über seine Züge, und seine kleinen klaren Augen blitzten lebhaft. Er nahm es anscheinend mit seiner Zeit sehr genau. Zu den fünf Sitzungen war er immer auf die Minute bereit. Da ich wußte, daß er mehrere Auszeichnungen von gekrönten Häuptern erhalten hatte, fragte ich ihn, ob er einige auf dem Porträt wünsche; er zog es vor, ohne Orden gemalt zu werden. Er erzählte von seinem angenehmen Aufenthalt in den Vereinigten Staaten und zeigte großes Interesse für das, was in unserem Lande vorging. In seinem Haus zeigte er mir mehrere seiner eigenhändig angefertigten Zeichnungen von Berglandschaften, alle sehr sorgfältig ausgeführt und mit der gleichen Sorgfalt aufbewahrt.

Mein Atelier lag in der Französischen Straße. Er lebte ruhig und zurückgezogen in einem einfachen Hause in einem anderen Teil der Stadt. Die Nachricht, daß er porträtiert wurde, weckte bei den zu der Zeit sehr zahlreichen amerikanischen Studenten in Berlin großes Interesse. Zu jeder Sitzung wurde Humboldt von seinem Diener (Seifert) nach oben geleitet, der sich dann entweder zurückzog oder so lange im Raum blieb, bis die für die Sitzung vorgesehene Zeit abgelaufen war. Humboldt erhob sich dann augenblicklich und verabschiedete sich höflich.

Zwei- oder dreimal war auch unser Chargé d'Affaires in Preußen, Honorable Theo. S. Fay, bei den Sitzungen zugegen, wobei es zu angeregten Unterhaltungen kam. Als das Porträt des großen Naturwissenschaftlers fertig war, kamen viele Menschen, es anzusehen, darunter auch Künstler wie Cornelius, der für seine hervorragenden Fresken in Kirchen und Palästen bekannt war, und der Bildhauer Rauch, unvergessen wegen der von ihm geschaffenen Statue Friedrichs d. Großen. Bevor das Porträt nach Amerika ging, wurde es im großen Saal des Kunstvereins in Berlin ausgestellt.

Es ist mir eine große Freude, Ihnen anläßlich der Feier seines 100. Geburtstages das Originalporträt von Humboldt zu übergeben. Die von Ihnen gewünschte Kopie des Porträts ist jetzt fertiggestellt. Ich halte sie in jeder Hinsicht für originalgetreu.

Ihr ergebenster Diener M. Wight
Boston, 8. September 1869[1]

Moses Wight, Öl auf Leinwand, 71,1 x 62,8 cm, Sign. *M. Wight pt. Berlin 1852,* Rückseitige Inschrift *Portrait of Baron von Humboldt painted in his 82nd year M. Wight Berlin Feb. 1852,* Museum of Fine Arts, Boston, Mass., USA

Der Künstler und sein Porträt von Humboldt hatten in den Vereinigten Staaten den gleichen Erfolg. Stephen Alonzo Schoff (1818–1905) fertigte in New York einen Stich des Porträts an; dennoch blieben gemalte Kopien gefragt. Außer der in dem Brief von Wight erwähnten Kopie existieren mindestens noch zwei weitere Kopien in anderen Ausmaßen: eine kleinere (56 x 46 cm) war in dem Auktionskatalog der Sammlungen von Elizabeth Hepp und Margareta F. G. Purves abgebildet. Laut Katalog war das Bild mit Autograph von der Familie des Künstlers verkauft worden.[2] Ein weiteres Porträt, eine Schenkung von Alexander Agassiz an das Museum of Comparative Zoology Harvard University, war auf der Ausstellung *Humboldtiana at Harvard* im Jahre 1976 zu sehen.[3]

Das Originalporträt war mehrmals ausgestellt: im Athenaeum in Boston (1853, 1856, 1866, 1867) und an der Harvard University 1970. Im 19. Jahrhundert wurde das Bild häufig zwischen Boston und Paris hin- und hergeschickt, zum letzten Mal 1896. Henry P. Williams bestätigte dem Kustos Benjamin Ives Gilman, daß der Künstler sein Werk dem *Museum of Fine Arts* testamentarisch vermacht habe:

14. März 1896
Herrn Kustos B. I. Gilman
Museum of Fine Arts
Dear Sir, als Testamentsvollstrecker des Mr. Moses Wight bestätige ich, daß er sein Humboldtporträt dem Boston Art Museum hinterlassen und daß mein Kompagnon mir mitgeteilt hat, daß sie (Mr. Wights Schwester) dafür Sorge tragen wolle, daß das Bild von Paris an mich zur Weiterleitung an das Museum geschickt werde. Ich habe es noch nicht erhalten.
Ihr ergebener Henry D. Williams[4]

Das Bild kam wohlbehalten an und wurde dem Museum mit der Auflage übergeben, daß es niemals verkauft werden dürfe und „an einem angemessenen Platz in der Gemäldegalerie Ihres Museumsgebäudes hängen" solle.[4]

---

1 *The Boston Society of Natural History 1830–1930,* Boston 1921, ü. RM.
2 Freeman, Samuel T. & Co., *Sales Catalogue,* Philadelphia 1932
3 Nelken, Halina, *Humboldtiana at Harvard,* Cambridge, Massachusetts 1976
4 *Museum of Fine Arts, Catalogue of Paintings,* Boston 1921, ü. HN/RM.
De Terra, Helmut, *Moses Wight* in *Proceedings of the American Philosophic Society,* vol. 102, No. 6, December 1958
Wight, W. Wm., *The Wights,* Milwaukee 1890

Christian Daniel Rauch
Marmorbüste, 62,5 x 42 cm
The Corcoran Gallery of Art, Washington D. C.

Christian Daniel Rauch (1777–1857)

Humboldts Büste war die letzte, nach dem lebenden Modell entstandene Rauch-Skulptur, die er im Auftrag des Königs für das Schloß Charlottenhof schuf. Sie ist in Marmor ausgeführt (45 cm) und *C. Rauch Fec. 3. Okt. 1851* bezeichnet; sie entspricht der weicheren, mehr malerischen Formgebung von Rauchs reifem Stil. Eine Marmorreplik dieser Büste wurde durch den amerikanischen Mäzen William Wilson Corcoran aus Washington in Auftrag gegeben, der mit dem ehemaligen Präsidenten der Vereinigten Staaten, Millard Fillmore, Humboldt im Jahre 1855 in Berlin besucht hatte. Die Ankunft der Büste und des zur gleichen Zeit in Berlin bei Emma Gaggiotti-Richards in Auftrag gegebenen Humboldtporträts wurde in Washington mit einem Empfang für die Kunstliebhaber gefeiert. Rauch, der die originalgetreue Nachbildung für „ein hundert Friedrich d'or" innerhalb eines Jahres schuf, bewunderte naiv „die Kühnheit dieser überseeischen hochstehenden Personen, nur mit ihrer angeborenen Muttersprache uns zu besuchen und in Heiterkeit damit fertig zu werden."[1]

Er selbst hatte Schwierigkeiten mit fremden Sprachen. Noch 1832 gab er in einem Brief an David d'Angers zu:

Paris 29. Juli 1832
",... Da ich nicht in einer fremden Sprache schreiben kann, war ich die ganze Zeit verärgert und böse auf mich selbst wegen meiner Selbstvorwürfe, Ihnen nicht gedankt zu haben für die große Aufmerksamkeit, die Sie und Baron Gérard mir haben zuteil werden lassen, indem Sie mich als korrespondierendes Mitglied des Institut de France vorschlugen. Es ist dies ein unerwartetes Glück, das ich nur Ihnen und Ihrer unendlichen Nachsicht verdanke. Ich bitte Sie, die Güte zu haben, meinen Dank auch an Monsieur Gérard zu übermitteln..."[2]

Ein Jahr später wurden weitere Repliken für den englischen Botschafter in Berlin, Lord Bloomfield, und den Großherzog von Mecklenburg-Schwerin angefertigt.

Der russische Fürst Anatol N. Demidoff, Mäzen von Künstlern und Wissenschaftlern und korrespondierendes Mitglied der Pariser Akademie, hatte den Wunsch, der Pariser Akademie eine Büste von Humboldt zu stiften. Rauch begann eine Replik in weißem Marmor, die nach seinem Tode durch einen Schüler vollendet wurde. Im September 1858 wurde die Büste zunächst im Vorsaal der Bibliothek des Instituts aufgestellt und später in die Bibliothek versetzt. Der in Paris lebende Architekt Jakob I. Hittorf berichtet darüber in dem französisch abgefaßten Brief an Humboldt vom 24. Dezember 1858:

... Ihre Büste im Institut wird bewundert. Sie steht für sich allein in einem der neuen Bibliothekssäle, vollendet beleuchtet und von Herrn Périgard sorgfältig aufgestellt.
Er ist ein braver, würdiger Mann, der Sie liebt, man darf sogar sagen anbetet, mit einer Leidenschaft, die in rührendem Gegensatz steht zu seiner dicken Person, der unbeweglichen Haltung und seinem unveränderlichen Phlegma.[3]

Als Rauch 1826 nach Paris kam, führte Humboldt ihn in den Kreis seiner Künstlerfreunde ein, wobei Rauch mit David d'Angers eine besonders enge Freundschaft anknüpfte, die sich auch aus einer umfangreichen Korrespondenz ablesen läßt. Jean Gigoux, der Humboldt in Berlin aufgesucht hatte, zeichnete dort ein Porträt Rauchs für David d'Angers. In seinem Buch schreibt er darüber:

Ich hatte Rauchs Porträt für David d'Angers gezeichnet, der ihn sehr schätzte. Rauch war einer der merkwürdigsten und freundlichsten Menschen, die ich je kennengelernt habe. Er war groß und kräftig, aber so sensibel und schüchtern, daß er bei dem geringsten Kompliment, das man ihm machte, wie ein junges Mädchen errötete...
Gewiß war Rauch ein erfolgreicher Künstler, waren seine Werke geschmackvoll und voller Überraschungen. Die Plätze und Straßen in Berlin, die Brücke über die Spree beweisen dies mannigfaltig.[4]

Die Freundschaft zwischen Humboldt und Rauch wurde mit der Zeit immer herzlicher. „Sie, verehrter Freund, sind seit

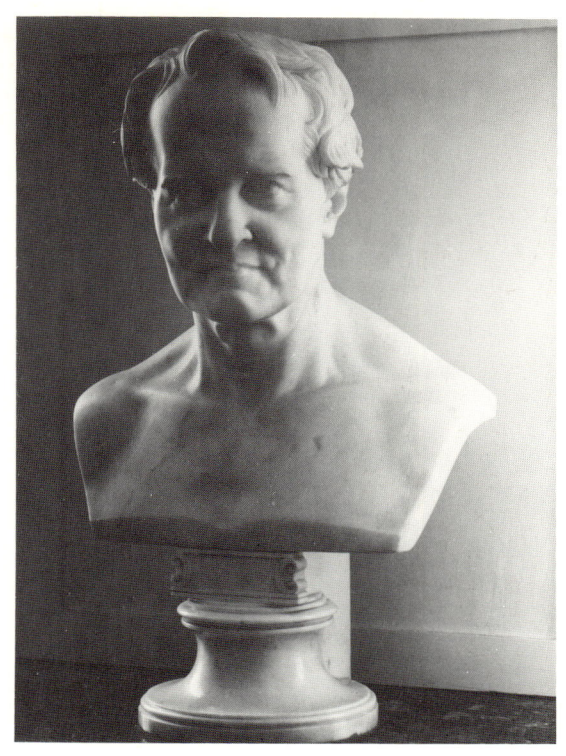

Christian Daniel Rauch, 1851
Marmorbüste, 62 cm hoch
Schloß Charlottenhof, Potsdam, DDR

meines Bruders Tod mir die erfreulichste anmutigste Erscheinung in dieser veröderten Welt", schrieb ihm Humboldt und unterzeichnete seine Briefe oft „mit Liebe, Verehrung, Dankgefühl und Bewunderung als Ihr urältester Freund".[5]
Ein französisch abgefaßter Brief Humboldts an François Forster beweist, wie außerordentlich er Rauch als Künstler und Mensch schätzte:
Potsdam, 4. Januar 1855
... Rauch und Cornelius sind die einzigen Künstler, welche zugleich Bildhauerei, Graphik, Malerei und Medaillenkunst gründlich beherrschen. Rauch besitzt noch dazu diese innere Freiheit, die ihn für so niedere Empfindungen wie Neid und Mißgunst unempfänglich macht...[6]

---

1 Bruhns, Karl, *Alexander von Humboldt,* Leipzig 1872, II
2 Jouin, Henry, *David d'Angers et ses relations littéraires Correspondance du Maître...* Paris 1890, ü. HN/RM
3 Staatsbibliothek Preußischer Kulturbesitz, Berlin (West), ü. EM
4 Gigoux, Jean, *Causeries sur les artistes de mon temps,* Paris 1885, ü. RM
5 Burg, Paul, *Christian Daniel Rauch und Alexander von Humboldt,* in *Berliner Hefte* (7) 1947
6 Landesarchiv, Berlin, ü. AA/HN
Eggers, Friedrich, *Christian Daniel Rauch,* Berlin 1873
Rave, Paul Ortwin, *Das Rauch-Museum der Orangerie des Charlottenburger Schlosses,* Berlin 1930

Emma Gaggiotti-Richards (1825–1912)

Unter allen Humboldtporträts ist das von Emma Gaggiotti-Richards besonders gut belegt. Kaum war die Künstlerin in Berlin eingetroffen, berichtete auch schon Hedwig von Olfers, die Frau des Generaldirektors der Berliner Museen, einer Freundin, sie ist:

... eine schöne Italienerin, die vortrefflich malt.... Ihre Mutter wollte sie eigentlich zu einer Virtuosin in der Musik machen. Sie lernte meisterhaft Piano und Harfe, und eine volltönende Mezzosopran-Stimme, wie sie nur in dem hohen Brustkasten der Italienerinnen wohnt, gab diesem Talent noch höheren Reiz, als sie plötzlich eine solche Leidenschaft zur Malerei in sich entdeckte, daß sie mit achtzehn Jahren anfing, täglich sechs Stunden zu zeichnen und zu malen, und mit einigen Zwanzig jetzt eine tüchtige Meisterin ist. Ihr Vermögen hat sie durch die Heirat mit einem Engländer verloren und ging zur Mutter zurück, in der Absicht, sich durch Porträtmalerei zu erhalten. In England hat sie mehreres auf Bestellung der Königin gemalt, und hier hat sie eben ein Porträt von Humboldt vollendet, das der Prinz von Preußen gekauft und das ich vortrefflich finde.[1]
(Berlin, Februar 1854)

Nach dem Tode ihres Mannes empfahl der preußische Gesandte in London, Christian Karl Josias von Bunsen, Emma Gaggiotti an Humboldt. Sie konnte sich keinen besseren Gönner wünschen als ihn, der schon seit mehr als 50 Jahren Talente unterstützte und förderte. Er stellte sogar seine Bibliothek für eine Ausstellung ihrer Bilder zur Verfügung, über die die Presse berichtete.

Die Spenersche Zeitung, 26. April 1854:
Eine talentvolle junge Dilettantin, Emma Gaggiotti-Richards, die sich gegenwärtig hier aufhält, hat in diesen Tagen Porträte zweier unserer Celebritäten, des Hrn. Alexander von Humboldt und des Prof. Rauch, vollendet. Diese gelungenen Bilder haben eine so grosse Aufmerksamkeit erregt, dass die hiesigen Kunstfreunde dem seltenen Talente ihre Anerkennung nicht haben versagen können... Mit sprechender Aehnlichkeit verbinden beide Bilder... eine vollendete Technik, wie man sie von einer Dilettantin kaum erwarten sollte, und die sich nur durch den hohen Grad der allgemeinen Bildung, welche Mme Gaggiotti besitzt, erklären lässt.[2]

Ein paar Tage später schrieb Humboldt an Ignaz von Olfers:
Ich flehe, mein teurer Freund, dass Sie mir die Freude machen... an einem kleinen Tisch bei mir zu speisen. Ich kann der scheidenden Künstlerin Signora Gaggiotti und ihrer Mutter keinen für sie ehrenvolleren Gast auffordern... ohne Sie ist kein Fest für Mad. Gaggiotti und für mich... Ich brauche wohl nicht daran erinnern dass ihr der König gestern... die grosse goldene Medaille für die Kunst bestimmt hat, und dass ich es der Emma sagen sollte. Die Uebergabe kann nur durch Sie geschehen und gewinnt dadurch an Solennität.[3]

Während des Festessens, zu dem auch Rauch und Hildebrandt eingeladen waren, erhielt die Künstlerin zur Goldenen Kunstmedaille auch die silberne Kosmosmedaille. Wie die Spensersche Zeitung mitteilte, gab es dazu noch ein besonderes Geschenk für sie:

Spenersche Zeitung, 4. Mai 1854:
*Hr. v. H. überreichte ihr bei der Gelegenheit, als allerhöchste Anerkennung von Seiten Sr. M. des Königs, die goldene Medaille für Auszeichnung im Gebiete der Kunst, welcher zugleich noch die, bei dem Erscheinen des ,,Kosmos", auf dessen berühmten Verfasser auf des Königs Befehl geprägte, silberne Medaille hinzugefügt war.
Hr. v. H. selbst hat der Künstlerin eine Mappe mit Ansichten verehrt, die nach von ihm selbst aufgenommenen Skizzen der Cordilleras de los Andes auf das Sorgfältigste ausgeführt sind; auf dem Deckel befindet sich die Inschrift: A Madame Emma Gaggiotti-Richards en hommage d'admiration du aux talents, à la noble simplicité de caractère et à de sublimes inspirations de l'art, dédié par Alexandre de Humboldt.*[2]

Die große Popularität von Paul Habelmanns (1823–1890) Kupferstich nach Gaggiottis Porträt verursachte Humboldt einige Schwierigkeiten. Er schrieb an den Verleger Alexander Duncker:

Berlin, 27. Mai 1855
*Verzeihen Sie, verehrter Mann! wenn ich die Bitte wiederhole... einige Exemplare meines Kupferstiches nach der Gaggiotti und des kleinen Zimmers (nach Hildebrandt) nach Paris und London in Commission zu schicken... und in Paris und London den Ort des Verkaufs (die Strasse) in einem gelesenen Blatte ankündigen zu lassen. Ich kann Ihnen nicht beschreiben, welche neue Plage mir aus der Verherrlichung durch diese schönen Publicationen geworden ist; ein Zusatz zu den 2500–3000 ganz uninteressanten Briefen, die von meiner Hand jährlich circuliren. Ich habe eben wieder zwei Kupferstiche von Habelmann nach London zu verschicken. Ich klage nicht sowohl über die Kosten, als über die ewigen Forderungen ,,Liebenswürdigkeiten" auf die sorgfältig planirten! Blätter zu schreiben und das angenehme Thema zu variiren: dazu das Einpacken und Verschicken grosser Rollen welche die Gesandschaften verabscheuen. Da das Übel im Zunehmen und bei meiner Bekanntschaft ohne Grenzen ist, so weiss ich keine andere ,,Linderung" als die Erfüllung der obigen Bitten. Ich lege Ihnen einen Brief von Herrn Jomard bei, damit Sie sehen, wie überaus glücklich Ihre und Rauch's Wahl von dem vortrefflichen Habelmann gewesen ist.
Pfingstsonntag*[2]

Emma Gaggiotti-Richards, 1854
Öl auf Leinwand, 96,5 x 61 cm
oben rechts sign. *Alexander von Humboldt*
The Corcoran Gallery of Art, Washington D. C.
(Das Bild wurde während der Restaurierung photographiert)

Vielleicht bezieht sich dieser Brief direkt auf Habelmanns Kupferstich, von dem sich ein Exemplar in der Royal Society in London befindet. Diese hatte Humboldt am 6. April 1815 zum Mitglied ernannt, und er schrieb (ungewöhnlich leserlich) im Juni 1855 aus Potsdam diese Zeilen:

Ergebenste Dankbarkeit von Alexander von Humboldt, der, wie sein Freund und langjähriger Mitarbeiter, M. Biot, die außerordentliche Ehre genießt, der Royal Society von London seit 1815 anzugehören.

Zwei weitere Briefe an Duncker zeigen das selbstlose Interesse Humboldts, der jungen Künstlerin zu helfen:

Ich sage Ihnen, verehrter Mann, meinen innigen Dank für die freundlichen Nachrichten und einer Anerbietung wegen des Preises, von der ich keinen Gebrauch machen werde. Wenn Sie aber je von der Platte wieder abziehen, so wäre wohl zu wünschen, dass irgendwo hinter dem Namen Gaggiotti vorher die Zahl 1854 beigefügt würde; man hat oft und wohl mit Recht getadelt, dass etwas fehle, das bei einem Bildnisse für die Zukunft von einiger Wichtigkeit ist.
Berlin, 6. Juni 1855

Als mich ein Auftrag des Königs heute zu Mad. Gaggiotti führte, sah' ich dort, zum ersten Male, und ich seze sehr freihmüthig hinzu zu meinem Schrecken, in den eigenen Händen der Künstlerin, eine Ankündigung meines Bildes, welche Ihren Namen führt. Ich hätte wünschen müssen, dass mir dieses Blatt, vor der Publication, gezeigt worden wäre ... ich würde aber unfehlbar erinnert haben, dass es unzart sei, eine Künstlerin, die leider! unserer Sprache kundig ist, lesen zu lassen, wie der Kupferstich dem Gemälde vorzuziehen sei.
Sonnabend, 16. 6. 1855[2]

Die außergewöhnlich gute Qualität von Habelmanns Kupferstich sollte das Originalporträt nicht überschatten. Gaggiottis Gemälde spricht für sich. War es ihre leidenschaftliche Hingabe, die Funken in Humboldts Augen entzündete und seinen Zügen diesen Glanz gab? Oder war es nichts weiter als die glatte idealisierende Technik der Künstlerin? Unter allen Humboldtporträts war ihres das einzige, das William Wilson Corcoran für seine Kunstsammlung in Auftrag gegeben hatte, als er Berlin in Begleitung des ehemaligen Präsidenten der Vereinigten Staaten, Millard Fillmore, besuchte.

Die Ankunft des Porträts in Washington D. C. wurde festlich begangen, worüber Humboldt der Künstlerin nach Paris berichtete:

Amerika hat Ihren Ruhm gefeiert. Unser Gesandter, Herr Gerolt, schreibt mir, dass die Ankunft Ihres Porträts seinem Freund, Mr. Fillmore, den Anlass für ein Fest zu Ihren Ehren bot, wobei durch Sie etwas Glanz auch auf mich fällt.[4]

Bevor sie Berlin 1856 verließ, übergab die Künstlerin Humboldt ihr Selbstporträt. In einem Brief in ihrer Angelegenheit schrieb Humboldt wieder an Friedrich Wilhelm IV.:

Emma, die das Flehen mir verschönert, war am frühen Morgen bei mir ... Emmas eigenes grosses Bildnis ist über alles gelungen, fast schöner als sie selbst. Es hat dazu die Tugend, nichts zu erbitten.[5]

Humboldt empfahl Emma Gaggiotti an Jakob Ignaz Hittorf (1792–1867), einen hervorragenden Architekten in Paris, der 1854 den Orden *Pour le Mérite* erhielt. Dieser schrieb Humboldt über seine Bemühungen, sie in die Pariser Künstlerkreise einzuführen:

Paris, Dec. 24, 1858
Mein edler Freund und berühmter Kollege,
Obwohl ich fürchte, Sie zu belästigen, kann ich doch das Jahresende nicht vorübergehen lassen, ohne mich einen Moment mit Ihnen zu unterhalten, ohne Ihnen meine und meiner Familie gute Wünsche für weitere gute Gesundheit und Erfüllung aller Bedürfnisse auszudrücken. Besorgt haben wir von Ihrem leichten Unbehagen Kenntnis genommen, das Sie einige Tage ans Haus gefesselt hat und mit Freude danach erfahren, dass es sich nur um ein kurzes Unbehagen gehandelt hat, und dass Sie nun schon wieder seit einiger Zeit Ihre gewohnte Lebensweise aufgenommen haben, nämlich sich Ihrer Arbeit zu widmen und Gutes zu tun. Das Erste, indem Sie die grossen Anlagen Ihres Geistes benutzen, das Zweite, indem sie der wahrlich unerschöpflichen Güte Ihres Herzens freien Lauf lassen. Ich selbst bin davon so sehr und bei so vielen Gelegenheiten überschüttet worden, dass ich Ihnen selbst da, wo Sie mich um eine Gefälligkeit bitten, noch zu Dank verpflichtet bin. So auch jetzt wieder, da Sie Frau Richards Gaggiotti einen Empfehlungsbrief an mich mitgegeben haben. Die Dame ist in der Tat so schön, so angenehm, so interessant, dass es ein wahres Glück ist, sie zu sehen und ihr nützlich sein zu können. Ich bin Ihnen für diese köstliche Befriedigung verbunden und danke Ihnen dafür. Ich muss Ihnen auch gestehen, dass bei dieser Gelegenheit meine Dankesschuld an Sie, die schon gross genug ist, über alles Mass hinaus vergrössert worden ist. Die vorzügliche Dame hat Ihnen zweifelsohne Nachricht zukommen lassen von all den Verzögerungen, die ihr bei Verfolgung ihrer Ziele widerfahren sind und bis zu welchem Grade sie sie dennoch bisher schon erreicht hat. An meinem guten Willen hat es nicht gefehlt. Und obwohl ich nur in kleinem Kreise wirken kann, glaube ich doch das Glück gehabt zu haben einigermassen zu ihrem Erfolg beigetragen zu haben. Die Herren Bac...(?) und F...(?) haben sich vorzüglich erwiesen und, von dieser Seite her unterstützt, besteht jede Hoffnung, dass das bemerkenswerte Talent der Künstlerin das Übrige tun wird. Die

O. Roth, Allegorie
Stahlstich, 23 x 16,1 cm
Sign. *F. Keller (?) O. Roth*
Deutsche Staatsbibliothek,
Berlin (Ost)

Mutter, Frau G..., hat mich einige Male aufgefordert, mein Porträt malen zu lassen. Es wäre mir ein Vergnügen diesen Wunsch zu erfüllen und damit auch andern ein gutes Beispiel zu geben, junge Künstler zu unterstützen. Aber es ist in meiner Stellung unmöglich, ohne dadurch eine Menge Malereitelkeiten zu verletzen.

Bei dieser Gelegenheit bedaure ich es sehr, daß allein nationale Ritter des Ordens Pour le Mérite das Vorrecht besitzen, ihr Porträt in einer Berliner Galerie ausgestellt zu sehen. Andrerseits wäre ich entzückt, Frau R. den Auftrag zu erteilen, sich an meinem Porträt zu versuchen, ihr, die den Ordenskanzler so glücklich dargestellt hat, und damit die Sammlung gern erweitern. Ich bin mir klar darüber, daß meine Geburt am Ufer des Rheins und meine lebhafte, nie ermüdende Anhänglichkeit an meine Landsleute mich in eine außergewöhnliche Situation versetzt, trotz meiner französischen Naturalisation, meiner Dankbarkeit und Ergebenheit meinem Adoptivland gegenüber, dem ich soviel verdanke. Aber, wie dem auch sei, ich bin kein nationales Mitglied, und während ich zugebe, daß es mir viel wert wäre, wenn es meinem Bild bestimmt wäre, dort zu stehen, wo auch und vor allen anderen das Ihrige aufgestellt ist, mache ich mir keine Illusion darüber, daß mir viel fehlt, um eine derartige Ehre zu verdienen.

Daher will ich lieber von Neuem über Wege nachdenken, Frau R.s Talent zu fördern ohne mich dem Verdacht auszusetzen, weniger aus Güte als aus Ehrgeiz gehandelt zu haben. Als ich Herrn Goupil, unsern wohlhabenden Herausgeber von Kupferstichen, besuchte, ihn zu veranlassen nach Kräften das Talent Ihres lieben und vor allem verdienstvollen Schützlings zu fördern, was er mir auch versprochen hat und bald tun wird, habe ich auch von der schönen und interessanten Chromlithographie, die Ihr Arbeitszimmer darstellt, gesprochen. Er versicherte mir, daß er noch keine Probeabzüge bekommen hat, versprach aber, sie gleich nach Empfang auszustellen und sein Möglichstes zu tun, um sie unterzubringen. Da ich Herrn Goupil seit einiger Zeit nicht gesehen habe, weiß ich nicht, wie die Sache steht, will aber bald zu ihm gehen und mich erkundigen, sodaß ich Ihnen bald darüber berichten kann...[6]

Emma Gaggiotti-Richards muß in der Tat eine außergewöhnlich anziehende Frau gewesen sein, da sogar der sonst eher zurückhaltende Varnhagen von Ense bemerkte: „Die persönliche Liebenswürdigkeit der schönen Künstlerin ist bezaubernd."[7] Sie war keine „Bohémienne". Wie es sich geziemte, wurde sie stets von ihrer Mutter begleitet. Sie war eine vollendete junge Dame, die in der besten Gesellschaft gern gesehen war. Ihre Werke fanden ihren Weg in den Pariser Salon von 1859, in einige Museen und in die königlichen Sammlungen von London und Berlin. Humboldt verfolgte ihre Karriere mit Interesse.

Ihre Korrespondenz, die bis zu seinem Tode dauerte, ist fast völlig verloren gegangen. Man kennt von ihren Briefen nur, was in Humboldts früher Biographie daraus zitiert ist: „J'espère en Vous," schreibt sie am 3. 12. 1858 aus Paris, „qui êtes toujours la source de tous mes biens sur la terre! Il me reste à Vous prier d'une ligne, que mon coeur désire ardemment." Und am 9. 1. 1859: „Je travaille beaucoup, j'ai des commandes; mais je n'ai pas le bonheur inexprimable de Vous voir entrer mon atélier, me combler d'honneur par Votre présence et de consolation par Votre généreuse louange, qui me donne le courage de tout entreprendre!"[8]

Alfred Dove hat poetisch auf diese Freundschaft hingewiesen und Emma als „den Abendstern, der klar über den letzten müden Schritten des kosmischen Wanderers schien"[8] bezeichnet. In Wirklichkeit war es Humboldt, der Gaggiottis Lebensweg durch seinen Ruhm, seine Weisheit und Herzensgüte erleuchtete.

Gaggiottis Humboldtporträt wurde von mehreren Künstlern in den verschiedensten Techniken reproduziert. So widmete Humboldt z. B. eine Lithographie von Salazar dem mexikanischen Historiker Don José Fernando Ramirez, der ihn am 14. September 1855, Humboldts 86. Geburtstag, in Potsdam besuchte.

Raybaud, Besitzer einer der ersten Seidenmanufakturen in Lyon, hatte eine Galerie von in Seide gewebten Porträts berühmter Persönlichkeiten. Humboldts Porträt nach Gaggiottis Gemälde wurde in zwei Kopien in Seide ausgeführt. Raybaud schenkte eine davon Humboldt, der sich schriftlich bedankte:

Berlin, 10. März 1857
Mein Herr Raybaud! Ich muss in Ihren Augen als sehr unartig erscheinen, da ich so lange Zeit habe vorübergehen lassen, bevor ich Ihnen für die ausserordentliche Ehre dankte, die Sie mit so vielem Zartsinne meinem Namen erwiesen haben. Es sind beinahe drei Wochen her, dass ich durch die Güte des Herrn Gerson Ihre bewundernswerthe Arbeit empfing, ein Meisterstück der Kunst-Industrie und ein glänzender Beweis von den neueren Fortschritten des Zeichnens und der Webekunst. Ich hatte gleich in den ersten Tagen die Absicht, Ihnen die Glückwünsche an die Sie durch zahlreiche Erfolge gewöhnt sind, auch meinerseits zukommen zu lassen, als mich, der ich bisher in meinem antediluvianischen Alter (88 Jahre) einer vortrefflichen Gesundheit mich erfreute, an der linken Seite des Körpers eine Schwäche überfiel, die leicht sehr ernste Folgen hätte haben können. Sie sind jedoch nur vorübergehend gewesen, und Dank der Sorgfalt unseres grossen Arztes, Doktor Schönlein, befinde ich mich jetzt in voller Genesung. Es ist mir angenehm, dass ich selbst es Ihnen ankündigen und zugleich Ihnen sagen kann, wie sehr der König, ein hocherleuchteter Kunstrichter in Bezug auf Alles, was das Leben verschönt, bei einem Besuche, mit welchem er mich während meines Unwohlseins beehrte, diese Arbeit mit Lobeserhebungen überhäuft hat. Se. Maj. haben, um Ihnen einen schwachen Beweis der Zufriedenheit zu geben, den Gesandten in Paris, Grafen von Hatzfeld, beauftragt, Ihnen die grosse goldene Medaille für Fortschritte in der Kunst zu übersenden. Genehmigen Sie mit dem herzlichen Wohlwollen, von welchem Sie mir einen so liebenswürdigen Beweis gegeben, den Ausdruck meiner Dankbarkeit und der Hochachtung, die Ihren edeln Bemühungen auf künstlerischer Laufbahn gebührt.[9]

Gaggiottis Gemälde diente auch als Vorlage für einen etwas eigenartigen späteren Kupferstich von O. Roth. Humboldts Brustbild ist eingerahmt von zwei Palmen und tropischer Vegetation. Unten liegt ein antiker griechischer Helm auf einem aufgeschlagenen Buch *Kosmos,* daneben eine Eule, ein Mikroskop und ein Fernrohr. Über Humboldts Haupt schwebt, wie eine Aureole, eine Schlange. Dieses ikonographisch interessante Konglomerat alter und neuer Symbole für Heroentum, Weisheit, Ewigkeit und Wissenschaft ergibt eine unbeholfene Allegorie der Unsterblichkeit, über die Humboldt selbst nur gespottet haben würde.

1 Abeken, Hedwig, *Hedwig von Olfers,* Berlin 1914, II
2 Döhn, Helga, *Ein Humboldt-Porträt von Emma Gaggiotti-Richards,* in *Studien zur Buch- und Bibliotheksgeschichte,* Berlin 1976
3 Olfers, Ernst W. M. v., *Briefe Alexander v. Humboldt's an Ignaz v. Olfers,* Nürnberg u. Leipzig 1913
4 American Philosophical Society Library, Philadelphia, ü. HN/RM
5 Müller, Conrad, *Alexander von Humboldt und das preußische Königshaus,* Leipzig 1928
6 Staatsbibliothek Preußischer Kulturbesitz, Berlin (West), ü. HN/EM
7 *Briefe von Alexander von Humboldt an Varnhagen von Ense,* Leipzig 1860
8 Bruhns, Karl, *Alexander von Humboldt,* Leipzig 1872, II
9 Zimmermann, W. F. A. Dr., *Das Humboldt-Buch...* Berlin 1859
Lange, Fritz G., *Bildnisse Alexander von Humboldts,* in Ertel, H., *Alexander von Humboldt...* Berlin 1959

James Reid Lambdin (1807–1888)

James Reid Lambdin war Porträtmaler und besaß eine Kunstgalerie in Philadelphia. Zu den vielen Persönlichkeiten, die ihm Modell gesessen haben, zählten auch die Präsidenten Lincoln und Grant. Obwohl kein biographisches Lexikon Lambdins Überseereise erwähnt, war er 1856 in Europa. Dort kopierte er berühmte Kunstwerke für die *Smithsonian Institution* und porträtierte im Auftrag der *American Philosophical Society* Alexander von Humboldt, der 1804 zu deren Mitglied gewählt worden war. Lambdins Auftrag wurde durch den berühmten Physiker Alexander Dallas Bache (Urenkel von Benjamin Franklin), der Humboldt 1837 in Berlin besucht hatte, angeregt. Da Lambdin befürchtete, daß ,,es schwierig sein könnte, einem so schlichten Individuum wie ich es bin, die notwendigen Sitzungen zu gewähren'', stellten Bache und Henry D. Gilpin, der Sekretär der Gesellschaft, Empfehlungsschreiben aus. Mehr als dreißig Jahre später schrieb der inzwischen achtzigjährige Künstler an die *Philosophical Society*:

Philip C. Garret Esq.
1224 Chestnut Street
Philadelphia, 17. Mai 1887
Dear Sir,
Da ich meine Galerie und mein Atelier schließe, wünsche ich sehr, die Porträts möglichst dort unterzubringen, wo sie entsprechend gewürdigt werden. Unter ihnen ist ein halbfiguriges Humboldtporträt, 40 x 50, nach meinen 1856 nach dem Leben in Berlin gezeichneten Skizzen ... Das Bild war in New York, Philadelphia und Washington ausgestellt, sonst aber hat es mein Atelier nie verlassen.

Über den Preis ist niemals gesprochen worden ... für ein halbfiguriges Porträt erhielt ich zu der Zeit 500 $.
Mit Hochachtung
Ihr J R Lambdin

...Für das gerahmte Bild wäre ich mit 350 $ einverstanden.[1]

Dank der Spenden von dreiundzwanzig Mitgliedern konnte Philip C. Garret das Bild am 2. März 1888 der Gesellschaft offiziell übergeben:

Die American Philosophical Society beauftragte Mr. Lambdin, ein Porträt von dem Gelehrten zu malen. In Berlin hatte Lambdin das Glück, mit dem Baron den größten Teil des Tages zu verbringen. Humboldt war zu der Zeit Königlicher Kammerherr und mußte bald darauf den König nach Potsdam begleiten. Nach seiner Rückkehr nach Berlin würde er Lambdin für weitere Sitzungen zur Verfügung stehen. Humboldt war damals 87 Jahre alt, ein kleiner, sehr gebeugter Mann, von ausgesuchter Höflichkeit und sehr erfreut, daß die American Philosophical Society sein Porträt haben wollte. Er war dankbar, daß sein Freund Mr. Bash (Bache) daran gedacht hatte.

Das Ergebnis ist ein bewundernswertes Bildnis von sprechender Ähnlichkeit, und meiner Meinung nach wäre kein Bild geeigneter, diese Räume zu schmücken.

Eine umfassende Charakterisierung des berühmten Philosophen findet sich in der Edinburgh Review aus dem Jahre 1848:
,,Die Wissenschaft kennt keinen Mann von größerer Universalität und geistiger Vielseitigkeit, keinen wißbegierigeren, energischeren und glühenderen Forscher.''

Dieselbe Review schreibt ihm ein ,,geniales und liebenswürdiges Temperament zu, das keine Animositäten provoziert, sondern im Gegenteil überall nur Freunde schafft. Auf keinen großen Wissenschaftler trifft diese letzte Charakterisierung mehr zu als auf Alexander von Humboldt. Wir glauben, er hat keine Feinde ...''[2]

Dieses hervorragende Gemälde nimmt einen beherrschenden Platz in der Bibliothek der *Society* ein. Es scheint, als ob Humboldt sich jeden Augenblick am Gespräch beteiligen wolle, so aufmerksam und lebendig ist sein Gesichtsausdruck. Lambdins Porträt entspricht genau der Beschreibung, die James Bayard Taylor während seines Besuchs in Berlin im gleichen Jahr (1856) von Humboldt gab:

... alsbald trat Humboldt ein. Er kam mir mit einer Freundlichkeit und Herzlichkeit entgegen, welche mich sofort die Nähe eines Freundes fühlen liess, reichte mir seine Hand und fragte, ob wir Englisch oder Deutsch sprechen sollten ... Der erste Eindruck, den Humboldt's Gesichtszüge machten, ist der einer grossen und warmen Menschlichkeit. Seine massive Stirn, beladen mit dem aufgespeicherten Wissen eines Jahrhunderts fast, strebt vorwärts und beschattet, wie eine reife Kornähre, seine Brust; doch wenn man darunter blickt, trifft man auf ein Paar klarer blauer Augen, von der Ruhe und Heiterkeit eines Kindes. Aus diesen Augen spricht jene Wahrheitsliebe des Mannes, jene unsterbliche Jugend des Herzens, welche den Schnee von siebendachtzig Wintern seinem Haupte so leicht erträglich machen. Man fasst bei dem ersten Blick Vertrauen ... Ich hatte mich ihm mit einem natürlichen Gefühle der Ehrfurcht genähert, aber in fünf Minuten fühlte ich, dass ich ihn liebte und mit ihm eben so unumwunden sprechen konnte, wie mit einem Freunde meines eigenen Alters ...

... ich würde ihm nicht über Fünfundsiebenzig gegeben haben. Er hat wenig und kleine Runzeln, und seine Haut ist weich und zart, wie man sie selten bei bejahrten Leuten antrifft. Sein Haar, obgleich schneeweiss, ist noch reich, sein Gang langsam, aber fest, und sein Auftreten thätig bis zur

James Reid Lambdin, 1856
Öl auf Leinwand, 127 x 101,6 cm
American Philosophical Society, Philadelphia, USA

Ausschnitt

Rastlosigkeit ... Er spricht rasch, mit der grössten Leichtigkeit ... und schien in der That es nicht zu bemerken, als er im Laufe der Unterhaltung fünf bis sechs Mal die Sprache wechselte. Er blieb auf seinem Stuhle nicht länger als zehn Minuten sitzen, sondern stand öfters auf und spazierte durch das Zimmer, indem er dann und wann auf ein Bild zeigte oder ein Buch öffnete, um seine Bemerkungen zu erklären.[3]

1 *A Catalogue of Portraits and other Works of Art* in the Possession of the American Philosophical Society, Philadelphia, 1961, ü. HN
2 *Proceedings of the American Philosophical Society,* 1888, XXV, ü. RM
3 Taylor, James Bayard, *At Home and Abroad,* New York, 1860

a

b

c

a) Schwartz und Zschille, Berlin 1857, Photographie, oval 15,5 x 12 cm, Bibliothèque Nationale, Paris
b) Rudolph Hoffmann, nach der Photographie, 1857. Lithographie, 28,7 x 23,5 cm. Verlag F. Paterno, Wien. Schiller-Nationalmuseum, Marbach a. N.
c) Carl Ullrich, 1857. Lithographie, A. v. H.-Sammlung W.-H. Hein, Bad Soden
d) Daguerreotypie, 1857. Deutsche Staatsbibliothek, Berlin (Ost)
e) F. Hecht, Lithographie, Photographie, A. v. H.-Sammlung Hanno Beck, Bonn
f) Photographie, 8,9 x 5,8 cm. A. v. H.-Sammlung W.-H. Hein, Bad Soden
g) Lithographie nach Photographie v. Katzler, 27 x 21,1 cm. A. v. H.-Sammlung W.-H. Hein, Bad Soden

d

e

f

g

Anonym, nach S. Friedländers Daguerreotypie
Öl auf Marmor, 30 x 24 cm
The Wellcome Institute for the History of Medicine, London

P. Rohrbach nach S. Friedländer, 1857
Lithographie, 21,4 x 17,8 cm
A. v. H.-Sammlung W.-H. Hein, Bad Soden

Auf der Photographie von Sigmund Friedländer basierten mehrere Humboldtporträts von verschiedenen Künstlern in unterschiedlichen Techniken. Die meisten behielten die Ovalform des Originals bei. Ein Ölgemälde, das einer jüdischen Berliner Familie gehörte, wurde während des Dritten Reiches nach Ecuador gebracht. Der Besitzer berichtet, das Bild habe ihn „bei der Auswanderung hierher begleitet, und so kommt es, daß Alexander von Humboldt — nun im Bilde — abermals den Weg nach Quito gefunden hat und daß er 157 Jahre nach seinem damaligen Hiersein, ein Jahrhundert nach seinem Tode, jetzt hier auf Nachfahren jener Generationen von Juden niederblickt, denen er Freund gewesen ist."

Zwei andere Ölgemälde befinden sich in London: eines, auf Pergament gemalt, ist in der *Royal Geographical Society,* das andere auf Marmor, im Trust Room des *Wellcome Institute for the History of Medicine.*

Lemercier reproduzierte die Photographie in Paris als Lithographie auf Chinapapier mit einer französischen Inschrift und einem Faksimile des Humboldtschen Namenszuges. Adolf Neumann (1825—1884) hat dieses Porträt für die Titelseite der *Illustrirten Zeitung, Leipzig* vom 13. Februar 1858 gestochen.

Eine andere Variante derselben Photographie von Schwartz und Zschille wurde von Rudolf Hoffmann für die *Galerie ausgezeichneter Naturforscher* hergestellt, die von George André Lenoir, Besitzer einer Fabrik und Handlung chemischer, physischer und pharmazeutischer Apparate in Wien, veröffentlicht wurde. Humboldts Porträt weist eine Widmung in faksimilierter Handschrift auf:

Alexander v. Humboldt, mit dem Ausdruck des innigsten Dankgefühls für die Ehre sich dem edeln Kreise von Mitarbeitern und Freunden haben anschliessen zu dürfen, welche im gemeinsamen deutschen Vaterlande den alten Ruhm tiefer und freier Forschung zu erhöhen streben. Berlin, im März 1857.

Heiman, Hanns, *Alexander von Humboldt, Freund der Juden.* Quito 1959
Franzke, Andreas, *Adolf Neumann, der Stecher des Eichendorff-Porträts von 1858,* in *Aurora,* Jahrbuch der Eichendorff-Gesellschaft, Band 34, Würzburg 1974

Wilhelm von Kaulbach (1805–1874)

Wilhelm von Kaulbachs Begeisterung für Humboldt änderte sich auch nach Jahren nicht. 1857 schrieb er von Berlin an seine Frau Josephine:

Gestern mittag bin ich mit A. v. Humboldt nach seinem Schlösschen Tegel gefahren, um dort im Kreise seiner Familie Mittag zu speisen – anbei bekommst Du, liebe Josephine, seine schiefe, unleserliche Handschrift. Der alte Herr, der nun 88 Jahre zählt, war sehr liebenswürdig und bezaubernd geistreich. Welch ein kolossales Gedächtnis! Situationen, Reden und Anekdoten berühmter Personen des vorigen Jahrhunderts sind ihm zu jeder Zeit gegenwärtig, und er weiss das mit beredter und gewandter Zunge zu schildern, so dass alles lebendig vor die Sinne tritt – o, er ist ein wunderbarer Mann![1]

Anlässlich des 100. Geburtstages Alexander von Humboldts veröffentlichte *Die Gartenlaube* Kaulbachs *Abschied vom Kosmos* mit einer langen Besprechung:

Der Tod erscheint als Hercules mit der Löwenhaut bekleidet, er nimmt Humboldt, dem müden, alten Atlas, den schweren Kosmos von den Schultern ... und ladet ihn mit freundlicher Handbewegung ein, hinabzusteigen und auszuruhen von schwerer, aufreibender Arbeit – im Grabe. Aber das Grab ... ist mit Rosen angefüllt, und Blumen spriessen daraus hervor ... es ist ja die Ruhestätte der Humboldt'schen Familie in Tegel ...
Die Büste des vorangegangenen Wilhelm von Humboldt lächelt freundlich von ihrem Piedestal herunter, als wollte sie den geliebten Bruder jetzt auch im Tode willkommen heissen.
Und dieser selbst? –
... wie der Wanderer nach weiter, sonniger Wanderung das Ziel froh begrüsst, so bewillkommnet auch der moderne Atlas mit unsäglich mildem Lächeln den in der Löwenhaut maskirten Gesellen, der ihm die schwere Bürde des Kosmos abnimmt.
Alles duftet und blühet rund herum, verheissend und tröstend blickt hinten die Statue der Hoffnung hervor ... Wahrlich ein beneidenswerthes Sterben! ...
... das Portrait Humboldt's ... sei eines der ähnlichsten unter all den zahlreichen Bildern, die uns die Gestalt des grossen Todten aufbewahren ... der kleine grosse Mann in dem einfachen schwarzen Anzug, der sorgsam geknüpften weissen Halsbinde, mit dem Hut und dem einen Handschuh in der Hand, die ohnedies nicht große Gestalt von der Last der neun Decennien, die auf ihr ruhen, leicht gekrümmt, so haben ihn alle die gesehen, die ihn im Leben kannten. Das milde Lächeln, das auf seinem Gesicht spielt, ist nicht nur den Grossen dieser Erde am preussischen Königshof zu Gute gekommen, sondern mit demselben gütigen Ausdruck

Wilhelm von Kaulbach
Skizze, 32 x 23,5 cm
Sign. W. Kaulbach
München 1858
Deutsche Staatsbibliothek
Berlin (Ost)

hat es auch die jungen Studenten, die armen Gelehrten erquickt, denen er ein wahrhaft väterlicher Freund und Förderer war.[2]

Die Idee des einladend mit Blumen bewachsenen Grabes könnte von dem Bild aus Tegel stammen, das früher in Wilhelm von Humboldts Haus in der Jägerstraße war, worüber Caroline an Alexander von Rennenkampff schrieb:

Mein hiesiger Salon ist auch grün so ein gewisses mattes Grün, auf dem Bilder sich gut ausnehmen ... Die Eingangstür meines Salons ist dem Sofa gegenüber; zwischen der Eingangstür und dem Ofen hängt eine schöne Kopie des herrlichen Bildes von Raffael aus seiner frühen Zeit, die Krönung der Maria. Sie müssen es in Paris anno 1809 gesehen haben. Die Franzosen hatten es aus Perugia mitgenommen, und 1815 ist es zurückgegeben worden. Unten steht der leere Sarkophag, aus dem Rosen und Lilien spriessen.
(Berlin, den 27. März 1827)[3]

Kaulbachs Originalzeichnung *Totentanz* war sehr groß, ungefähr 125 x 95 cm und daher schwer als Holzschnitt zu reproduzieren. Deshalb mußte man sie zuerst photographieren, bevor Beckmann, Pilotys junger Schüler, sie auf das Holz übertragen konnte. Kaulbach prüfte die Arbeit sorgfältig und stellte fest, daß Humboldts Gesicht von seiner Zeichnung abwich. Dann brachte er zum Vergleich Humboldts Büste und dessen Totenmaske. Der junge Künstler korrigierte den Fehler und zeichnete den Kopf noch einmal. Dadurch verzögerte sich der Druck, der erst nach dem Jubiläum erschien, dafür aber war die Ähnlichkeit vollkommen.

Beckmann, nach Wilhelm v. Kaulbach
Abschied vom Kosmos
Stich
Die Gartenlaube, 1869

In dem Totentanz-Zyklus gelang es Kaulbach, das alte Thema durch seine satirische Begabung wieder zu beleben. Während der traditionelle Totentanz die gesellschaftliche Stellung, Rang und Geschlecht symbolisch andeutete und dabei das allen Menschen gemeinsame Schicksal darstellte, zeichnete Kaulbach bekannte historische Persönlichkeiten im Augenblick ihrer Begegnung mit dem Tod.

Für diesen Cartoon benutzte Kaulbach seine Skizze von 1858, die Humboldt gebeugt, doch graziös darstellt, seine linke Hand auf dem Globus, der von Atlas getragen wird. Auf der endgültigen Zeichnung ist die Statue des Atlas entfernt.

Humboldt selbst wurde zu Atlas; seine linke Hand hält nun den Hut, und seine Rechte, die vorher ausgestreckt war, liegt jetzt leicht auf dem Herzen in einer galanten Begrüßungsgeste.

---

1 Dürck-Kaulbach, Josefa, *Erinnerungen an Wilhelm von Kaulbach...,* München 1917
2 *Die Gartenlaube,* September 1869
3 Stauffer, Albrecht, *Karoline von Humboldt in ihren Briefen an Alexander von Rennenkampff,* Berlin 1904

Woltmann, Alfred, *Wilhelm von Kaulbach,* Unsere Zeit, Neue Folge, X, 2.

Wilhelm Hensel
Zeichnung
Inschrift: *Alexander von Humboldt
im August 1858
Viver ch'é un correre
alla morte! (Dante, Purg. XXIII, 5)*
Nationalgalerie, Berlin (West)

Wilhelm Hensel (1794–1861)

Wilhelm Hensel studierte an der Berliner Akademie während der napoleonischen Kriege. 1813 ging er freiwillig zum Militär, kämpfte in der Schlacht von Leipzig und zog 1815 in Paris ein. 1823 erhielt er ein Reisestipendium des Königs Friedrich Wilhelm III. und ging für fünf Jahre nach Rom. Nach der Rückkehr 1828 wurde er zum Hofmaler und Professor der Berliner Akademie für Historienmalerei ernannt. Seine Stärke lag jedoch in seinen Porträts, die an Ingres' Art erinnern, mit dem Hensel in Rom verkehrt hatte.

Humboldt bewunderte Hensels künstlerisches wie auch dichterisches Talent. In seinem Empfehlungsbrief an Gérard schrieb er:

Berlin, 26. Mai 1835
Heute möchte ich Sie bitten, Herrn Hensel, Professor der Berliner Akademie und ein Schwager von Felix Mendelssohn (-Bartholdy), besonders behilflich zu werden. Er ist ein Künstler von esprit, und von hervorragender Kultur, der lange Zeit in Rom verbracht hat, und seine großen Historienbilder sind ganz vortrefflich.[1]

Wie Humboldt war auch Hensel ein Liberaler. Während der 1848er März-Revolution stand er an der Spitze eines Künstler- und Studentenkorps. Ein edler und mutiger Mensch, starb Hensel bei der Rettung eines Kindes vor dem Überfahrenwerden. Hensel „gehörte zu jener Gruppe märkischer Männer, die man als eine Verquickung von Derbheit und Schönheit, von Gamaschentum und Faltenwurf, von preußischem Militarismus und klassischem Idealismus ansehen kann, Seele griechisch, der Geist altenfritzisch, der Charakter märkisch."

Hensels Zeichnung ist eine der letzten Darstellungen Humboldts. Eine Daguerreotypie nach dieser Zeichnung, eine doppelte Seltenheit, befindet sich in der Sammlung von Prof. Dr. Wolfgang-Hagen Hein in Bad Soden.

Humboldts Inschrift „Leben ist nur ein Eilen zum Tode", ein Zitat aus Dantes *Fegefeuer*, könnte als eine Art von Trost für den Künstler gedacht werden, der nach dem plötzlichen Tod seiner geliebten Frau Fanny seine Lebenslust verloren hatte.

Humboldts eigene Einstellung zu Leben und Tod wurde am besten durch einen der erfolgreichsten Gelehrten, den er gefördert hat, Heinrich Karl Brugsch-Pascha, geschildert. Der junge Ägyptologe beschrieb auch Humboldts Begräbnis in rührend persönlicher Weise:

Ein Schlaganfall, welcher mitten bei der nächtlichen Arbeit den hochberühmten Nestor der Wissenschaft getroffen hatte, nötigte ihn, die Feder für immer niederzulegen, um seinen Tod in dem Bette seines Alkovens mit philosophischer Ruhe zu erwarten. Ganz Berlin nahm den innigsten Anteil an seinem Leiden, und selbst die Prinzessinnen des königlichen Hauses fühlten sich bewogen, bei seinem Heim vorzufahren, sich nach seinem Ergehen zu erkundigen und Blumenspenden zu hinterlassen. Auf seinen besonderen Wunsch wurde ich wenige Tage vor seinem Abscheiden zu ihm gerufen, um Abschied von ihm zu nehmen und seinen letzten Händedruck zu empfangen. Ich war überrascht, aus seinen Zügen keineswegs die Vorboten des nahen Todes herauszulesen und in seinem Gespräch die frühere Lebendigkeit und die Teilnahme an wissenschaftlichen Dingen wiederzufinden. Als er Thränen in meinem Auge sah, bemerkte er mit Lächeln in seinen Zügen, „meine Zeit ist gekommen, und ich sterbe ruhig, denn Sie wissen, was ich davon denke." Dann sprang er plötzlich und mit einer gewissen Bitterkeit zu einem Gespräche über, das den Charlatanismus in der Wissenschaft berührte...

Im Verlauf der weiteren Unterhaltung befragte er mich über den neuesten Stand meiner Studien und gab mir Lehren für meinen späteren Lebensweg, wie sie der Vater auf seinem Sterbebette einem geliebten Sohne an das Herz zu legen pflegt. Tief erschüttert verließ ich das enge Gemach, in dem bald darauf der größte Geist unseres Jahrhunderts vom Leben Abschied nehmen sollte.

Für die Beisetzung A. von Humboldts im Dome zu Berlin war die achte Morgenstunde bestimmt. Eine unglaubliche Menschenmenge hatte sich lange vor der angesetzten Zeit in der Nähe des Sterbehauses eingefunden, um durch ihre Anwesenheit ihre Teilnahme zu bekunden. Zu den ersten, die sich dem Trauergeleit anschlossen, gehörten die Vertreter der Stadt Berlin, die ihrem Ehrenbürger diese letzte Huldigung auf Erden bezeugten. Selbstverständlich bildete die gelehrte Welt den Hauptteil der Leidtragenden. Der Leichenzug, der nicht enden zu wollen schien, schlug den Weg nach der Friedrichstraße ein und bog bei seiner Ankunft Unter den Linden in der Richtung nach dem Dom ein. Meine Wenigkeit als Privatdozent an der Berliner Universität befand sich unter den letzten im Zuge, aber tiefer konnte niemand den Schmerz empfinden, der meine Brust bei dem Gedanken an den Verlust des Unvergeßlichen erfüllte, der mit so mächtiger Hand in mein Leben eingegriffen hatte, nachdem er das Soldatenkind aus dem Staube zu sich emporgehoben hatte.

Ich stand jetzt ganz allein ohne Ratgeber in der Welt da und bedurfte aller Energie, um mich aufrecht zu erhalten und aus reinster Liebe zur Wissenschaft den schweren Kampf um das Dasein zu bestehen. Ich hatte Freunde, die mich stützten und meinen gesunkenen Mut zu heben versuchten, aber die stille Klage um den Verlorenen wollte nicht schweigen, denn niemand in der Welt schien mir im stande zu sein, einen Alexander von Humboldt zu ersetzen.[2]

---

1 *Correspondance de François Gérard*... Paris 1867, ü. HN
2 Brugsch, Heinrich K., *Mein Leben und mein Wandern*, Berlin 1894

Carl Paalzow
Inschrift: *Freiherr Alexander von Humboldt, Nestor.*
Zum 90 jährigen Geburtstage, –
14. September 1858. Allen Mitgliedern
der Wissenschaften gewidmet.
Gez(eichnet) Carl Paalzow
Druck Gebr(üder) Delius in Berlin
Lithographie, 43 x 32 cm
Deutsche Staatsbibliothek, Berlin (Ost)

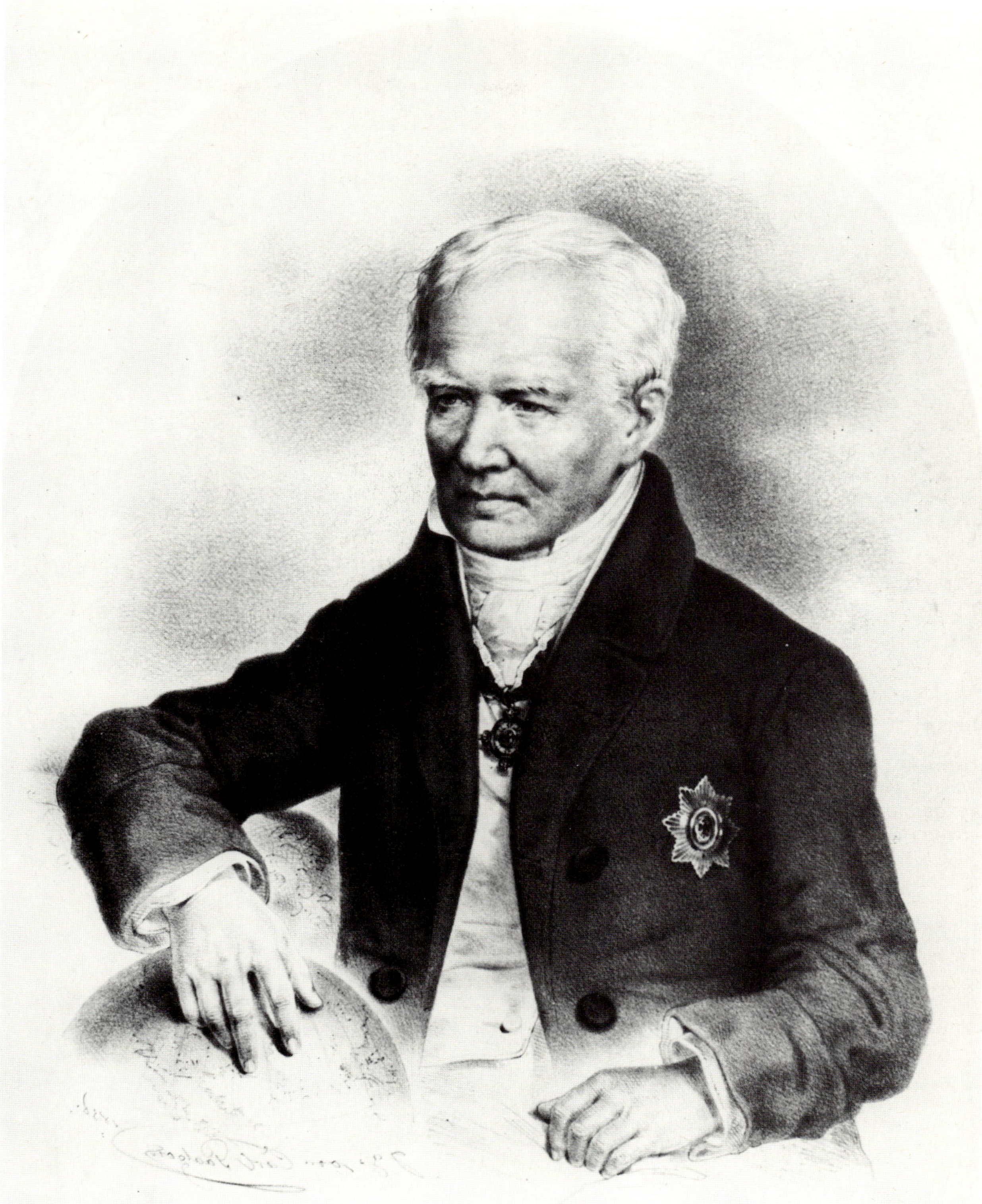

ALEXANDER v. HUMBOLDT
geb. d. 14. Sept 1769 gest. d 6. Mai 1859

*Drei Erdentheile haben ihn gekannt als Geisterkönig.
Als solcher hat er sich von dieser Erde
Vom Irdischen zum Himmlischen gewandt."*

Gedenkblatt
Alexander von Humboldt, schreibend, im Park des Schlosses Tegel
Lithographie nach L. Blau
40,4 x 33 cm
Landesarchiv

Mit der Inschrift:
*"Alexander von Humboldt
geb. d. 14. Sept. 1769 gest. d. 6. Mai 1859*

*Drei Erdentheile haben ihn gekannt als Geisterkönig
Als solcher hat er sich von dieser Erde
Vom Irdischen zum Himmlischen gewandt."*
Deutsche Staatsbibliothek, Berlin (Ost)

L. Blau
Lithographie
Photographie Roger-Viollet, Paris

Julius Schrader (1815–1900)

Julius Schrader, Historien- und Bildnismaler, wurde 1856 Professor an der Berliner Akademie. In demselben Jahr verwandte sich Humboldt für ihn bei Ignaz von Olfers, dem Generaldirektor der königlichen Museen, wobei er Schraders bekannte Bilder, ,,Der böse Ahasverus'', ,,Der Abschied Carl I. vor der Hinrichtung'', ,,Der dichtende Milton'', in seiner für ihn charakteristischen humorvollen Weise erwähnte:

Potsdam, 6. November 1856
... Da die wilde Jagd und die Großfürstin Constantin mir alle Hoffnung raubt, Sie teurer und immer wohlwollender Freund, hier mit meinen Bitten belästigen zu können, so wage ich es schriftlich zu tun. Das zu lösende Problem ist, ob das unter Ihrer Herrschaft stehende ... Atelier am Exerzierplatz Nr. 3 frei wird, und ob es von Ihrer Gnade zu erlangen wäre, daß es für einen nicht zu hohen Mietpreis dem ausgezeichneten Prof. Schrader, der schon dort wohnt, überlassen werden könne. Er hat selbst nicht den Mut, Ihnen die Bitte vorzutragen, und ich habe versprochen, das Wagestück zu übernehmen.[1]

Vier Tage später erhielt Olfers Humboldts Schreiben mit der Liste der 20 Kandidaten für den Friedensorden 4. Klasse, die neben Schrader u. a. auch die Namen von Menzel und Bellermann enthielt.

Potsdam, d. 10. November 1956
... Plinius sagt, Pro cibo somnus, weil die Ordensbänder noch nicht erdacht waren ... Ich erfreue mich, teurer Freund, Ihres Vorhabens, dem Könige bei der bedrängten jetzigen Lage vieler Künstler eine Summe vorzuschlagen, deren Verteilung Sie nach Kenntnis der Bedürfnisse gerecht verteilen könnten ... Möchten Sie ... Vorschläge machen wollen, und da ich den Grundsatz befolge, durch meine Gespräche (und wie könnte ich bei einer 60jährigen Lust zur Kunst diese vermeiden?) nur das zu befördern was Ihnen angenehm ist, der Sie die Lokalverhältnisse des kribbelnden Ameisenhaufens besser kennen... Jedes Jahr entwickelt neue Talente, daher das Schöpfen mit Maß und Vorsicht sein muß.[1]

Zwei Jahre später taucht Schraders Name in der Humboldt-Korrespondenz wieder auf:

Ohne Datum 1858 (Mittwoch)
... An einen Generaldirektor schreibt man nicht, ohne etwas zu erbitten. Professor Schrader hat für die Ehrenhalle hinter den endlos langen Säulen ein Bild zu malen, auf dem Hardenberg und mein Bruder vorkommen. Er quält mich um eine Büste von Wilhelm v. H. Würde es Sie, teurer Freund, sehr genieren, wenn Sie mir die Ihrem Museum gehörige bronzene Büste auf eine Woche liehen? Tun Sie es, wenn Sie irgend können. Ich weiß keine Gipsbüste aufzutreiben. Mit dankbarer Freundschaft
Ihr A. v. Humboldt[1]

Es ist merkwürdig, wie knapp Schrader in der erreichbaren Literatur besprochen wird, dabei muß er Humboldt sehr nahegestanden haben. Er hatte 1859 drei hervorragende Bildnisse gemalt, die letzten vor Humboldts Tod. Ein Brustbild im *Berlin-Museum* ist unvergeßlich in seinem Ausdruck von Würde und Güte, durch die Weisheit des Alters geprägt. In diesem unidealisierten, doch ergreifend schönen Greisenantlitz blicken die Augen ernst und prüfend, wenn auch tieftraurig.

Dieses Bildnis diente als Vorlage für das ganzfigurige Porträt in Lebensgröße, das sich in der Deutschen Staatsbibliothek in Berlin (Ost) befindet. Die Ibero-Amerikanische Bibliothek in Berlin (West) besitzt eine von Louise Focke 1930 ausgeführte Kopie mit der – auf dem Original nicht mehr erkennbaren – Signierung *Julius Schrader im Januar 1859*. Wahrscheinlich bezieht sich auf dieses Bild eine Zeitungsnotiz vom 15. März 1859:

Ein Porträt Alexander von Humboldt's in Lebensgröße ist von Prof. Jul. Schrader in würdevollster Weise vollendet worden. Humboldt selbst erklärt es für das ihm ähnlichste und gelungenste Werk; es wird in Paris ausgestellt werden.[2]

Das Bild zeigt Humboldt an seinem Schreibtisch stehend, seinen Blick ruhig auf den Betrachter gerichtet. Aber die für Humboldt charakteristische freundliche Stimmung, die den Quellen nach jeder in seiner Gegenwart erlebte und die seine besten Porträts ausstrahlen, ist nicht mehr da. Er steht einsam, sogar von seinen Büchern abgewendet, aufrecht, als erwarte er einen wichtigen Gast.

In dem dritten Schraderbild ist diese Einsamkeit noch stärker sichtbar. Das Porträt wurde durch Albert Havemeyer in New York in Auftrag gegeben.

Bezeichnenderweise befinden sich die beiden für Alexander von Humboldts Ikonographie wichtigsten Bilder in den Vereinigten Staaten. Neben dem von Schrader ist es das 55 Jahre früher von Ch. W. Peale gemalte Porträt des jungen Forschungsreisenden, damals auf dem Höhepunkt seines Lebens. Nie mehr war Humboldt so glücklich und frei, er, ein Mensch der Aufklärung und der Romantik, die seinen rationalen Ideen den kühnen Schwung gab. Optimistisch glaubte er, daß eine gute Ausbildung die Voraussetzung für eine glücklichere Welt sei. In seiner Beschreibung der Kunstakademie von Mexiko heißt es:

,... man sieht dort den Indianer oder Metiz neben dem Weißen, den Sohn eines armen Handwerksmannes mit den Kindern der großen Herren des Landes wetteifern. Es ist köstlich zu beobachten, daß die Pflege der Wissenschaften und Künste unter allen Sonnen eine gewisse Gleichheit der Menschen stiftet, indem sie sie wenigstens für einige Zeit diese kleinen Leidenschaften vergessen läßt, deren Auswirkungen das gesellschaftliche Glück verhindern.[3]

Humboldt, der die französische Revolution begrüßte, bewunderte und liebte die junge amerikanische Republik, die er als Hoffnung und Zukunft der Welt betrachtete. Sie bedeutete für ihn „den einzigen Winkel der Erde, wo der Mensch frei ist und wo die kleinen Fehler durch große Wohltaten ausgeglichen werden". Und dort wollte er seine „Tage beschließen, da ich die Bewohner, das Land und besonders die weise Verfassung liebe".[4]

Grundlage der Humboldtschen Lebensphilosophie war Freiheit im ethischen Sinne, so wie er sie 1804 in Philadelphia formulierte:

... Um frei sein zu können, muß man zunächst gerecht sein; ohne Gerechtigkeit gibt es keinen Wohlstand von Dauer.[5]

Aber ein halbes Jahrhundert später schrieb Humboldt besorgt an Benjamin Siliman, einen Chemiker der Yale University:

... Ich habe moralische Gründe, das unermeßliche aggrandizement Ihrer Union zu fürchten — die Versuchung, die Macht zu mißbrauchen, ist für die Union sehr gefährlich ...

Dieses aggrandizement, das dazu beiträgt, daß eine neue Bevölkerung nicht ohne Gewalt die eingeborenen Rassen überlagert, die jetzt schon in raschem Aussterben begriffen sind ... Freiheit, Macht und Friede sind drei Elemente, die nicht leicht zu vereinigen sind.[6]

Seine Sorge kam noch deutlicher zum Ausdruck in der Korrespondenz mit Varnhagen:

Berlin, 31. Juli 1854
... In den Vereinigten Staaten ist allerdings viel Liebe für mich erwacht, aber das Ganze gewährt mir dort den traurigen Anblick, daß die Freiheit nur ein Mechanismus im Elemente der Nützlichkeit ist, wenig dort veredelnd, das Geistige und Gemütliche anregend, was doch der Zweck der politischen Freiheit sein soll.[7]

Schon am 13. September 1844 hatte Humboldt an Varnhagen geschrieben:

... Ich muß ... nach Sanssouci auf einige Tage, wo ich leider! meinen 75jährigen Geburtstag erlebe. Ich sage bloß leider! weil ich 1789 glaubte, die Welt würde einige Fragen mehr gelöst haben.
Ich habe vieles gesehen, aber nach meinen Forderungen doch nur wenig ... Wie erfinderisch wird der Mensch durch politischen Zwang, lauter Strickleitern, Löcher-Scharrer, Verkleidungen, um an die freie Luft zu kommen, und wenn sie die freie Luft haben, werden sie ächt deutsch darüber grübeln ob ihnen besser sei? Dann wird es sein wie bei dem Prinzen: Dites-moi, si je m'amuse.[7]

In seinem eigenen Land war es noch viel schlimmer. „Für einen Menschen mit meinen politischen Ansichten ist Deutschland ein trauriges Land", schrieb Humboldt am 8. November 1852 an Henri Gérard.[8]

Das spürte auch der Präsident der Harvard University, Cornelius Conway Felton, der Humboldt 1853 besuchte:

Nie sah ich einen Menschen besser auf Bildern dargestellt; die Ähnlichkeit ist bemerkenswert. Er schien gesund und rüstig ... wir schenkten ihm „The Webster Memorial". Er sprach mit größtem Respekt von Mr. Webster, doch war er wegen des Fugitive Slave Law sehr empört, das seiner Meinung nach alle Schwarzen in die Sklaverei zwang.

Ich wollte etwas über die preußische Freiheit dazu sagen — fragen, wie es kommt, daß ich ohne Paß Preußen nicht betreten darf, und nach der Ankunft in Berlin meinen Paß an die Polizei schicken mußte? Und wie lange würde Herr Baron von Humboldt selbst frei bleiben, wenn er ... das Verhalten des Königs wegen der Zerstörung der Verfassung mit den Worten belegte, die es verdient? Was wäre, wenn er plötzlich dem König sagte:
„Sire, Ihre Untertanen wurden ihrer Rechte beraubt ... Geben Sie ihnen wieder, was Sie zu Unrecht weggenommen haben. Machen Sie die Preußen frei, führen Sie das Habeas Corpus ein. Schaffen Sie die Armee ab, die das Wesen der Nation verschlingt ohne einem anderen Zweck zu dienen, als Despotismus zu unterstützen und zu erhalten"?
Diese Gedanken gingen mir durch den Sinn, während Humboldt — ziemlich unhöflich, dachte ich, bestimmt aber heftig — unser Land im Vergleich mit Preußen herabsetzte.

Kopie nach dem Gemälde von
Julius Schrader, 1859
ausgeführt von Louise Focke
Öl auf Leinwand
274 x 194 cm
Ibero-Amerikanisches Institut,
Preußischer Kulturbesitz, Berlin (West)

Julius Schrader, 1856
Vorstudie, Öl auf Leinwand
63 x 50 cm
Berlin-Museum, Berlin (West)

Aber ich dachte mir, daß er nicht nur ein hervorragender, sondern auch ein sehr alter Mann war; und für mich ziemt es sich nicht, mit ihm in irgendeiner Sache zu streiten. So sagte ich nur, das Buch sei ein Zeichen des Respekts von einer so berühmten Persönlichkeit wie Mr. Webster, – daß, natürlich, die Ansichten über die praktischen Fragen der Menschheit verschieden seien, und daß jeder seine eigene formen müsse. Dann sagte der alte Gentleman: Das Buch wird von großem Interesse für mich sein. Ich betrachte Mr. Webster als einen hervorragenden Intellekt... aber ich bin tief bekümmert über die Sklaverei; und ich bedaure, daß Mr. Webster etwas damit zu tun hatte. Ich würde meinen Namen nicht dazu hergeben. Was immer auch die politische Notwendigkeit erfordert, niemand braucht – wenn er es nicht will – sich damit zu verbinden.[9]

Es waren nicht nur leere Worte. Er selbst hat es nie getan. Mit immer größerer Besorgnis sah er überall den Zerfall der Demokratie und die wachsende Macht der Reaktion. Er verstand die Ursachen und schrieb an W. W. Corcoran am 8. August 1857:

... Ihr edles und freies Land empfindet einige Schwierigkeiten, die untrennbar sind von allem, was groß ist und seiner Macht bewußt.[10]

Ein Jahr später wandte sich Rush C. Hawkins mit dem Wunsch an Humboldt, einem Maler zum Porträt zu sitzen, das für die *New York Historical Society* bestimmt war. Er fügte hinzu:

... Es findet sich im Kalender der Helden und berühmten Männer unseres Landes kein Name, der höher geschätzt würde als der Alexander von Humboldts. Fast alle Ihre Werke sind hier vorhanden, und wir betrachten sie fast als wären sie unser eigen.[11]

Tatsächlich wurde in der ganzen Welt niemand mehr geehrt und bewundert als Alexander von Humboldt in seiner Zeit, besonders in Amerika, wo zwischen 1850 und 1859 der *Kosmos* in vier Auflagen in New York erschien. Aber sein *Essai Politique sur l'Île de Cuba* (1826) wurde in der englischen Übersetzung von J. S. Thrasher dort ohne das siebente Kapitel „Betrachtungen über die Sklaverei" gedruckt. In höchster Empörung protestierte Humboldt in der deutschen und amerikanischen Presse:

Auf diesen Teil meiner Schrift lege ich eine weit größere Wichtigkeit als auf die mühevollen Arbeiten astronomischer Ortsbestimmungen, magnetischer Intensitätsversuche oder statistischer Angaben... Ich glaube..., daß man in den freien Staaten des Kontinents von Amerika lesen könne, was in der spanischen Übersetzung seit dem ersten Jahre des Erscheinens hat circulieren dürfen.
Spenersche Zeitung, Berlin, Juli 1856[12]

Wenn auch ein wissenschaftliches Faktum für Humboldt so verbindlich war wie ein moralisches Prinzip, so waren doch die menschlichen Aspekte immer vorrangig für ihn.

Noch im Januar 1858 schrieb Humboldt hierzu an Julius Fröbel, der 1848 aus Preußen verbannt worden war und ihm sein Buch *Aus Amerika* gesandt hatte:

... Ihre nächste Schrift über die politische Zukunft von Amerika möchte ich, der Urmensch, noch erleben. Fahren Sie fort, die schändliche Vorliebe für Sklaverei, die Betrügerei mit der Einfuhr sogenannter freiwerdender Neger... zu brandmarken.
Welche Gräuel man erlebt, wenn man das Unglück hat, von 1789 bis 1858 zu leben. Mein Buch gegen die Sklaverei... hat in den Vereinigten Staaten von Nord Amerika, die Sie „die Republik vornehmer Leute" nennen, nur mit Weglassung alles dessen, was die Leiden farbiger, nach meiner politischen Ansicht zum Genusse jeder Freiheit berechtigten Mitmenschen betrifft, kaufbar werden können. Dazu der Bannfluch über die anderen Menschenracen, vergessend, daß die älteste Cultur der Menschheit, vor der weißen hellenischen, in Assyrien, in Babylon, im Nilthale, in Iran, in China, das Werk farbiger (doch nicht wollhariger) Menschen war...[13]

Es war nicht leicht, Augenzeuge der französischen Revolution und des Siegs der Reaktion nach 1848 zu sein. So war einst Ludwig van Beethoven enttäuscht, der seine Widmung der *Eroica* für Napoleon widerrief, wie auch Goya, der die Exekution *5. Mai 1808* malte und der am Lebensende, verbittert und verzweifelt, die Welt mit grausamen Gespenstern erfüllt sah. Aber Alexander von Humboldt war Wissenschaftler, der trotz allem Napoleons großzügig förderndes Interesse für Wissenschaften und Künste anerkannte. Er wußte auch, daß der Fortschritt zwar aufgehalten, aber nicht für immer verhindert werden kann.

Einmal schrieb er, daß der Völker edles und brennendes Verlangen nach Freiheit, wenn es auch von Zeit zu Zeit einzuschlafen scheine, so ewig sei wie der in der Sonne glitzernde elektromagnetische Sturm (1849).[14]

In seinen Goethe gewidmeten *Ideen zu einer Geographie der Pflanzen,* schrieb Humboldt:

... So schafft Einsicht in den Weltorganismus einen geistigen Genuß und eine innere Freiheit, die mitten unter den Schlägen des Schicksals von keiner äußeren Macht zerstört werden kann![15]

Solche Geisteshaltung erklärt Alexander von Humboldts außerordentliches Leben und Wirken – und auch sein letztes Bildnis. Es ist das einzige, aus dem er, in Gedanken vertieft, nicht herausblickt. Den Hintergrund des Bildes hat er selbst bestimmt. Schrader mußte empfunden haben, wie

Julius Schrader, 1859
Ausschnitt

sehr sich Humboldt mit der Natur identifizierte. Dem Künstler ist es meisterhaft gelungen, in diesem Gemälde eine seltsam kosmische Stimmung zum Ausdruck zu bringen. Unter azurblauem Himmel, vor den in ewigem Schnee glänzenden Gipfeln von Chimborazo und Cotopaxi sitzt, vom Alter gebeugt, Alexander von Humboldt mit ebenso schneeweißem Haupt – ein monumentaler Gipfel menschlicher Geistigkeit und Würde.

---

1 Olfers, E. W. M. v., *Briefe Alexander v. Humboldt's an Ignaz v. Olfers* . . . Nürnberg und Leipzig 1913
2 *Bonplandia,* 15 März 1859. Diesen Hinweis verdanke ich Herrn Prof. Dr. W-H. Hein, Bad Soden.
3 Humboldt, A. v., *Versuch über den politischen Zustand des Königreichs Neu-Spanien* . . . Tübingen 1814
4 Schoenwaldt, Peter, *Alexander von Humboldt and the United States of America,* in A. v. Humboldt-Stiftung *Mitteilungen,* Bonn 1976, H. 32
5 Friis, Hermann R., *Alexander von Humboldts Besuch in den Vereinigten Staaten von Amerika* . . . in *Alexander von Humboldt,* Festschrift, Berlin 1959. Brief an William Thornton, 20. 6. 1804
6 Silliman, Benjamin, *Visit to Europe in 1851,* 2 Bände, New York 1853, ü. HN
7 *Briefe von Alexander von Humboldt an Varnhagen von Ense,* von 1827–1858, Leipzig 1860
8 *Correspondance de François Gérard* . . . Paris 1867, 1888, ü. HN/RM
9 Felton, Cornelius Convay, *Familiar Letters from Europe.* Boston 1865, ü. HN/RM
10 Corcoran, W. W., *A Grandfather's Legacy,* Washington 1879, ü. EM
11 Handschriftenabteilung der Staatsbibliothek, Berlin (West)
12 *Spenersche Zeitung,* Berlin, Juli 1856
13 *Autographen-Katalog Nr. 603.* Stargardt-Marburg, Auktion 11.–12. Juni 1974
14 *Correspondence d'Alexandre de Humboldt avec François Arago (1809-1853)* Ernest-Th. Hamy, ed. Paris 1902
15 Humboldt, A. v., *Ideen zu einer Geographie der Pflanzen,* Tübingen und Paris 1807

Julius Schrader
Öl auf Leinwand, 158 x 140 cm
Sign.: *Julius Schrader 1859*
Geschenk von H. D. Havemeyer, 1889
The Metropolitan Museum of Art, New York

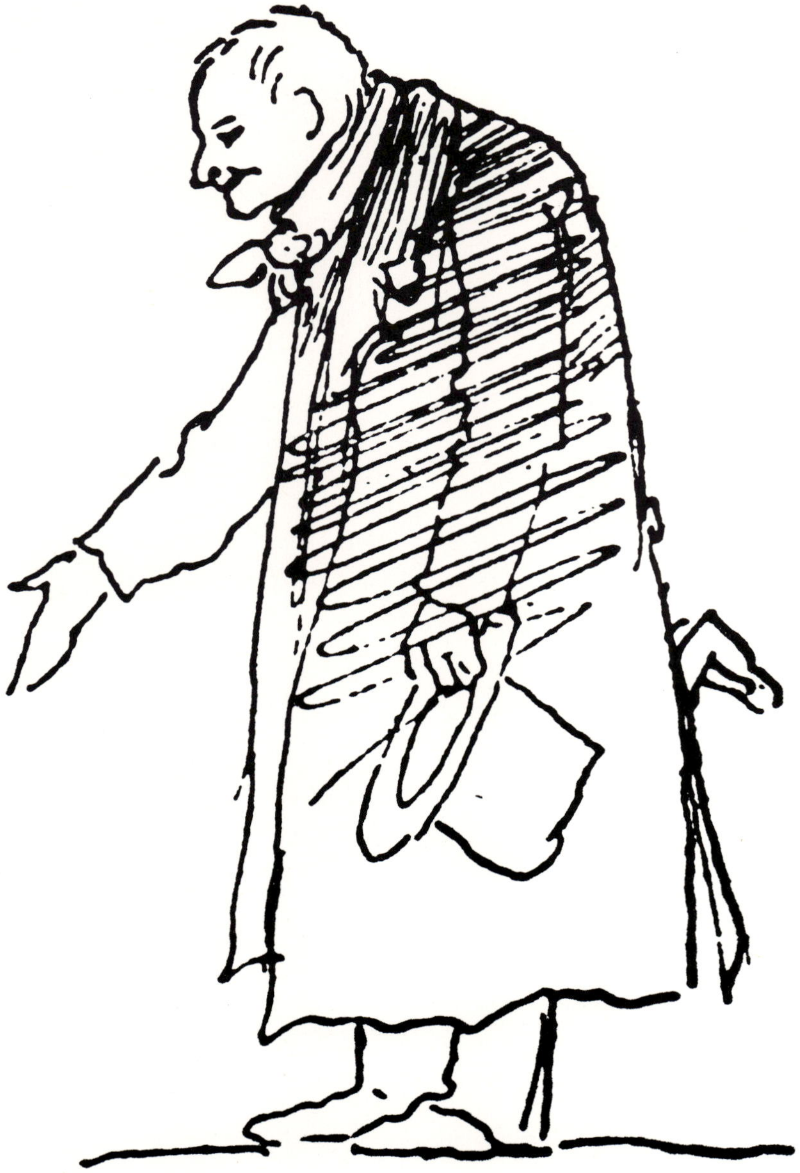

Künstlerregister

Bazin, Charles Louis (1802–1859), 112–113
Beckmann, Joseph, 157
Begas, Karl (1794–1854), 122
Begas, Oskar (1828–1883), 122
Bellermann, Ferdinand (1814–1889), 10, 43, 136
Biow, Hermann (1810–1850), 55, 127–129
Blau, L., 162
Böhme, Johann Christian (1771–?), 73, 75
Boilly, Jules (1796–1874), 96, 100
Bollinger, Friedrich Wilhelm (1777–1825), 48
Boryczewski, Klemens (1828–1890), 21, 43
Bouquet, August (1810–1846), 35
Bovy, A. (1795–1877), 42
Brancusi, Constantin (1876–1957), 87
Brandt, Henri François (1789–1845), 103
Brockedon, William (1787–1854), 110–111
Bubert, Heinrich, 141

Caffe, Daniel (1756–1815), 28–29, 48–49
Canaletto, Bernardo Bellotto (1720–1780), 114
Canova, Antonio (1757–1822), 106
Chodowiecki, Daniel Nikolaus (1726–1801), 30
Church, Frederic (1826–1900), 52, 86
Clodt, Peter K., Baron (1805–1867), 106
Cloquet, Jean Baptiste (?–1828), 35
Cole, Thomas (1801–1848), 86
Collas, Achille (1794–1859), 106–107
Cornelius, Peter (1783–1867), 38, 106, 122, 142, 145
Cortes, José, 52f.

Daguerre, Louis Jacques M. (1787–1851), 38, 127
David, Jacques Louis (1748–1825), 23, 25–29, 50, 62, 78, 80, 88, 106
David d'Angers, Pierre Jean (1788–1856), 106–108, 136, 144–145
Delaroche, Hippolyte P. (1797–1856), 38, 81
Demanne, Joseph Arnold (1826–1902), 97
Denon, Dominique Vivant (1747–1825), 65, 78, 80, 88, 96
Desnoyers, Auguste Gaspard Louis Boucer, Baron (1779–1857), 30, 62–64, 80, 95, 124
Diez, Samuel Friedrich (1803–1873), 27, 118–119
Drake, Friedrich, J. H. (1805–1882), 21
Droege, Friedrich (1801–?), 122
Ducarme (tätig um 1830), 97, 99
Dumont, Augustin Alexandre (1801–1884), 41

Ender, Eduard (1822–1883), 70

Felsing, Conrad Johann (1766–1819), 73–75
Fischer, Johann Karl (1802–1865), 126
Focke, Louise, 165
Forster, François (1790–1871), 84, 93–95, 122, 145
Freidhof, Johann Josef (1768–1818), 73–74
Friedländer, Julius Sigismund (1810–1861), 156

Gaggiotti-Richards, Emma (1825–1912), 136, 146–151
Gainsborough, Thomas (1727–1788), 60
Gärtner, Eduard Johann Philipp (1801–1877), 114–115
Gentili, Angelo (?–1840), 104
Gérard, François-Pascal, Baron (1770–1837), 23, 25, 30–35, 62–65, 78, 80–84, 93, 112–113, 118
Gmelin, Wilhelm Friedrich (1760–1820), 30
Godefroid, Marie Eleonore (1778–1849), 30, 65, 84, 113
Goulu, Ferdinand Sebastien (1796–?), 100
Gurin, 30
Goya y Lucientes, Francisco José de (1746–1828), 166
Grevedon, Henri (1776–1860), 97
Gros, Antoine-Jean, Baron (1771–1835), 122

Habelmann, Paul Sigmund (1823–1890), 146, 148
Hahn, Christian Georg (1820–?), 118
Harras, Karl (um 1850), 140
Hecht, F., 154
Hensel, Wilhelm (1794–1861), 159–160
Hildebrandt, Eduard (1818–1869), 10, 42, 132–138, 146
Hittorf, Jakob Ignaz (1792–1867), 41, 145
Hoffmann, Michael (1797–1867), 104
Hoffmann, Rudolph (1820–1882), 29, 154–156
Hopfgarten, Heinrich (1777–1844), 21
Houdon, Jean Antoine (1741–1828), 78
Hove, B. van (1790–1880), 93–94
Humboldt, Alexander von (1769–1859), 84–87

Ingres, Jean-Auguste-Dominique (1780–1867), 38–41, 50
Isabey, Jean Baptist Eugene (1767–1855), 33, 134

Jacobs, Emil (1802–1866)
Jimeno y Planes, Rafael (1761–1825), 54–55

Katzler, 154
Kaulbach, Wilhelm von (1805–1874), 130, 132–133, 157–158, 170
Keller, Ferdinand (1842–1922), 70–71
Kiss, August K. E. (1802–1865), 106
Koch, Joseph Anton (1768–1839), 30
Köhler, H. E., 116

König, H. C., 116
Krausse, Alfred (1829–1894), 26, 28, 48, 50, 86, 138
Krüger, Franz (1797–1857), 28, 104–105, 120–121, 123

L'Allemand (Charles ?), 21
Lambdin, James Reid (1807–1888), 152–153
Laurens, 76
Lehmann, Henri (1814–1882), 117
Lehmann, Rudolf (1819–1905), 28, 130–131
Lemercier, Charles N. (1797–1854), 87
Lemoine, Auguste Charles (1822–1869), 117
Leybold, Gustav (1794–?), 93
Loos, Georg Friedrich (1735–1819), 75

Marchais, Pierre Antoine (1763–1859), 35
Massard, Raphael (1775–1843), 24, 35
Menzel, Adolph (1815–1905), 104
Möllhausen, Balduin (1825–1905), 108, 136–138

Neumann, Adolf (1825–1884), 156
Nebel, Carlos (1805–1855), 10
Normand, Charles Victor (1814–?), 63

Paalzow, Carl (tätig Berlin 1822–30), 160 f.
Peale, Charles Willson (1741–1827), 27, 58–61, 78
Peale, James (1749–1831), 60
Peale, Raphaelle (1774–1825), 60, 78
Peale, Rembrandt (1778–1860), 60, 78–80
Pfeuffer, Carl Christoph (1801–1861), 103–104
Phillips, Thomas (1770–1845), 90
Picasso, Pablo (1881–1973), 87
Pickersgill, Henry William (1782–1875), 109–111
Piloty, I. (1786–1844), 157
Poiteau, Pierre Antoine (1777–1854), 30, 35
Pound, D. J. (um 1859/60), 123

Raab, Johann Leonhard (1825–1899), 123
Raphael Santi (1483–1520), 84, 113
Rauch, Christian Daniel (1777–1857), 90–92, 103–104, 106–107, 113, 122, 136, 144–145
Redouté, P. J. (1759–1840), 25, 31
Rembrandt Harmensz van Rijn (1606–1669), 84
Reynolds, Joshua (1723–1792), 60
Rietschel, Ernst F. August (1804–1861), 91
Rieux, Louis de, 43
Rohrbach, Paul (1817–?), 156
Roland, Philip Laurent (1746–1816), 106
Romney, George (1734–1802), 60
Rossmaesler, Johann Friedrich (1777–1858), 73, 75
Roth, O., 149
Rugendas, Johann Moritz (1802–1858), 10, 42

Salazar, 150
Sallwürk, S. v., 52
Sartain, John (1808–1897), 133
Schadow, Johann Gottfried (1764–1850), 38, 90, 122
Scheffer, Ary, 81
Schick, Gottlieb (1776–1812), 66–67
Schmidt, Johann Heinrich (1749–1829), 46, 47
Schnorr von Carolsfeld, Ludwig F. (1788–1853), 130
Schoff, Stephen Alonzo (1818–1905), 142, 144
Schrader, Julius F. A. (1815–1900), 46, 165–169
Schwartz, 154–156
Senefelder, Aloys (1771–1834), 88
Simon, E. Alexander (1814–?), 104, 105
Steuben, Alexander von (1814–?), 81, 84
Steuben, Karl (Charles) von (1788–1856), 21, 30, 33, 80–84, 93, 95–99, 113
Stieler, Joseph (1781–1858), 27, 29, 84, 124–126

Tardieu, Ambroise (1788–1841), 95, 96, 100
Tardieu, Pierre Antoine (1784–?), 96
Thibault, Louis Gustave (tätig um 1826–43), 30, 31, 35
Thorvaldsen, Bertel (1768–1844), 38, 90
Tieck, Friedrich Christian (1776–1851), 26, 28, 50–51, 76, 103–104
Tiziano, Vecetti (1487/90–1576), 113
Toschi, Paolo (1788–1854), 38
Trossin, Robert (1820–1869), 127, 129
Turner, Dawson (Miss Harriet Gunn) (1775–1858), 90
Turner, Joseph Mallord William (1775–1851), 90
Turpin, Pierre Jean François (1775–1840), 30, 35

Ullrich, C., 154

Vasi, Giuseppe (?–?), 136
Ventenant, Etienne-Pierre (1757–1808), 25, 31
Vernet, Horace (1789–1863), 38, 81
Vernier, Emil (?–1884), 89

Weger, August (1823–1892), 123
Weitsch, Friedrich Georg (1758–1828), 68–74
West, Benjamin (1738–1820), 58, 78
Wight, Moses (1827–1895), 142–144
Wildt, Carl (tätig um 1830–1860), 122–123
Wolgast, Carl (tätig um 1844–1874), 140–141
Wurster, P., 123

Zschille, 154–156

Personenregister

Agassiz, Jean Louis Rodolphe (1807–1873), 43
Aguirre y Montufar, Juan, Marquis de Selvalegre, 52
Aguirre y Montufar, Rosa, 52
Albert, Prinz v. Sachsen–Coburg–Gotha (1819–1861), 130
Althaus, Friedrich (1829–1897), 108
Arago, Dominique François Jean (1786–1853), 17, 23, 31, 35, 37, 91, 106

Bache, Alexander Dallas (1806–1867), 152
Balzac, Honoré de (1799–1850), 62
Beethoven, Ludwig van (1770–1827), 166
Benzenberg, Johann Friedrich (1777–1846), 88
Berthollet, Comte Claude Louis (1748–1822), 24
Bertuch, Friedrich Justin (1747–1822), 66
Bessel, Friedrich Wilhelm (1784–1846), 91
Biot, Jean-Baptiste (1774–1862), 127
Bloomfield, Lord, John Arthur Douglas (1802–1879), 145
Blücher, Gerbard Leberecht von (1742–1819), 17
Boeckh, August (1785–1867), 91
Bonpland, Aimé (1773–1858), 16, 30, 52, 67, 70, 73
Boussingault, Jean-Baptiste (1802–1887), 36–37
Bozzaris, Markus (?–?), 108
Brown, Robert (1773–1858), 110
Brugsch-Pascha, Heinrich (1827–1893), 43, 134, 160
Buch, Leopold von (1774–1853), 16, 91, 103, 122
Bülow, Gabriele von, geb. v. Humboldt (1802–1887), 133

Calderon de la Barca, Pedro (1600–1681), 107
Cauchy, Augustin L. (1789–1857), 35
Chaptal, Jean Antoine (1756–1832), 25
Charles X. Philipp, König v. Frankreich (1757–1836), 17
Condé, Louis J. de (1736–1818), 106
Condorcet, Antoine Marquis de (1743–1794), 42, 107
Constant, Benjamin de Rebecque (1767–1830), 23
Corcoran, William Wilson (1798–1888), 108, 136–138, 144, 166
Cotta, Johann Georg von (1796–1863), 62, 101,
Cuvier, Georges Baron (1769–1832), 15, 23, 31, 78, 80, 109, 119

Daru, Pierre Antoine Comte (1767–1829), 31
Delambre, Chevalier Jean Baptiste J. (1749–1822), 23, 24, 78
Demidoff, Anatol N. (?–?), 141
De-Peyster, John (?–?), 58–60
Dove, Alfred Wilhelm (1844–1916), 150
Ducis, Jean François de (1733–1816), 62
Duncker, Alexander (1813–1897), 73, 146–148

Ehrenberg, Christian Gottfried (1795–1876), 18
Euler, Leonhard (1707–1783), 91
Euripides (480–406), 107
Everett, Eduard (1794–1865), 142

Felton, Cornelius Conway (1807–1862), 164
Fillmore, Millard (1800–1874), 144
Forster, Georg (1754–1794), 9, 15, 23
Franklin, Benjamin (1706–1790), 152
Friedrich Wilhelm III. König v. Preußen (1770–1840), 16, 17, 27, 33, 88, 90, 93
Friedrich Wilhelm IV. König v. Preußen (1795–1861), 10, 18, 38–39, 120, 122–23, 129–134
Fröbel, Julius (1805–1893), 166

Gall, Franz-Joseph (1758–1828), 106
Garret, Phillip C. (?–?), 152
Gay-Lussac, Louis-Joseph (1778–1850), 16, 23, 31, 35, 37, 78, 80, 127
Geoffroy Saint-Hillaire, Etienne (1772–1844), 78
Gilpin, Henry D. (1801–1860), 152
Goethe, Johann Wolfgang von (1749–1832), 9–10, 15, 60, 86, 102, 106, 166
Goupil (?–?), 150
Grant, Ulysses Simpson (1822–1885), 152
Grimm, Jakob (1785–1863), 84, 122

Hawkins, Rush C. (?–?), 166
Hegel, Georg Wilhelm Friedrich (1770–1831), 101

Iturrigaray y Arostegui, Don Vincente José de (1742–1815), 52

Janin, Jules (1804–?), 106
Jefferson, Thomas (1743–1826), 58, 60
Juarez, Benito (1806–1872), 57

Kant, Immanuel (1724–1804), 91
Katharina II., die Große von Rußland (1729–1796), 88
Kunth, Carl Sigismund (1788–1850), 35, 84
Kunth, Gottlob Johann Christian (1757–1829), 84

Lacroix, Sylvestre François (1765–1843), 42
Lafayette, Joseph, Marquis de (1757–1834), 110
Lagrange, Joseph Louis (1736–1813), 91
Lamartine, Alphonse de (1790–1869), 107
Laplace, Pierre Simon, Marquis de (1749–1827), 24, 42
Lavater, Johann Kaspar (1741–1801), 10, 106
Leibniz, Gottfried Wilhelm von (1646–1716), 91
Lenoir, André (?–?), 156
Lessing, Gotthold Ephraim (1729–1781), 91

Levetzow, ... (?–?), 103
Levin, Rahel (spätere Frau v. Varnhagen) (1771–1833), 50
Lichtenstein, Martin Hinrich Karl (1780–1857), 103
Lincoln, Abraham (1809–1865), 152
Linné, Carl von (1707–1778), 10
Liszt, Franz (1811–1886), 38
Louis XV. König v. Frankreich (1710–1774), 88
Louis XVI. König v. Frankreich (1754–1793), 15
Louis Philippe I., König der Franzosen (1773–1850), 18, 37

Mars, Anne-Françoise, Mlle (1779–1847), 62
Mendelssohn, Joseph (1770–1848), 136
Mendelssohn, Moses (1729–1786), 42
Mendelssohn-Bartholdy, Felix (1809–1847), 38, 159
Mérimée, Prosper (1803–1870), 23
Meyerbeer, Giacomo (1791–1864), 38, 122
Monge, Gaspard (1746–1818), 107
Morse, Samuel Finley Breese (1791–1872), 42

Napoleon I., Bonaparte (1769–1821), 15, 16, 25, 31, 33, 88, 93, 166
Napoleon, Maria Laetitia (1750–1836), 26
Napoleon III., Louis Charles Bonaparte (1808–1873), 19, 41
Napoleon, Josephine geb. Taschner de La Pagerie verw. de Beauharnais (1763–1814), 23–25, 31
Ney, Michel (1769–1815), 15
Nicolaus I., Zar v. Rußland (1796–1855), 17

Olfers, geb. v. Staegemann, Hedwig (1799–1891), 146
Olfers, Ignaz von (1793–1892), 108, 146, 165

Pavie, Victor (?–?), 107
Peel, Sir Robert (1788–1850), 109–10
Pestalozzi, Johann Heinrich (1746–1827), 9
Prescott, William Hickling (1796–1859), 87

Radziwill, Fürst Anton (1775–1833), 73
Ramirez, Don José Fernando (1804–1871), 151
Raumer, Friedrich von (1781–1873), 102
Récamier, geb. Bernard, Julie (1777–1849), 35
Rennenkampff, Alexander v. (1783–1854), 101, 157
Ringseis, Johann Nepomuk v. (1785–1880), 84
Rio, Andrés Manuel del (1765–1849), 55
Ritter, Carl (1779–1859), 9, 101–102, 122
Robespierre, Maxmilien Marie Isidore (1758–1794), 107
Rossini, Gioachino (1792–1868), 23, 38
Rousseau, Jean-Jacques (1712–1778), 35

Schelling, Friedrich Wilhelm Joseph von (1775–1854), 101, 122
Schiller, Friedrich von (1759–1805), 80

Schönlein, Johann Lukas (1793–1864), 150
Seifert, Johann (vermutlich 1800–1877), 134–136
Sillimann, Benjamin (1779–1864), 167
Sophokles (496–406 v. Chr.), 107
Starzenska-Pawlikowska, Katarzyna (1782–1862), 83
Stendhal (das ist Beyle Henri) (1783–1842), 23
Stephens, John Lloyd (1805–1852), 87

Talleyrand-Périgord, Charles-Maurice de (1754–1838), 23
Talleyrand-Périgord de Dino, geb. Prinzessin von Kurland u. Herzogin v. Sagan (seit 1845), Dorothea (1793–1862), 62, 114
Thrasher, J. S. (?–?), 166
Ticknor, Georg (1791–1871), 35–36

Valenciennes, Achille (1794–1865), 17
Varnhagen von Ense, Karl-August (1785–1858), 135, 136, 150, 167
Vaughan, John (?–?), 30
Vigny, Alfred de (1797–1863), 23

Wagner, Moritz (1813–1887), 52
Waterston, Robert C. (?–?), 140 (2)
Webster, Noah (1758–1843), 167
Welcker, Friedrich Gottlieb (1784–1868), 96
Wellington, Sir Arthur (1769–1852), 15, 17
Willdenow, Karl Ludwig (1765–1812), 84
Winckelmann, Johann Joachim (1717–1768), 87
Wolzogen, Caroline von (1764–1847), 80

Bibliographie

Abeken, Hedwig (Ed.): Hedwig von Olfers, Berlin 1914, Bd. II

Althaus, Friedrich (Ed.): Briefwechsel und Gespräche Alexander von Humboldt's mit einem jungen Freunde. Aus den Jahren 1848 bis 1856. Zweite Auflage. Berlin 1869

Anders, Ferdinand: Marginalien zu Alexander von Humboldt. In: Vocero del Libro, Mexico, Julio – Septembre de 1969

Andresen, Andreas: Lexicon... Leipzig 1879, I

Angers, P. J. David d': Œuvres Complètes, 6 vols., Paris 1856

(Anonymus): Blätter der Erinnerung an Alexander von Humboldt, Berlin 1860

Archives de l'Art Français. Recueil de Documents inédits... publié de Ph. de Chennevières. Paris 1852–1853

Art Journal. London 1875

Assing, Ludmilla (Ed.): Briefe von Alexander von Humboldt an Varnhagen von Ense aus den Jahren 1827 bis 1858. Leipzig 1860; engl. Übersetzung: New York – Leipzig 1860

Atlantis. Länder – Völker – Reisen (Leipzig, Zürich) 7 (1935)

Baer, W., und Lack, H. W.: Pflanzen und Porzellan. Katalog Berlin 1979

Banse, Ewald: Alexander von Humboldt. Stuttgart 1953

B.: Alexander von Humbold (sic!) (zur Erklärung des Titelkupfers.). In: Der Neue Teutsche Merkur. Hrsg. v. Christoph Martin Wieland. 2. Bd. (Weimar) 1806

Beck, Hanno: Moritz Wagner in der Geschichte der Geographie. Diss. Marburg/Lahn 1951

Ders.: Gespräche Alexander von Humboldts. Herausgegeben im Auftrage der Alexander von Humboldt-Kommission der Deutschen Akademie der Wissenschaften zu Berlin. Berlin 1959

Ders.: Alexander von Humboldt. Bd. I: Von der Bildungsreise zur Forschungsreise 1769–1804; Bd. II: Vom Reisewerk zum „Kosmos" 1804–1859. 2 Bde. Wiesbaden 1959 u. 1961

Ders.: Rétrospectives et perspectives. In: Librarium 6. 1963

Ders.: Alexander von Humboldt und Mexiko. Beiträge zu einem geographischen Erlebnis. Bad Godesberg 1966

Ders.: Die Kunst entdeckt einen Kontinent. Südamerika im Spiegel der „Physiognomik" Alexander von Humboldts. Reisegeschichte – Wissenschaft – Kunst. In: Deutsche Künstler in Lateinamerika. Maler und Naturforscher des 19. Jahrhunderts illustrieren einen Kontinent. Berlin 1978

Ders. (Ed.): Alexander von Humboldt: Kosmos für die Gegenwart, bearbeitet von Hanno Beck. Stuttgart 1978

Ders.: Carl Ritter – Genius der Geograpie. Berlin 1979

Ders.: Alexander von Humboldt. Sammlung Hanno Beck

Bertuch, F. J. u. Kraus, G. M. (Ed.): Journal des Luxus und der Moden. Weimar, 21, 1806

Biehahn, Erich: Ein Jugendbildnis Alexander von Humboldts. In: Bildende Kunst (1963), Heft 7

Biehahn, Erich: Kunstwerke der Deutschen Staatsbibliothek. Berlin 1961

Biermann, Kurt R.: Ein Portrait Alexander von Humboldts von Emma Gaggiotti. In: Beiträge zur Geschichte der Naturwissenschaften und der Medizin. Festschrift für Georg Uschmann... In: Acta Historica Leopoldina 9, Halle/Saale (1975)

Biermann, Kurt R.; Jahn, Ilse; Lang, Fritz: Alexander v. Humboldt. Chronologische Übersicht über wichtige Daten seines Lebens. Berlin 1968. Bildnisse berühmter Mitglieder der Deutschen Akademie der Wissenschaften zu Berlin. Hrsg. aus Anlaß der 250. Jahresfeier. Nr. 12 Berlin (1950)

Börsch-Supan, Helmut (Bearb.): Die Kataloge der Berliner Akademie-Ausstellungen 1786–1850. Berlin 1971

Borch, Rudolf: Alexander von Humboldt, sein Leben in Selbstzeugnissen, Briefen und Berichten. Berlin 1948

Brugsch, Heinrich K.: Mein Leben und mein Wandern. 2. Aufl. Berlin 1894

Bruhns, Karl (Ed.): Alexander von Humboldt. 3 Bde., Leipzig 1872

Bruhns, Karl (Ed.): Life of Alexander von Humboldt. Tr. from the German by Jane and Caroline Lassel. 2 vols. London 1873

Bülow, Kurd v., Die Geognosie im Weltbild Alexander von Humboldts. In: Geologie, 8. 1959 (Berlin), H. 4

Burg, Paul: Christian Daniel Rauch und Alexander von Humboldt. In: Berliner Hefte 7 (1947)

Buscher, Ernst: Das Porträt. München 1960

Caldera, Rafael: Alexander von Humboldt, 35 letters... Caracas 1974

Catalogue of Portraits and other Works of Art in the Possession of the American Philosophical Society, A Philadelphia 1961

Chaptal, Jean Antoine: Mes souvenirs sur Napoléon, 1893, siehe E. F. Podach
Cohn, Margarete: Franz Krüger, Leben und Werke. Breslau 1909
Corcoran, William W.: A Grandfather's Legacy ... Washington 1879
Creed, Percy R.: The Boston Society of Natural History, 1830–1930. Boston 1930.

Dangel, Anneliese: Alexander von Humboldt. Sein Leben in Bildern. 1769–1859. Leipzig 1959
Delécluze, M. E. J.: Louis David, son École et son Temps. Souvenirs. Paris 1855
Delpech (Ed.): L'iconographie Française. Paris 1842
Derré, J. R.: Metternich auxiliaire de David. Soc. Hist. Art Français, Bull. 1970
Dézos De la Roguette, Jean Bernard Marie Alexandre (Ed.): Œuvre d'Alexandre de Humboldt. Correspondence inédite scientifique et littéraire, Paris 1869
Df., C. A.: Ein neues Blatt aus Kaulbach's Todtentanz. Zur Nachfeier des jüngsten großen National-Jubiläums. In: Die Gartenlaube 1969
Döhn, Helga: Ein Humboldt-Porträt von Emma Gaggiotti-Richards. In: Studien zur Buch- und Bibliotheksgeschichte. Berlin 1976
Dowd, David, L.: Louis David, Pageant-Master of the Republic. Lincoln 1948
Drake's Humboldt-Statue. In: Über Land und Meer. Bd. 36 (1876)
Drost, W.: Edward Hildebrandt in Paris. In: Westpreußen-Jahrb., Bd. 19, 1969
Du. Kulturelle Monatsschrift. 30 (1970); Humboldt-Sonderheft
Dürck-Kaulbach, Josefa: Erinnerungen an Wilhelm von Kaulbach ... München 1917

Eckermann, Johann Peter: Gespräche mit Goethe. Leipzig 1948
Eggers, Friedrich: Christian Daniel Rauch. Berlin 1873
Eggers, Karl: Rauch und Goethe. In: Urkundliche Mitteilungen. Berlin 1889
Engelmann, Gerhard: Die Weltkarte im Arbeitszimmer Alexander von Humboldts. In: NTM-Schriftenreihe Geschichte, Naturwissenschaft, Technik, Medizin. 9 (Leipzig 1972)
Engelmann, Gerhard: Krankheit und Alter im Leben Alexander von Humboldts. In: Ärztliche Praxis XXI., Nr. 71 (6. Spt. 1969)
Ephemeriden, Allgemeine Geographische: Weimar 1807

Fd.: Drake's Humboldt-Statue. In: Illustrirte Zeitung 66 (1876)
Fehling, Maria, und Schiller, Herbert (Ed.): Briefe an Cotta. Vom Vormärz bis Bismarck, 1833–1863. Stuttgart und Berlin 1934; (Bd. 3) hrsg. v. H. Schiller
Felton, Cornelius Convay: Familiar Letters from Europe. Boston 1865
Fernandez, Justino: El arte del siglo XIX en México, México 1967
Florissone, Michel et Huyges, René: David. Cat. Orangerie des Tuileries, Juin – Septembre 1948
Franzke, Andreas: Adolf Neumann, der Stecher des Eichendorff-Porträts von 1858. In: Aurora, Jahrbuch der Eichendorff Gesellschaft. Bd. 34 (Würzburg, 1974)
Frede, Lothar: Münzbelustigungen im Düsseldorfer Goethe-Museum. Jahrbuch der Sammlung Kippenberg, 1963/64
Freeman & Co., Samuel T.: Sales Catalogue. Philadelphia 1932
French Painting 1774–1830, The Age of Revolution, Paris – Detroit – New York 1974
Friis, Herman R.: Baron Alexander von Humboldt's Visit to Washington D. C. June 1 through June 13, 1804. In: Records of the Columbia Historical Society of Washington D. C., 1960–1962

Gans, Eduard: Rückblicke auf Personen und Zustände. Berlin 1836
Geist und Wissenschaft im Bild. Jahrbuch. 1958
Geller, Hans: Die Bildnisse der deutschen Künstler in Rom 1800–1830, Berlin 1952
Gérard, Baron François: Œuvre de François Gérard ... Paris 1852–1857
Gérard, Henri (Ed.): Correspondance de François Gérard ... Paris 1867
Gernsheim, Helmut and Alison: L. J. M. Daguerre. Cleveland and New York 1956
Gigoux, Jean: Causeries sur les artistes de mon temps. Paris 1885
Gläser, Käte: Das Bildnis im Berliner Biedermeier. Berlin 1932
Graves, F. S. A., Algernon: The Royal Academy of Arts. London 1906
Gregorovius, Ferdinand: Die Brüder von Humboldt. In: Briefe Alexander's von Humboldt an seinen Bruder Wilhelm. Stuttgart 1880

Hahlbrock, Peter: Alexander von Humboldt und seine Welt 1769–1859. (Ausstellungskatalog Schloß Charlottenburg, Berlin, 29. Juni bis 10. August 1969) Berlin 1969

Hammer, Karl: Jakob Ignaz Hittorf, ein Pariser Baumeister, 1792–1867. Stuttgart 1968

Hart, Charles Henry: Portrait of Jacques Louis David and Jean-Antoine Houdon, painted by Rembrandt Peale. In: Art in America vol. 3 Nr. 5, 1915

Hase, Ulrike v.: Joseph Stieler. München 1971

Hautecoeur, Louis: Louis David. Paris 1954

Heiman, Hanns: Alexander von Humboldt, Freund der Juden, Quito 1959

Hein, Wolfgang-Hagen: Alexander von Humboldt-Sammlung

Heller, Georg: Die Weltanschauung Alexander von Humboldts in ihren Beziehungen zu den Ideen des Klassizismus. Leipzig 1910

Hering, Constantin: Zum Festeinläuten. Schiller, Shakespeare, Humboldt. Philadelphia 1859

Hildebrandt, Edmund: Friedrich Tieck. Leipzig 1906

Hofmann, August Wilhelm von: Zur Erinnerung an vorangegangene Freunde, Bd. 2, Braunschweig 1888

Holzapfel, Bettina und Balmer, Heinz: Antlitze großer Schöpfer. Basel 1961

Humboldt, Alexander von: Ideen zu einer Geographie der Pflanzen nebst einem Naturgemälde der Tropenländer. Tübingen u. Paris 1807

Humboldt, Alexander von: Atlas pittoresque, Vues des Cordillères. 2 vols. Paris 1810–1813

Humboldt, Alexander von: Relation Historique, 3 vols., Paris 1814, 1819, 1825

Humboldt, Alexander von: Researches concerning the institutions and monuments of the ancient inhabitants of America. 2 vols. London 1914

Humboldt, Asociación Cultural: Alexander von Humboldt. El libre progreso de la inteligencia. 35 cartas. Caracas 1974; auf dem Außentitel auch: The Free Progress of Intelligence

Humboldt, Familie von: Briefe Alexander's von Humboldt an seinen Bruder Wilhelm. Stuttgart 1880

Huxley, L.: Life and Letters of Sir Joseph Dalton Hooker O. M., 2 vols. London 1918

Ingres, Centennial Exhibition. Catalogue. Fogg Art Museum. Harvard University 1967

Ilustracia, Eine Medaille zu Ehren Humboldts (Medal na cześć Humboldta) Nr. 105 (1860)

Jahrhundertausstellung, Die Deutsche. Berlin 1906

Jal, A.: Revue critique des productions de peintures . . . exposées au Salon de 1824. In: Journal des Débats politiques et littéraires, September 1824, No. 8, 11

Jouin, Henry: David d'Angers et ses relations littéraires . . . Paris 1890

Katalog Berliner Bildnisse aus drei Jahrhunderten, Städtische Galerie, München 1962

Kellner, L.: Alexander von Humboldt, London 1963

Klein, Jerome: An unpublished painting from the studio of Ingres. In: The Burlington Magazine, 57, II, 1930

Klencke, Hermann: Alexander von Humboldts Leben und Wirken, Reisen und Wissen . . . Leipzig 1870

Kohlenberg, Karl F.: Alexander von Humboldt. Balve 1975

Krautz, Alfred: Die Medaillenporträts Henry François Brandts (1789–1845). Berlin 1963

Lange, Fritz G.: Bildnisse Alexander von Humboldts. Einführende Worte. In: Alexander von Humboldt . . . Gedenkschrift zur 100. Wiederkehr seines Todestages. Hrsg. von der Alexander von Humboldt-Kommission der Deutschen Akademie der Wissenschaften zu Berlin. Berlin 1959

Lange, Fritz G.: Alexander von Humboldt. Eine Bibliographie der in der DDR erschienenen Literatur. Berlin 1974

Lapauze, Henry: Ingres, sa vie et son œuvre. Paris 1911

Lehmann, Rudolf: An Artist's Reminiscences. London 1894

Lehmann, Rudolf: Erinnerungen eines Künstlers. Berlin 1896

Lenormant, Charles: François Gérard peintre d'histoire. Essai de biographie et de critique. Deuxième édition. Paris 1847

Lippky, Gerhard: Eduard Hildebrandt, der Maler des Kosmos aus Danzig. In: Westpreußen-Jahrbuch, Bd. 19, 1969

Lipschitz, S. J. (Sergej Jul'evic Lipcic): An Unpublished Portrait of Alexander von Humboldt. In: Bjulleten Mokkovskogo Obščestva Ispytatelojj Prirody. Otdol bibliogičeskij. Bull. de la Société des Naturalistes de Moscou. Section Biolog. N. S. 47 (1938)

Löwenberg, Julius: Briefe Alexander von Humboldts an Frau von Wolzogen. In: Vossische Zeitung Nr. 42 vom 16. 10. (1881)

Merckle, Kurt: Das Denkmal König Friedrichs des Großen in Berlin. Berlin 1894

Müller, Conrad (Ed.): Alexander von Humboldt und das preußische Königshaus. Leipzig 1928

Museum of Fine Arts: Catalogue of Paintings. Boston 1921

Musgrave, Clifford: Regency Furniture 1800 to 1830. London 1961

Naef, Hans: Schweizer Künstler in Bildnissen von Ingres. Zürich 1963

Nagler: Neues Allgemeines Künstler-Lexikon. Linz a. d. D. 1912

Nelken, Halina (Ed.): Humboldtiana at Harvard. Cambridge (Massachusetts) 1976

Nelken, Halina: Humboldt and Art. In: Humboldtiana at Harvard. Cambridge, Massachusetts 1976

Nelken, Halina: Alexander von Humboldt und die Kunst der Neuen Welt. In: A. v. Humboldt-Stiftung, Mitteilungen (Bonn) 1978, Heft 35

Olfers (Ed.), E. W. M. von: Briefe Alexander v. Humboldt's an Ignaz v. Olfers. Nürnberg und Leipzig 1913

Ormond, Richard: Early Victorian Portraits. London 1973, I

Osborne, Harold: The Oxford Companion to the Decorative Arts. Oxford 1975

Ostermann, L.: A. v. Humboldt-Medaille. In: Illustrirte Zeitung 30 (1858)

Otto (Ed.), Franz: Deutsche Dichter, Denker und Wissensfürsten im XVIII. und XIX. Jahrhundert. 2. Auflage Leipzig 1877

Peale, Rembrandt: Reminiscences. New York 1853

Pertz, Georg Heinrich: Das Leben des Ministers Freiherrn vom Stein, 7 Bde. Berlin 1849—1855

Piskor, Alexander: Siedem ekscelencji i jedna dama. 3. Auflage. Warszawa 1959

Podach, E. F.: Alexander von Humboldt in Paris, Urkunden und Begebnisse. In: J. H. Schultze (Ed.): Alexander von Humboldt, Studien zu seiner universalen Geisteshaltung. Berlin 1959

Prescott, William H.: The Conquest of Mexico. Boston 1843

Prescott, William H.: The Conquest of Peru. Boston 1847

Proceedings of the American Philosophical Society. Vol. XXV (1888)

Procházka, Jan Sv.: Eine Erinnerung an Alexander von Humboldt. In: Der Naturforscher 3 (1926/27)

Pundt, Herman G.: Schinkels Berlin. Cambridge, Massachusetts 1972

Radziwill (Ed.), The Princess: Memoirs of the Duchesse de Dino (Duchesse de Talleyrand et de Sagan) 1836—1840. London 1910

Rave, Paul Ortwin: Das Rauch-Museum in der Orangerie des Charlottenburger Schlosses. Berlin 1930

Rave, Paul Ortwin: Das geistige Deutschland im Bildnis ... Berlin 1949

Richert, Gertrud: Johann Moritz Rugendas. Ein deutscher Maler des XIX. Jahrhunderts. Berlin 1959

Rogers, Fred B., M. D.: A Dozen Portraits in the College Hall. Philadelphia, May 1969

Rosenberg, Adolf: David d'Angers. In: Grenzboten III (1884)

Rudloff-Hille, Gertrud: Deutsche Bildnisse 1500—1800. Ausstellung der Lucas-Cranach-Kommission beim Ministerium für Kultur. Staatliche Galerie Moritzburg, Halle/Saale ... Halle 1961

Ruhmer, Eberhard: Zu den Bildnissen Alexanders von Humboldt, † 6. 5. 1859. In: Die Kunst 10 (1959)

Ruthenberg, Vera: Bildnisstatuetten des Klassizismus und Gegenwart, Ausstellung in den Römischen Bädern. Potsdam 1972

Sandby, William: The History of the Royal Academy of Arts. London 1862, II

Sander-Rindtorff, Erna (Ed.): Karoline von Humboldt und Friedrich Gottlieb Welcker. Briefwechsel 1807—1826. Bonn 1936

Sankt Petersburger Nachrichten (Zeitung) Nr. 244 (1869)

Sarton, George: Medallic illustrations of the history of science. In: Isis, 12 (1929)

Schätze der Weltliteratur von der Sowjetunion gerettet. Berlin 1958

Schazmann, Paul-Emile: David d'Angers Profils de l'Europe. Genève 1973

Schmid, Günther: Geschichte der Botanisierbüchse. In: Österreich. Botan. Ztschr. 85 (1936) S. 146—147 über eine Zeichnung von W. Claudius „Humboldt in seinem Studierzimmer".

Schnabel, Franz: Briefe Alexander von Humboldts in der Bibliothek des Deutschen Museums. In: Abhandlungen und Berichte, Jg. 27, Heft 2 (1959)

Schneider, W. v. u. Russow, F. (Ed.): Im Ural und Altai. Briefwechsel zwischen Alexander von Humboldt und Graf Georg von Cancrin aus den Jahren 1827—1832. Leipzig 1869

Schoenwaldt, Peter: Alexander von Humboldt und die Vereinigten Staaten von Amerika. In: Alexander von Humboldt. Werk und Weltgeltung, Hrsg. Heinrich Pfeifer, München 1969, auch in: Mitteilungen der Alexander von Humboldt-Stiftung, Heft 32, Bonn 1976

Schoenwaldt, Peter: Das Schicksal des Nachlasses Alexander von Humboldts. In: Jahrbuch Preußischer Kulturbesitz 1969, Köln u. Berlin 1970

Schröder, Bruno: Alexander von Humboldt und Friedrich Tieck. In: Jb. der preuß. Kunstsammlungen 51 (1930)

Schwind (Hrsg.), Martin: Der lebendige Humboldt. Gedanken und Bilder aus Alexander von Humboldts Schriften, ausgewählt von deutscher Jugend für deutsche Jugend ... Braunschweig 1959. Titelporträt von Ernst Datan

Séché, Alphonse: Stendhal. Paris 1909

Sellers, Charles Coleman: Charles Willson Peale. New York 1969
Silliman, Benjamin: Visit to Europe in 1851. 2 Bände. New York 1853
Simon, Karl: Gottlieb Schick, Ein Beitrag zur Geschichte der deutschen Malerei um 1800. Leipzig 1914
Słownik Artystów, Polskich: Warszawa 1971, Vol. I
Smith, Margaret Bayard: The first forty years of Washington Society in the family letters, ed. Gaillord Hunt, New York 1906
S(osa), F(rancisco): Preliminar. In: Boletín de la Biblioteca Nacional de México. Número especial. México . . .; nicht bibliographierter Ausschnitt
Stauffer, Albrecht (Ed.): Karoline von Humboldt in ihren Briefen an Alexander von Rennenkampff. Berlin 1904
Stenger, Erich: Die beginnende Photographie im Spiegel von Tageszeitungen und Tagebüchern. 2. Aufl. Würzburg 1943
Stenger, Erich: Siegeszug der Photographie in Kultur, Wissenschaft, Technik. Seebruck am Chiemsee 1950
Stenger, Erich: Alexander von Humboldt und die beginnende Photographie. In: Ztschr. für wissenschaftliche Photographie. Bd. 31, Heft 1 u. 2 (1932)
Suchowa, N. G.: Alexander von Humboldt in der russischen Literatur. Bibliographie. Leipzig 1960
Sydow (Ed.), Anna von: Wilhelm und Caroline von Humboldt in ihren Briefen. 7 Bde. Berlin 1909–1916

Taschenbuch für die gesammte Mineralogie, Jg. 9, 1815, Frankfurt am Main
Taylor, James Bayard: At Home and Abroad. New York 1860
Terra, Helmut de: Humboldt Portraits and Sculpture in the United States. In: Proceedings of the American Philosophical Society, vol. 102, Nr. 6, December (1958)
Théodoridès, Jean: Humboldt and England. In: The British Journal for the History of Science, vol. 3, Nr. 9 (1966)
Thieme-Becker: Allgem. Lexikon der bildenden Künstler, Vol. 18 o. J.
Ticknor, George: Life, Letters and Journals. Boston 1876, I.
Tschudi, Hugo von: Ausstellung deutscher Kunst aus der Zeit von 1775–1875 in der Königlichen Nationalgalerie, Berlin 1906, München 1906
Universum. Dresden u. Leipzig, Jg. I, 1885

Valotaire, Marcel: David d'Angers . . . Paris 1932
Verzeichnis der Gemälde und Skulpturen in der königlichen National Galerie zu Berlin. Berlin 1911

Vestnik Estestvennych Nauk. Moskwa 1856

Waagen, Gustav Friedrich: Treasures of Art in Great Britain, IV, Part 2. London 1957
Wächter und Anzeiger, Sonderausgabe, 13. Sept. 1970, Cleveland, Ohio
Waldman, Emil: Das Bildnis im 19. Jahrhundert, Berlin 1921
Wassermann, Felix M., Alexander von Humboldt as an international figure. In: The American-German Review October – November 1959
Weber, Bruno: Die Figur des Zeichners in der Landschaft, Zeitschr. f. Schweiz. Archäol. u. Kunstg., Bd. 34, 1977
Weege, Fritz: Wilhelm Hensel. In: Thieme-Becker: Lexikon der bildenden Künstler, Bd. XVI
Weidmann, Walter: Franz Krüger, der Mann und das Werk. Berlin o. J.
Weimar, Wilhelm: Die Daguerreotypie in Hamburg, 1839–1860. Hamburg 1915
Weisert, John J.: A young American visits von Humboldt. In: The American-German Review, 1962
Wight, W. Wm.: The Wights. Milwaukee 1890
Wildenstein, Georges: Ingres. New York 1954
Wildenstein, Daniel et Guy: Documents complémentaires au catalogue de l'œuvre de Louis David, Nr. 1772, 1775, 1776
Winkler, Arnim R.: Die Frühzeit der deutschen Lithographie, Katalog der Bilddrucke von 1796–1821. Nr. 357, München o. J.
Wittwer, W. C.: Alexander von Humboldt. Leipzig 1861
Woltmann, Alfred: Wilhelm von Kaulbach. In: Unsere Zeit, N. F. X, 2

Zaunick, Rudolph: Beiträge zur Ikonographie Alexander von Humboldts (Vortragsref.). In: Mitteilungen Gesch. Med, 35 (1936)
Zaunick, Rudolph: Alexander von Humboldt und die Anfänge der Daguerreotypie in Bericht über den VIII. Internat. Kongreß für Photographie, Dresden 1931
Ziegel, Hermann: Christian David Rauch. In: Illustrierte Deutsche Monatshefte. Braunschweig 1879
Zimmermann, E. A. W.: Taschenbuch der Reisen . . . 6 (1807), mit Titelkupferstich Alexander von Humboldts
Zimmermann, W. F. A.: Das Humboldt-Buch. Alexander von Humboldt. 2. Aufl. Berlin 1859